헤지펀드 매니저들의 선물·옵션
절대수익 기법

주식·선물·옵션·FX마진·해외선물

헤지펀드 매니저들의 선물·옵션

절대수익 기법

조승현·이재목 지음

Neutral Trading System

매일경제신문사

추 천 사

　세계경제는 2008년 글로벌 금융위기를 경험하고 회복세를 이어 오다, 2011년 다시 유로존 사태를 맞았다. 글로벌증시는 금융위기와 유로존 사태 이전으로 회복되려는 움직임들이 보이고 있으나, 실물경제와 체감 경기는 그렇지 못한 것 같다. 금융부문은 유동성의 힘으로 끌어 올릴 수 있지만, 실물부문은 실제로 몇 년의 뼈를 깎는 노력이 바탕이 되어야지만 회복이 되기 때문이다. 또한 여러 불확실성이 아직 다 해소가 된 것은 아니다. 해묵은 문제들을 근본부터 해결해 나가지 않는다면 제2의 금융위기나 제2의 유로존 사태를 또 맞이하게 될지도 모른다. 실물경제가 뒷받침되지 못하는 회복은 결국, 다시 거품처럼 사라져 버릴 것이기 때문이다.

　하지만 이런 불확실한 상황들이 꼭 투자를 하기에 나쁘게 작용하는 것만은 아니다. 위기는 곧 기회라는 말이 있다. 전세계적인 위기와 불확실성은 새로운 투자기회를 제공할 수 있다. 확실한 상태에서의 기회는 예상 가능한 범위의 결과 밖에 낼 수 없지만, 불확실한 상태에서의 기회는 예상 이상의 결과를 낼 수도 있기 때문이다. 큰 투자기회는 종종 이런 불확실성에서 나온다. 어느 쪽에서는 투자할 자금이 없어서 어려움을 토로하고, 다른 쪽에서는 반대로 마땅한 투자처가 없어서 어려움을 호소한다. 그만큼 시장이 어렵다고는 하지만, 새로운 투자기회들은 늘 찾아 낼 수 있다. 부동산 시장의 침체가 저평가된 매물들을 더욱 유리하게 매매할 수 있는 기회를 제공하듯, 저평가된 자신은 이런 시장상황일수록 가격매력을 갖게 된다.

　국내증시 또한 마찬가지이다. 금융위기와 유로존 사태를 맞이하면서도 국내증시는 빠른 회복세를 보여주었다. 국내증시의 이러한 흐름이 새로운 기회들을 제공하고 있다. 특히 요즘 같은 변동성 장세가 그러하다. 변동성이 크다는 것을 단점이라고 생각하는 투자자들도 많다. 하지만 변동성이 크다는 것은 그만큼 탄력성이 크다는 의미이고, 이러한 시장의 탄력성은 또 다른 큰 장점이 될 수도 있다.

실제로 파생상품을 매매하는 투자자들에게 한국 파생상품 시장은 굉장히 매력적으로 다가온다. 시장방향과 상관없이 탄력적인 시장이라는 것만으로 파생상품 매매에서는 수익을 낼 수 있는 기회들이 존재하기 때문이다. 그리고 실제로도 이러한 불확실성을 큰 기회로 삼는 투자자들이 있다. 한국 금융시장이 어렵다고는 하지만, 어려운 상황 속에서도 새로운 기회를 준비하는 움직임들은 향후 예상보다 훨씬 좋은 결과로 보답받게 될 것이다. 이런 상황에서 다년간 안정적인 수익을 추구해온 헤지펀드 매니저가 실전 매매에 활용하는 기법과 전략을 책으로 공개한다는 것은 트레이더들에게는 기분 좋은 소식임에는 분명하다. 다른 파생상품 매매에 관한 책과는 다르게 실시간으로 어떻게 매매를 하고 진입을 하는지에 대한 구체적인 내용들이 공개되어 있어서, 일반 독자들이 실전 매매에 많은 도움이 되리라 생각된다.

이 책을 읽는 독자들에게 NTS기법이 새로운 기회가 되었으면 하는 바람이다. 책에서 언급한대로 자기자금을 지키며 매매할 수 있다면, 다음에 찾아올 또 한번의 기회는 여러분의 것이 될 수 있다. 이 책을 통해서 파생상품에 대한 전반적인 이해와 물량조절, 자금관리에 대한 내용을 조금이나마 접하면서 앞으로 다가올 기회들을 준비해 나가기를 바라는 마음이다.

One Asia Investment Partners 고현식 대표

● PROLOGUE ●

　오전 5시 알람소리에 눈을 뜬다. 머리맡에 놓인 스마트 폰을 통해 미국 시장이 어떻게 끝났는지와 장마감 후에 나온 뉴스 등을 체크하며 커피를 준비한다. 홍콩의 침사추이에 오픈한 세계에서 제일 높은 ICC의 리츠칼튼 호텔, 강건너 홍콩 사이드의 IFC 등을 바라보며 뜨거운 샤워로 정신을 차린다.

　어제 저녁 홍콩의 멤버십클럽인 차이나 클럽에서 열린 헤지펀드 매니저들의 모임인 헤지펀드 클럽에 참여하고, 행사 후에 밀레니엄 등에서 근무하는 친한 매니저들과 함께 란콰이퐁에서 만남을 가졌다. 리먼사태 이후로 다들 힘들어하는 대부분의 Equity long 위주의 매니저들과 달리, 나와 같은 CTA나 다른 금융공학적인 기법을 사용하는 매니저들은 상대적으로 좋은 결과가 나왔고, 수요도 계속 늘고 있는 형편이다. 몇 개 Family office 등에서 관심을 보여서 내일 2군데와 미팅을 갖기로 했다.

　초기의 하이브리드 시스템에서 거의 전자동화가 된 시스템을 구축하기까지 몇 년의 시간과 엄청난 자금이 투자되었지만, 이제는 싱가포르의 운영팀이 대부분의 오퍼레이션을 담당할 수 있는 정도까지 안정이 되었다. 포트폴리오 레벨에서 일별 매매와 리스크 관리 시스템을 크게 관리해주면 안정적으로 운영이 되고 있다. 방향성이 없고 변동성이 큰 최근 시장에서 더 유리하게 돌아갈 수 있는 시스템이라, 금융 위기가 회사 성장을 위한 큰 호재로 작용했다는 생각이 든다.

　금융공학 펀드만을 운영하던 초기와 달리 이제는 신기술 위주의 벤쳐캐피탈 사업도 회사 자산의 1/3 이상을 관리하는 큰 사업부분으로 성장하였고, 최근 2-3년간 시작된 부동산 펀드와 사회적 기업을 위한 사회적 펀드도 무리 없이 성장하고 있다.

급격한 부동산 시장 악화와 경기 불안으로 Distressed asset에 투자하는 구조조정 펀드가 좋은 결과를 내고 있다. 새로운 파트너와의 조인트 벤쳐인 One Asia Investment Partners의 새 펀드 1조원 중 2천억원이 먼저 펀딩되었다.

싱가포르를 시작으로 베트남, 한국, 중국, 몽골, 말레이시아 등의 물건들을 확인하고, 이번 주는 미국으로 넘어가서 샌프란시스코와 뉴욕, 마이애미 그리고 캐리비안 섬들의 물건들을 확인하러 간다. 한국에서도 여의도와 송도에 호텔과 비지니스 인큐베이션 센터를 시작하여, 청년·노년층 일자리 창출과 한국 경제 성장에 기여하는 프로젝트들이 될 수 있도록 준비중이다.

매년 1-2회 시행하는 월드 투어 로드쇼를 통해서 전세계 주요도시를 방문하고, 투자자 미팅과 신규 투자 물건 분석을 하는 것이 세계 경기 흐름을 이해하는데 많은 도움이 된다. 4-6주간 전세계 20-30여개 도시를 돌면서, 하루 5-10개의 미팅을 강행군한다. 올해 투어에서도 안정적인 신규자금 유치와 새로운 투자처를 찾는 것이 가능할 것이라 생각이 든다. 요즘은 어느 나라에 가든지 정부와 투자처에서 적극적인 호응과 협조를 아끼지 않는다.

경기 침체로 퇴색된 면이 있지만, 2012년 한국 금융 시장의 화두는 단연 자·통

PROLOGUE

· 법과 한국형 헤지펀드였다. 1세대 한국형 헤지펀드들이 대부분 국내의 매니저들을 주축으로 Equity long & short 형태로 출범되었고, 시장에서 결과가 긍정적으로 받아들여지지는 못했지만 한국형 헤지펀드 정착을 위한 중요한 첫발을 내디딘 해라고 생각이 든다.

트레이더 출신인 필자는 2006년부터 싱가포르에서 아시아의 화교 자금을 기반으로 헤지펀드 Leonie Hill Capital을 준비하여 설립하였고, 경기 호황의 끝자락에서 2008년 리먼 사태와 역사상 가장 어려운 시기로 뽑히는 기간을 거쳐가면서 헤지펀드 펀드매니저로서 활동하고 있다. 또한 헤지펀드 회사의 창립자 겸 오너로서, 역사상 유래 없는 100년에 한 번 있을까 말까 한 큰 이벤트들을 수없이 맞이하면서 다양한 경험을 할 수 있었다.

아직은 큰 시장이 아니지만, 한국 시장은 꾸준한 경제 성장을 바탕으로 선진 금융으로의 발돋움을 준비하고 있다. 특별히 지수 파생상품 시장은 세계 최대의 거래량을 자랑하는 상당히 이상적인 시장이다. 지금의 인도나 중국처럼 개인투자자 위주의 시장에서 기관과 시스템으로의 시장으로 넘어가고 있고, 개인 투자자의 트레이딩 수준이 엄청나게 발전하였다. 방향성과 투기성 매매 전략만을 구사하던 시장 참여자들이 글로벌 금융 위기와 함께 기존 기법들의 한계를 느끼고 있는 시점이다.

기존의 기법을 가지고 인도와 중국 시장으로 진출하는 참여자들도 있고, 미국

시장과 같이 변동성 매매와 시스템 매매 위주의 선진 기법들을 준비하는 참여자들도 있다. 최근의 ELW 사태나 여러 가지 진통들은 선진금융으로 넘어가기 위한 과도기적인 현상이라는 생각이 든다. 제도적인 개혁과 제도권의 질적인 성장으로 한국 금융이 더욱 건전하고 튼실하게 커나갔으면 하는 바램이다.

이 책을 통해 일반 투자자들도 수익률보다는 리스크 관리와 확장성을 중요시하는 기관 투자자들이 시행하는 체계적인 매매 기법에 대해서 조금이라도 더 이해할 수 있기를 바라고, 국내 금융 기관의 포트폴리오 매니저들에게도 선진국의 포트폴리오 관리 시스템을 조금 맛볼 수 있는 좋은 기회가 되기를 바라본다.

2012년말 월드 투어 프로모션 기간 중
샌프란시스코로 날아가는 일등석 안에서

● 편집자의 보충설명

침사추이 : 지역이름
ICC : International Chamber of Commerce 국제상공회의소
IFC : international Finance Center 국제금융센터
Equity long : 기초자산을 매수 후 보유하는 전략
Family office : 가문자산관리
금융공학펀드 : 금융공학 기법을 이용해 시스템적으로 운용되는 펀드
Distressed asset : 부실자산
Equity long & short : 자산을 매수(long), 매도(short) 하는 전략을 동시에 취하는 전략

COMTENTS

추천사 ··· 4
PROLOGUE ·· 6

제 I 장 최근 이슈가 되고 있는 헤지펀드란 • 19

1. 헤지펀드를 소개합니다 ·· 20
2. 헤지펀드의 A부터 Z까지 ··· 23
   1) 헤지펀드의 투자 형태
   2) 헤지펀드의 투자 문화
   3) 헤지펀드의 투자 구조
   4) 개방형 펀드가 일반적이다
   5) 헤지펀드의 분포
   6) 헤지펀드 매니저들의 국가별 분포
3. 뮤추얼펀드와의 차이점을 알면 이해가 쉽다 ······························· 30
   1) 공통점과 차이점
   2) 투자 목적에서의 차이
   3) Funds of Hedge Funds
4. 헤지펀드 종류와 테마 ·· 36
5. 누기 헤지펀드를 운용하는가? ·· 36
6. 누가 헤지펀드에 투자하는가? ·· 37
   1) 기관 투자가
   2) 개인 투자자
7. 헤지펀드 선택 시 고려해야 할 사항들 ······································· 41

1) 헤지펀드 투자 프로그램을 이해하기 위한 핵심 질문
　　2) 헤지펀드 매니저의 투자 프로세스를 이해하기
　　3) 헤지펀드 조직의 구조를 이해하기
　　4) 헤지펀드 매니저의 성과 검토하기
　　5) 위험도 검토를 위한 체크 사항들
　　6) 유동성에 대한 체크 사항들
　　7) 헤지펀드의 가격구조에 대한 체크 사항들

8. 헤지펀드 투자의 장점 ·········· 45
　　1) 성과의 지속성
　　2) 시장과 적은 연관성
　　3) 부의 보호와 증식
　　4) 하락장 보호
　　5) 전문화된 전략들

9. 한국 헤지펀드의 현황 ·········· 48

제 II 장　선물·옵션에 대한 기본지식이 중요하다 • 51

1. 파생상품이란 무엇인가 ·········· 52
　　1) 파생상품의 기능
　　　① 위험회피 기능
　　　② 가격발견 기능
　　　③ 투자 수익성의 증대
　　　④ 시장 효율성 증대
　　2) 파생상품의 종류

2. 선물거래의 원리를 파악하자 ·········· 55
　　1) 선도거래와 선물거래
　　2) 선물의 종류
　　3) 선물거래의 기본원리

4) 선물의 만기보유
　　　5) 선물거래의 특징
　　　　① 표준화된 계약
　　　　② 거래소에 의한 채무이행
　　　　③ 결제안정화제도
　　　6) 선물의 가격결정구조
　　　　① 자본조달비용
　　　　② 보관비용
　　　　③ 현금수입
　　　7) 현물보유자의 선물거래

3. 좀 더 정교한 옵션을 숙지하자 · · · · · · · · · · · · · · · · · 63

　　　1) 옵션이란 권리이다
　　　2) 옵션의 유형
　　　3) 선물거래와의 차이점
　　　4) 옵션거래의 기본원리
　　　5) 옵션의 종류
　　　6) 옵션의 가격구조
　　　　① 행사가격의 수와 권리행사 간격
　　　　② 내가격, 등가격, 외가격
　　　7) 옵션의 민감도 분석
　　　　① 델타(DELTA)
　　　　② 감마(GAMMA)
　　　　③ 세타(THETA)
　　　　④ 베가(VEGA)
　　　　⑤ 로(RHO)
　　　8) 옵션의 매수와 매도
　　　　① 콜옵션 매수의 장·단점
　　　　② 풋옵션 매수의 장·단점
　　　　③ 콜옵션 매도의 장·단점
　　　　④ 풋옵션 매도의 장·단점

4. 한국의 선물·옵션 시장 · · · · · · · · · · · · · · · · · · · 85

제 III 장 합성전략도 중요한 수단이다 • 95

1. 스프레드 매매전략 · 97
   1) 선물을 이용한 스프레드 매매전략
      ① 결제월 간 스프레드 매매전략
      ② 상품 간 스프레드 매매전략
   2) 옵션을 이용한 스프레드 거래전략
      ① 수직적 스프레드
      ② 수평적 스프레드
      ③ 옵션을 이용한 스프레드 전략의 장점
   3) 가격전망에 따른 옵션 스프레드 전략
      ① 강세스프레드 전략(bull spread strategy)
      ② 약세스프레드 전략(bear spread strategy)
      ③ 수평 스프레드(horizontal spread)

2. 델타헤지(delta hedge) 매수전략 · · · · · · · · · · · · · · 112

3. 스트래들 & 스트랭글 매수전략 · · · · · · · · · · · · · · 114
   1) 스트래들(Straddle) 매수전략
   2) 스트랭글(Strangle) 매수전략

4. 스트립 & 스트랩 매수전략 · · · · · · · · · · · · · · · · · 119
   1) 스트립(Strip) 매수전략
   2) 스트랩(Strap) 매수전략

5. 스트래들 & 스트랭글 매도전략 · · · · · · · · · · · · · · 124
   1) 스트래들(Straddle) 매도전략
   2) 스트랭글(Strangle) 매도전략

6. 레이쇼 전략 · 128
   1) 콜 레이쇼 스프레드 전략
   2) 풋 레이쇼 스프레드 전략

7. 콘돌 (Condor) 전략 · 131
   1) 콘돌 매수전략

2) 콘돌 매도전략

제 Ⅳ 장 기본전략만 잘 활용해도 성공한다 • 135

1. **시가(始價)전략** · 136
   1) 시가 갭상승 후 상승지속형
   2) 시가 갭하락 후 하락지속형
   3) 시가 갭하락 후 반전형
   4) 시가 갭상승 후 반전형

2. **30분봉차트의 5, 20이평선을 활용한 전략** · · · · · · · · · 149
   1) 매매의 기준은 30분봉차트상 5이평선으로
   2) 지수의 흐름파악은 30분봉차트상 20이평선으로

3. **고점전략** · 156

4. **저점전략** · 162

5. **장세전략** · 166
   1) 상승장 전략
   2) 하락장 전략

제 Ⅴ 장 절대수익이 창출되는 NTS기법을 공개하다 • 175

1. **NTS기법이란?** · 176
   1) 시스템 평가의 중요한 기준은 승률보다 MDD이다
   2) 위험관리와 자금관리가 해답
   3) NTS신호차트
   4) 시스템매매에 대한 이해

2. 복리의 수익 창출법을 믿어라 · · · · · · · · · · 184
　　1) 수익률보다는 안정적이고 꾸준한 수익을
　　2) 지루한 돈벌기의 의미

3. 기법, 심법보다 중요한 자금관리 방법 · · · · · · · · 188
　　1) 켈리의 공식
　　2) 2%의 법칙 & 6%의 법칙

4. 베팅하는 나만의 방법을 정립하라 · · · · · · · · · 196
　　1) 카지노에서 돈을 버는 베팅기술
　　2) 카지노 베팅법과 유사한 NTS 베팅방법
　　3) 단순베팅법
　　4) 마틴게일베팅법
　　5) 반 마틴게일베팅법
　　6) 정액법
　　7) 정률법
　　8) 무리한 베팅 보다는 원칙을 지키는 것이 중요

5. NTS 운영 대원칙 · · · · · · · · · · · · · · 212
　　1) 4포인트 분할 진입의 원칙
　　2) 1포인트 진입 시 매매방법
　　3) 2포인트 진입 시 매매방법
　　4) 2포인트 진입물량 청산하는 방법
　　　① 평균단가로 청산하는 방법
　　　② 진입단가로 청산하는 방법
　　5) 3포인트 진입 시 매매방법
　　6) 3포인트 진입물량 청산방법
　　　① 평균단가로 청산하는 방법
　　　② 진입단가로 청산하는 방법
　　7) 4포인트 진입물량 청산방법
　　　① 평균단가로 청산하는 방법
　　　② 진입단가로 청산하는 방법

6. 진입 방법도 전략이다 · · · · · · · · · · · · 224

1) 옵션을 매매해도 기준은 선물

2) 1-1-1-1 진입 방법

3) 1-2-3-4 진입 방법

4) 척후병전략

5) 몰아가기 전략

6) 불타기 전략

① 물타기와 비교하면 쉽게 이해되는 전략

② 언제 추가로 진입할 것인가?

③ 불타기 후 언제 청산을 할 것인가?

④ 사례1 : 4P 수익을 10P 수익으로 전환가능

⑤ 사례2 : 불타기와 1-2-3-4진입법 혼용으로 수익 극대화

7. 진입 보다 더 중요한 청산 전략 ㆍㆍㆍㆍㆍㆍㆍㆍㆍㆍㆍㆍㆍㆍ **250**

1) 옵션 1계약 종가홀딩전략

2) 평균단가로 청산? 진입단가로 청산?

3) 1:1 물량 줄이기 전략

제 Ⅵ 장   실전 매매 일지 • 267

1. 2012년 1월 12일 매매일지 ㆍㆍㆍㆍㆍㆍㆍㆍㆍㆍㆍㆍㆍㆍ **269**

1) 옵션매매 전략(1-2-3-4진입법)

2) 옵션매매 전략(1-1-1-1진입법)

3) 선물매매 전략(1-1-2-2진입법)

4) 선물매매 전략(1-1-1-1진입법)

2. 2012년 1월 13일 매매일지 ㆍㆍㆍㆍㆍㆍㆍㆍㆍㆍㆍㆍㆍㆍ **275**

1) 옵션매매 전략(1-2-3-4진입법)

2) 옵션매매 전략(1-1-1-1진입법)

3) 선물매매 전략(1-1-2-2진입법)

    4) 선물매매 전략(1-1-1-1진입법)

3. 2012년 1월 16일 매매일지 · · · · · · · · · · · · · · · · · 280
    1) 옵션매매 전략(1-2-3-4진입법)
    2) 옵션매매 전략(1-1-1-1진입법)
    3) 선물매매 전략(1-1-2-2진입법)
    4) 선물매매 전략(1-1-1-1진입법)

4. 2012년 2월 1일 매매일지 · · · · · · · · · · · · · · · · · 284
    1) 옵션매매 전략(1-2-3-4진입법)
    2) 옵션매매 전략(1-1-1-1진입법)
    3) 선물매매 전략(1-1-2-2진입법)
    4) 선물매매 전략(1-1-1-1진입법)

5. 2012년 2월 3일 매매일지 · · · · · · · · · · · · · · · · · 289
    1) 옵션매매 전략(1-2-3-4진입법)
    2) 옵션매매 전략(1-1-1-1진입법)
    3) 선물매매 전략(1-1-2-2진입법)
    4) 선물매매 전략(1-1-1-1진입법)

6. 2012년 2월 6일 매매일지 · · · · · · · · · · · · · · · · · 295
    1) 옵션매매 전략(1-2-3-4진입법)
    2) 옵션매매 전략(1-1-1-1진입법)
    3) 선물매매 전략(1-1-2-2진입법)
    4) 선물매매 전략(1-1-1-1진입법)

7. 2012년 9월 매매 복기일지(옵션기준, 종가 1:1) · · · · · · · 299
8. 교육생 매매일지 소개 · · · · · · · · · · · · · · · · · · 306
    1) 2012년 6월 1일 매매일지
    2) 2012년 6월 4일 매매일지

3) 2012년 6월 7일 매매일지
4) 2012년 6월 8일 매매일지
5) 2012년 6월 11일 매매일지
6) 2012년 6월 21일 매매일지
7) 2012년 10월 9일 매매일지
8) 2012년 10월 10일 매매일지

 **가장 많이 받은 질문과 대답(Q & A)** • 333

EPILOGUE 1 · 350
EPILOGUE 2 · 353

제1장

최근 이슈가 되고 있는 헤지펀드란

1. 헤지펀드를 소개 합니다 ･････････ 20
2. 헤지 펀드의 A부터 Z까지 ･････････ 23
3. 뮤추얼펀드와의 차이점을 알면 이해가 쉽다 ････ 30
4. 헤지펀드 종류와 테마 ･････････ 36
5. 누가 헤지펀드를 운용하는가? ･･････ 36
6. 누가 헤지펀드에 투자하는가? ･･････ 37
7. 헤지펀드 선택 시 고려해야 할 사항들 ････ 41
8. 헤지펀드 투자의 장점 ･･･････････ 45
9. 한국 헤지펀드의 현황 ･･･････････ 48

제 I 장

······ 최근 이슈가 되고 있는 헤지펀드란 ······

> 위험회피(헤징)는 보험 정책을 보유하는 것과 같다. 위험을 회피하는 것은 부정적인 사건을 대비하는 것과 같다. 헤징이 부정적인 사건이 발생하는 것을 막지는 못할지라도, 만약 정말로 부정적인 사건이 발생한다면, 그리고 당신이 적절하게 헤징을 하였다면, 사건의 영향은 줄어들거나 최소화 될 것이다.

1. 헤지펀드를 소개합니다

    한국에서도 규제의 완화와 변경을 반복하면서 헤지펀드에 대한 관심이 높아지고 있습니다. 많이 공개되기는 했지만, 국내뿐 아니라 해외에서도 헤지펀드는 아직까지도 일반적인 사람들이 접근하기에는 쉽지 않은 단어일 것입니다. 미국이나 유럽 등 서양의 투자문화에서도 헤지펀드는 베일에 싸여 있었으며, 폐쇄적인 성격으로 운용이 되고 있었습니다. 하물며 투자문화가 선진화되지 않은 한국에서는 고액개인자산가들을 대상으로 한 투자로만 막연하게 간주되어 왔습니다. 이번 장은 헤지펀드라는 단어가 뜻하는 것이 무엇이며, 어떻게 구성되고, 어떤 전략들을 사용하여 수익을 내는지에 대해서 알아보고자 합니다. 헤지펀드를 처음으로 자세히 바라보고자 하는 제도권의 전문가들과 헤지펀드를 운용하는 회사에서 일하기를 꿈꾸는 젊은이들뿐만 아니라, 헤지펀드에 투자하고자 하는, 또 좀 더 알고 싶은 초보 투자자들에게도 도움이 되었으면 합니다.

헤지펀드는 일반적으로 알려진 '수단과 방법을 가리지 않고 수익만을 추구하는 펀드' 라는 이미지와는 많이 다릅니다. 특히 2008년 금융위기와 Madoff 사태 이후로 헤지펀드는 가장 많은 규제를 받고는 있지만, 법적으로 안전한 구조를 제공하는 대안 투자의 하나로 자리를 잡아가고 있습니다. 재간접투자가 되는 리테일 헤지펀드도 생겨나고 있지만, 전통적인 의미의 헤지펀드는 고액투자자와 기관들만을 상대로 하는 펀드이기에 일반에 공개되어 판매되고 있는 뮤추얼펀드보다 훨씬 강력하고 복잡한 구조의 규제를 받고 있습니다. 참고로 Madoff 사태란 월가의 과묵한 실세로 알려진 Bernard Madoff가 500억달러의 피라미드형 사기혐의로 체포된 것을 계기로, 헤지펀드 산업에 대한 규제를 촉발하게 된 사건입니다. 세계 각국의 기관들은 물론 한국의 금융기관들과 연금들까지도 포함된 큰 사건이었습니다.

최근에는 일반 투자자들의 매매형태와 지식수준이 많이 높아져서, 한국의 투자문화가 선진화되어 가고 있는 과정에 있다고 보여집니다. 일반적으로 기관 투자가의 투자 형태를 비교 검토하면 배울 점이 있는 것처럼, 아직은 미성숙 단계인 국내 제도권의 금융행태와 선진국 제도권의 금융산업을 비교한다면 한국도 배울 점이 많을 것 같습니다. 이 책을 통해서 일부라도 그런 면들이 소개가 되고 정리가 되면 좋겠습니다.

전세계적으로도 일반인들의 헤지펀드에 대한 관심이 많이 높아졌습니다. 개인, 기관투자자들뿐만 아니라 보수적인 연기금과 미국의 예일대학, 하버드대학 펀드 같은 학교의 기부기금들까지도 포트폴리오에 헤지펀드를 편입시키고 있는 추세입니다. 이것은 헤지펀드 산업이 일반인들에게도 자산의 수익률 증가와 위험을 줄이기 위한 투자의 한 방편으로 인식되기 시작했다는 것을 의미합니다. 이처럼 헤지펀드에 대한 관심과 투자비중이 높아지고 있는 것이 요즘의 모습입니다. 그렇지만 정작 헤지펀드가 무엇인지에 관해서는 속 시원히 알려주는 서적이나 자료들은 충분하지 않은 실정입니다. 그만큼 헤지 펀드는 자신들의 정보 공개에 대해서 보수적이며 폐쇄적인 문화를 가지고 있습니다.

A. W. Jones가 1949년에 시장 전체의 움직임에 기반한 위험 대비책(헤징)에 중심을 둔 첫 헤지펀드를 설립한 이래로, 개인자산관리, 벤처캐피탈, 뮤추얼펀드의 기능을 포괄하면서도 일반 뮤추얼펀드와는 달리 더 적은 규제 아래 운용이 가능할 수 있도록 발전되어 왔습니다. 헤지펀드에 대해 딱 잘라 말해서 "이것이 헤지펀드다."라고 말하기는 어렵지만, 일반적으로 다양한 전략을 추구하며 다양한 종류의 자산을 보유한다고 이해하면 됩니다.(참고 : "Harvard Endowment Rises $4.4 Billion to $32 Billion," 2011. Harvard Magazine, September 22. Accessed July 9, 2012.http://harvardmagazine.com/2011/09/harvard-endowment-rises-to-32-billion?page=all.)

2011년 말, 글로벌 헤지펀드 산업 아래 운영되는 자산은 1.9조 달러를 기록했습니다. 10년 전에는 1,182억 달러 규모였던 것이 10년만에 20배가 넘는 성장을 이루어 낸 것입니다.(참고 : "HFR Global Hedge Fund Industry Reports." 2012. HFR Global Hedge Fund Industry Reports. Hedge Fund Research.Accessed June 8, 2012.) 앞으로도 헤지펀드산업은 더욱 글로벌 해지고 더 안정적인 수익을 추구함으로써, 요즘 같이 변동성이 심한 시장상황에서 계속 발전해 나갈 것입니다.

2. 헤지펀드의 A부터 Z까지

1) 헤지펀드의 투자 형태

헤지펀드는 다양한 곳에서 유입된 자금으로 구성되어 있습니다. 고액자산을 가진 개인투자자나 여러 기관들을 통해서 모집된 자금 등을 운용합니다. 헤지펀드의 주요 목적은 '상대적인 수익' 을 내기보다 헤지펀드 자체의 **절대적인 수익을 추구**하는 입니다.

『절대수익을 추구한다』는 의미는 전체적인 시장상황이 마이너스 수익률을 기록한 경우, 일반적인 뮤추얼펀드는 시장상황보다 마이너스의 폭이 작으면 성과가 좋다고 판단하는 것과는 달리, 헤지펀드가 추구하는 절대수익의 의미는 시장상황이 마이너스 수익률을 기록하는 것에 상관없이 헤지펀드 자체의 수익률은 플러스가 되게끔 운용하는 것을 의미합니다.

즉 헤지펀드는 시장상황에 상관없이 절대적인 수익률을 추구한다는 것입니다. 시장이 상승을 하든 하락을 하든 관계없이, 안정적인 플러스 수익률을 기록하는 동시에 운용자산의 보호 및 유동성위험 등을 줄이면서 운용이 되는 것입니다. 이러한 목표를 달성하기 위해서 헤지펀드는 다양한 투자 전략과 투자상품을 편입시킵니다. 증권과 파생 상품을 주로 거래하며 롱&숏전략(일종의 스프레드 거래라고 이해하면 됩니다.)을 사용하기도 하고 수익규모를 늘리기 위해 레버리지를 이용하여 자금을 운용하기도 합니다. (다양한 전략들의 세부 내용은 4장을 참고하세요.)

2) 헤지펀드의 투자 문화

헤지펀드는 1-2조원의 자산을 운용하더라도, 2-3명의 소수 파트너들에 의해 운용이 되는경우가 많습니다. 작은 기업 형태의 헤지펀드라도 그들의 고객은 주로 큰 기관투자가들이거나 일명 '큰 손'이라고 불리는 고액자산보유가로만 제한이 되어 있습니다.

이렇게 소수의 제한된 집단만이 헤지펀드에 투자를 하고 있는 이유는 여전히 헤지펀드 산업이 초기 발전단계에 있으며, 일반인들에게는 공개되어 있지 않기 때문입니다. 그렇기 때문에 헤지펀드 매니저와 그들의 고객들과는 더 직접적이고 친밀한 관계를 맺고 있으며, 직접적인 의사소통을 할 수도 있기 때문에 더욱 긴밀하다고 볼 수 있습니다.

물론 헤지펀드가 꼭 작은 기업의 형태로만 구성되는 것은 아닙니다. 조지소로스의 퀀텀펀드나 줄리언 로버트슨의 타이거 펀드처럼 많은 직원들이 일하고 있는, 규모가 큰 헤지펀드 회사들도 있습니다.

3) 헤지펀드의 투자 구조

헤지펀드는 다양한 전략들이 가능한 다른 펀드 구조와 시스템을 사용합니다. 헤지펀드는 역외펀드(offshore fund), 합자회사(limited partnership), 선물신탁운용(commodity pool) 또는 통합관리계좌(managed account)의 형태로 만들어집니다.

이러한 형태 중에서 합명회사(general partnership : 무한책임사원만으로 구성된 회사), 합자회사(limited partnership : 무한책임사원과 유한책임사원으로 구성되는 복합적 조직의 회사)형태의 헤지펀드가 가장 일반적인 펀드 구조입니다. 무한책임사원으로 분류되는 펀드매니저나 핵심이사진들은 펀드 운영에 대한 책임을 지고, 유한책임사원로 분류되는 투자자들은 투자금으로 합자회사를 만들고 투자한 금액만큼에 대해서만 책임을 집니다. 합명회사나 합자회사는 1명 이상의 무한책임사원과 유한책임사원으로 구성이 되며, 그 수는 유동적으로 더 늘어 날 수 있습니다. 이런 의미에서, 전형적인 헤지펀드 구조는 합명회사나 합자회사로 구성된다고 보면 됩니다.

[자료1.1] 일반적인 헤지펀드 회사의 구조

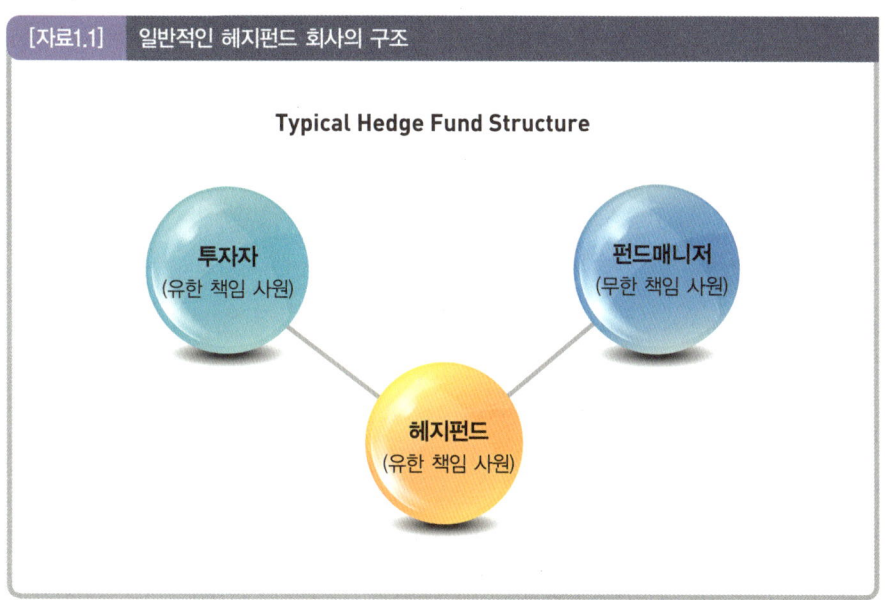

4) 개방형 펀드가 일반적이다

헤지펀드는 개방형 펀드로 설정되어 투자에 제한을 두지 않습니다. 헤지펀드 가입에 제한을 두지 않는다는 의미는 투자자가 더 많은 투자금을 투자할 수도 있고, 자신의 돈을 그 펀드에서 인출하는 것도 자유롭다는 것입니다. 참고로 폐쇄형펀드의 자금은 펀드설정 시에 투자금이 확정되면, 중간에 추가적인 자금유입을 제한하는 구조입니다.

개방형 펀드는 투자의 내재가치가 증가한다면 주당 순자산가치(NAV : Net asset value) 역시 증가한다는 것을 의미합니다. 주당 순자산가치가 증가한다면, 투자자는 최초의 투자금액보다 더 많은 자산을 상환 받게 됩니다. 주당 순자산가치는 기업이 청산될 때 회사의 자산이 주당 얼마만큼 남는가를 알려주는 지표입니다. 기업의 자산(현금, 어음, 재고)에서 부채(단기부채, 장기부채, 우선주, 일시차입금)를 뺀 금액으로 계산합니다. 보통 대부분의 펀드들은 하루에 한번 공시되는 펀드의 순자산가치에 의해 기준가격이 결정되고, 이 기준가격으로 펀드의 매입과 환매가 이루어집니다.

5) 헤지펀드의 분포

헤지펀드는 펀드매니저나 이사진의 국적과는 무관하게 등록되는 경우가 많습니다. 펀드매니저의 국적보다는 투자자가 어디서 오느냐가 더 중요한 기준입니다. 일반 펀드와 달리 기관과 고액자산가만을 대상으로 하는 헤지펀드는 법무비용이 많이 들기 때문에, 투자자의 수요와 펀드매니저의 운영기법에 맞는 적절한 펀드 구조를 만드는 요소들이 펀드의 등록지로 결정되는 중요한 요인입니다. 조세 회피 지역에 등록된 펀드라 할지라도 해당국가의 금융법에 맞는 라이선스를 취득하여야 하며, 모든 투자자의 소속국가들의 상법에 맞는 회계기준을 준비하여야 합니다. 아래 자료는 여러나라에서 운영이 되고 있는 헤지펀드의 구조를 보여주며, 헤지펀드의 등록지와 관련된 기관들의 관계를 보여줍니다.

[자료1.2] 여러 나라들에서 운용중인 헤지펀드의 예

【자료1.2】에서 보는 것과 같이 싱가폴 출신의 헤지펀드 매니저가 프랑스, 캐나다, 미국의 투자자들을 모아서 케이먼제도(Cayman Islands : 카리브해에 있는 영국령 제도諸島)에 펀드를 등록하고 운용을 하는 구조가 헤지펀드의 일반적인 구조라고 보면 됩니다.

헤지펀드는 세계 각처에 등록되어 있습니다. 미국의 경우는 델라웨어(Delaware)에 많이 위치하고 있습니다. 그 외 카리브해와 유럽의 영국령 버진 제도(British Virgin Islands), 케이먼제도(Cayman Islands), 버뮤다제도, 맨 섬(the isle of Man), 룩셈부르크, 더블린(Dublin) 같은 장소들에 폭 넓게 분포되어 있습니다. 이러한 장소들은 헤지펀드에 대한 규제가 낮고 유리한 투자환경을 제공해 줌으로써, 더 많은 펀드들이 등록을 할 수 있도록 유도하고 있습니다.

아시아에서 펀드매니저들은 헤지펀드를 홍콩, 오스트리아, 일본 그리고 싱가포르에 등록하곤 합니다. 최근에는 몰타와 같은 신규 관할구역으로 옮기는 펀드들도 많은 추세입니다. 단일전략으로 운용되는 헤지펀드 매니저들은 낮은 비용과 규제가 적은 카리브해나 버뮤다에 설립하는 경향이 있습니다.

2011년도 전체 헤지펀드의 절반 가량은 펀드매니저의 소속국가가 아닌 해외에서 등록이 되었을 것으로 추정하고 있습니다. 그중 케이먼제도는 전체 헤지펀드 수의 33%가 등록되어 있는 손꼽히는 장소입니다. 그 다음으로는 미국이 23%를 차지하고, 룩셈부르크는 13%, 아일랜드는 7%, 버지니아 아일랜드는 5%, 버뮤다는 3%로 뒤를 잇고 있습니다.(참고 : "Financial Market Series: Hedge Funds," ?The City UK, March2012, 1-12.)

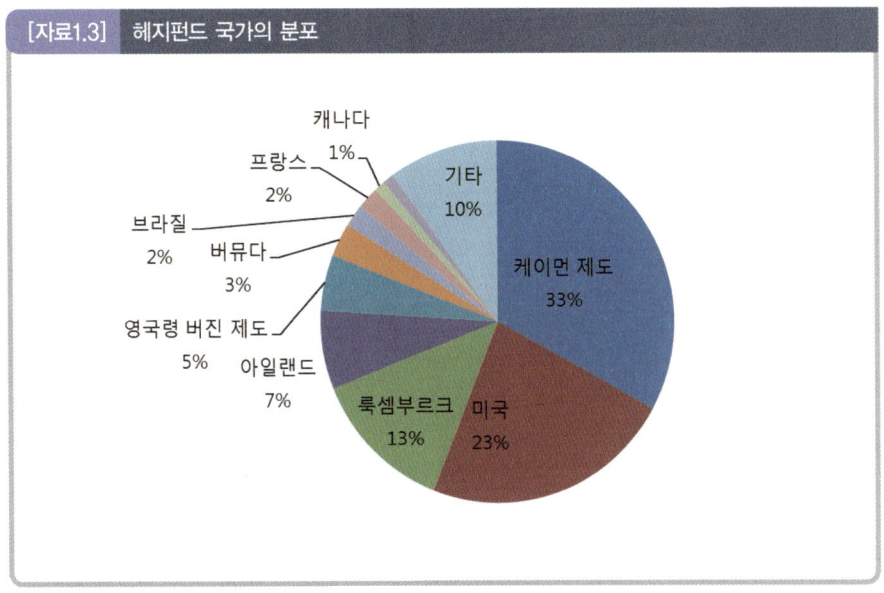

[자료1.3] 헤지펀드 국가의 분포

6) 헤지펀드 매니저들의 국가별 분포

그렇다면 헤지펀드 매니저들은 어느 지역에 많이 분포되어 있을까요? 역시 헤지펀드의 가장 큰 중심지는 미국입니다. 2011년 말 기준으로 약 70%의 세계 자산들이 미국에서 운용되고 있습니다. 그만큼 미국은 헤지펀드 산업뿐만 아니라 금융산업의 중심지라고 할 수 있습니다. 유럽은 21%로 그 뒤를 잇고, 아시아는 그 나머지를 차지하고 있습니다. 【자료1.4】는 전세계의 헤지펀드 매니저들이 어느 나라에 분포되어 있는 지를 자세히 보여주고 있습니다. (참고 : "Financial Market Series: Hedge Funds," The City UK, March 2012, 1-12.)

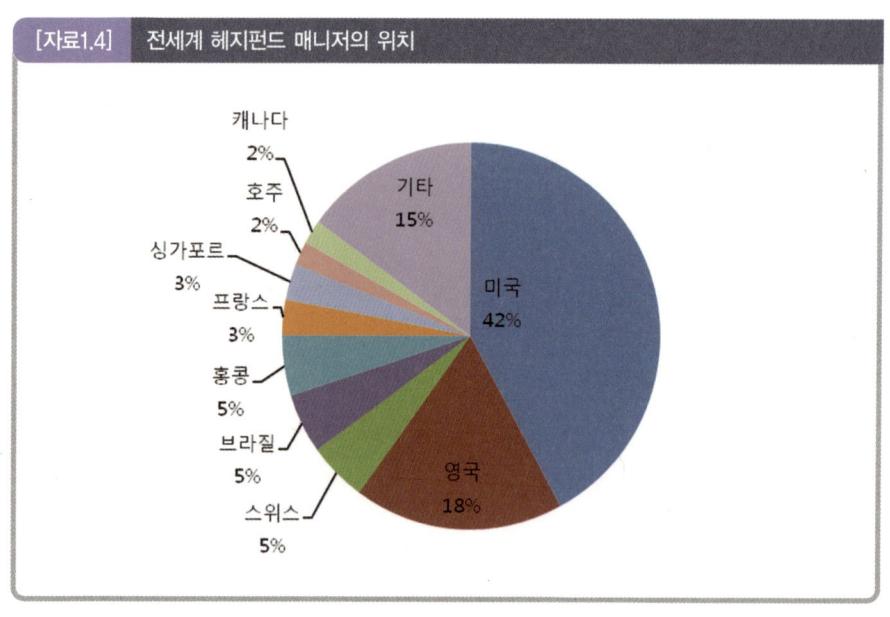

[자료1.4] 전세계 헤지펀드 매니저의 위치

3. 뮤추얼펀드와의 차이점을 알면 이해가 쉽다

1) 공통점과 차이점

헤지펀드는 일반적인 뮤추얼펀드와 비교, 대조되어 많이 설명됩니다. 헤지펀드와 뮤추얼펀드의 사이에는 몇 가지 공통점과 차이점이 있습니다.

첫번째 공통점은 두 펀드 모두 자본(equities), 채권, 옵션 그리고 다른 종류의 증권(securities)에 투자하는 수단이라는 것입니다.

두 번째 공통점은 두 펀드 모두 펀드매니저가 가장 좋은 성과를 낼 수 있다고 생각하는 투자 전략과 증권(securities)을 포트폴리오로 사용할 수 있다는 것입니다. 헤지펀드와 뮤추얼펀드 모두 분산되고 전문적으로 운용이 되는 포트폴리오에 투자하고 있습니다.

이러한 몇 가지 비슷한 점 외에 헤지펀드와 뮤추얼펀드는 많은 차이점들이 있습니다. 헤지펀드는 뮤추얼펀드와 비교하여 취하는 포지션과 사용하는 전략의 종류가 상당히 많고 복잡합니다. 뮤추얼펀드는 해당 금융당국으로부터 어느 나라, 어떤 분야에 투자를 해야 하는지에 대한 제한을 받을 수 있습니다. 헤지펀드는 이러한 규제들에 대해서 상대적으로 자유로우며, 지정학적인 고려보다는 다양한 전략을 활용하여 시장에서 보다 우수한 수익을 내는 것이 중요합니다. 아래 자료는 헤지펀드와 뮤추얼펀드의 차이를 비교하고 있습니다.

- 개인 투자자의 비중이 일정 수준을 만족하는가?
- 더 적은 보유 주식으로 더 집중하여 포트폴리오를 구성하는가?
- 파생상품을 더 빈번하게 사용하는가?
- 롱&숏 포지션을 취할 수 있는가?
- 때때로 많은 레버리지를 사용하는가?
- 장외상품에 투자할 수 있는가?

구분	헤지펀드	뮤추얼펀드
목적	절대수익	상대수익
전략	최소한의 제한, 레버리지한도의 자유, 공매도나 다른 헤지전략들에 대한 자유	레버리지, 공매도의 제한 등
수익과위험	전략과 매니저의 운용능력에 따라 다름(alpha)	시장(beta)
변동성	역사적으로 자산(equity)보다 적음	벤치마크지수와 비슷
문화	가볍고 유연한 문화	비대하고 정적인 문화
유동성	투자와상환에 대한 제한 (어떤매니저는 침체된시장 상황을고려하여 더 큰 유동성이 있는 곳으로 이동)	매일 유동적
마케팅	마케팅과 판매의 제한	소비시장에 쉬운 접근
Business relationship	고객은 사업파트너	펀드매니저는 투자자의 대리인
비용	자산과 성과 중심	자산중심
평가	월별, 분기별 평가	매일
투자금액	구조에 따라 매우 상이	$1000만큼 낮음
정보공개	상대적으로 낮음	상대적으로 높음

위의 자료에서 수익과 위험 항목을 좀 더 설명하겠습니다. '전략과 매니저의 운용능력에 따라 다름(alpha)' 의 의미는 전략과 매니저의 운용능력에 따라서 시장수익 이상의 추가수익(알파)을 낼수 있다는 것입니다. 또한 시장(beta)의 의미는 베타 상관계수를 뜻합니다. 베타는 개별증권이나 포트폴리오의 수익이 증권시장 전체의 움직임에 대해서 얼마나 민감하게 반응하는가를 나타내는 수치입니다. 여기서 베타의 의미는 수익과 위험이 시장이 가지고 있는 것과 비슷하다는 의미로 이해하면 됩니다.

2) 투자목적에서의 차이

모든 투자자들에게 있어 투자의 기본적인 목적은 투자기간 동안의 인플레이션 수준을 넘는 수익을 내서, 실제 구매력(real purchasing power)이 증가해야 하는 것입니다. 뮤추얼펀드와 마찬가지로 헤지펀드 회사도 예상 수익률(target rate of return)을 능가하는 펀드수익률을 보여줌으로써 더 많은 투자가 원활히 들어올 수 있도록 합니다. 예를 들어, 뮤추얼펀드는 두 가지 목표를 달성시키기 위해 노력합니다. 첫 번째는 다른 펀드들 보다 높은 수익률을 달성하고자 하는 것입니다. 두 번째는 연관된 시장 지수(relevant market index)의 수익률을 능가하고자 노력합니다. S&P500지수를 벤치마킹하는 뮤추얼펀드는 해당기간 동안 S&P500지수 수익률보다 높은 수익률을 올리고자 노력합니다.

그리고 뮤추얼펀드 매니저들이 추구하는 것은 같은 카테고리에 있는 다른 펀드 매니저들보다 더 좋은 성과를 내는 것입니다. 예를 들어, 미국의 Cap Value Fund는 같은 카테고리에 있는 다른 Cap Value Fund 보다 좋은 성적을 내기 위해 노력을 하지만, 카테고리가 다른 Cap Growth Fund 보다 수익률이 낮은 것에 대해서는 크게 신경쓰지 않습니다.

또한, 뮤추얼펀드 매니저들은 S&P 500 같은 소극적인 시장 벤치마크보다 우수한 성적을 내려고 합니다. 벤치마크는 각종 펀드들이 투자한 기본적인 성과를 측정하는 기준입니다. 예를 들어, 벤치마크가 6%의 수익을 기록할 때 어느 펀드매니저가 8%의 수익률을 기록하였다면, 그 펀드매니저는 자신의 성과에 만족을 할 것입니다. 또한 벤치마크가 8%의 손해를 보는 동안 어느 펀드매니저의 운용수익률이 마이너스 5%라면, 비록 전체 자산이 감소했음에도 불구하고, 그 매니저는 여전히 자신의 성과에 만족할 것입니다. 왜냐하면 뮤추얼펀드 매니저가 자산 운용을 통해 얻고자 하는 것은, 그 성과가 마이너스 수익률을 기록할 수도 있는 소극적인 벤치마크보다 상대적으로 좋은 성과를 내는 것이기 때문입니다.

바로 전에 언급한 부분에서 헤지펀드는 뮤추얼펀드와 매우 다릅니다. 실제 운용을 하는데 여러가지 전략이 쓰이고 있더라도, 헤지펀드는 보통 절대적인 수익에 더 큰 관심이 있습니다. 많은 헤지펀드 매니저들이 얻고자 하는 것은 시장의 움직임과 상관이 없는 플러스 수익이지, 벤치마크보다 나은 수익을 얻고자 하는 것이 아니기 때문입니다. 위험회피적인 헤지펀드는 연간 5~8%(net of fees) 이상의 수익을 목표로 하는 반면에, 공격적인 헤지펀드 매니저들은 15~20%(net of fees)나 혹은 그 이상의 수익률을 얻으려고 합니다.

결과적으로 많은 헤지펀드 매니저들은 시장이 마이너스 수익을 내더라도 플러스 수익을 얻고자 시장상황에 의존하지 않는 전략을 개발하려고 합니다. 예를 들어 자산시장의 지수와 관련이 적은 포트폴리오로 펀드를 구성하는 것을 들 수 있습니다. 헤지펀드 매니저들은 플러스 수익을 얻기 위해 일반적인 시장이 움직이는 것에 의존할 필요가 없기 때문입니다. 이렇게 시장에 의존하지 않고 절대적인 수익을 추구하는 특성을 **시장중립성**(market neutrality)이라 합니다.

그러나 모든 헤지펀드 매니저들이 매년 좋은 뉴스만 전하는 것은 아닙니다. 일부는 성공을 하기도 하고, 일부는 실패를 하기도 합니다. 이러한 경우에, 그들은 마이너스 수익률을 기록하면서 시장수익률보다는 나았다는 핑계를 댈 수는 없습니다. 투자자들은 시장수익률이 나쁘더라도 헤지펀드는 플러스 수익률을 낼 수 있다고 기대하고 투자를 하기 때문입니다.

3) Funds of Hedge Funds

안전하게 자신의 자산을 투자하려는 투자자는 Funds of hedge funds에 투자함으로써 헤지펀드에 투자할 수 있습니다. 펀드오브헤지펀드는 헤지펀드 투자의 다양화된 포트폴리오 중 하나입니다. 펀드오브헤지펀드는 헤지펀드 매니저가 여러 다른 헤지펀드에 투자함으로써 구성이 됩니다. 여러 전략들과 자산으로 구성된 펀드는 한가지의 전략으로 구성된 헤지펀드보다 안정적인 장기 투자수익을 제공할 수 있습니다. 펀드오브펀드내의 전략적인 혼합은 수익, 위험, 그리고 유동성을 통제할 수 있으며, 자산의 보호 또한 가능합니다. 그리고 여러 전략들을 사용함으로써 유동성을 확보할 수 있습니다. Funds of funds는 일반적으로 1%의 운영보수(management fee)와 수익의 10%를 성과보수로 투자자들에게 부과합니다. 이것이 일반적인 Funds of funds의 수수료체계입니다.

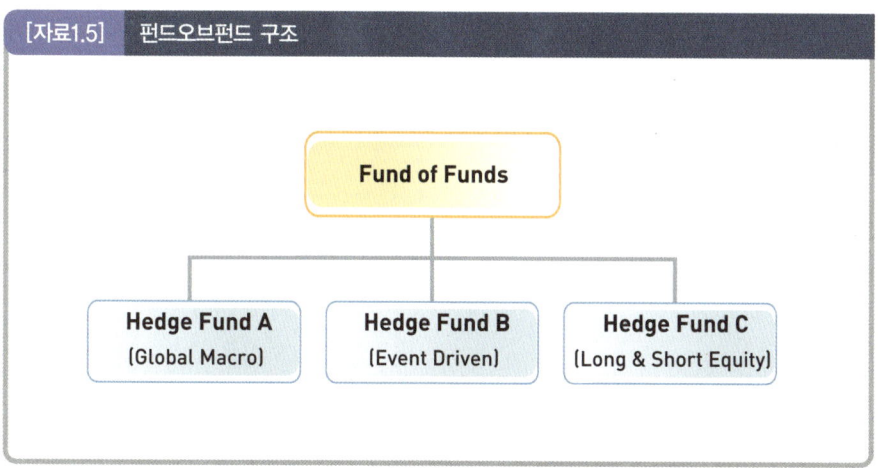

[자료1.5] 펀드오브펀드 구조

4. 헤지펀드 종류와 테마

많은 종류의 헤지펀드를 이해하기 위해서는 각종 전략의 특성과 다양한 투자에 대한 내용을 이해하는 것이 중요합니다. 왜냐하면 모든 헤지펀드가 투자 수익, 유동성, 위험의 측면에서 각각 다르기 때문입니다. 어떤 전략들은 자산시장과 관련이 적으며, 손실입을 확률이 극히 낮으며 안정적인 수익을 올릴 수 있는 반면에, 다소의 위험을 감소하더라도 보다 공격적으로 투자하는 전략들도 있기 때문입니다.

5. 누가 헤지펀드를 운용하는가?

자산을 보유한 자산가들이나 이러한 자산가를 위한 신탁업무를 보는 전문가들은 의외로 자산을 운용하기 위한 전문지식이 없는 경우가 많습니다. 그래서 그들은 자산을 운용할 수 있는 전문가(펀드매니저)를 고용하여 그들의 자산을 운용하게 합니다. 펀드매니저는 자산가들의 계좌에 대한 운용 권한을 가지고, 실제 매매 집행(trade execution)은 주식 중개인, 채권 딜러 등의 중개인들에 의해서 이루어집니다. 대부분의 펀드매니저들은 자신이 상대적 우위를 가진 전문 분야에 투자를 진행합니다. 펀드매니저의 출신은 투자 은행가에서부터 재정자문가(financial advisor), 그리고 성공적인 데이트레이더 등 매우 다양합니다.

이렇게 자산가들의 계좌를 관리하는 펀드매니저들 말고도 단 하나의 헤지펀드

상품만을 운용하는 전문화된 헤지펀드 매니저들도 있습니다. 또다른 매니저들은 헤지펀드 상품과 연관되어 시장의 상품과 전략을 제공하기도 합니다. 예를 들어, 헤지펀드 회사는 회사 소속의 펀드매니저가 운용하거나 다른 회사의 펀드매니저들이 운용하는 시장 중립적인 펀드에 투자를 할 수도 있습니다.

펀드매니저들은 하나로 통합된 계좌를 운용하거나 여러 개로 나뉘어진 계좌를 운용합니다. 여러 개로 나뉜 계좌의 경우 단 한 명의 투자자의 자금을 나누어서 관리를 하는 경우가 대부분이며, 통합된 계좌의 경우에는 여러 투자자들의 자금을 관리하는 경우입니다. 펀드 회사들은 개별계좌(separate account)를 개설하기 위한 최소한의 투자 요건을 준수합니다. 최소한의 요건은 투자를 하는 고객들에 의해서 결정되는 경우가 많습니다. 기관이 투자를 할 경우에는 최소 가입금액이 천만달러 이상 책정이 되고, 고액자산가(high-net worth individuals)의 경우도 수십만달러에서 백만달러 정도로 최소 금액이 책정됩니다.

6. 누가 헤지펀드에 투자하는가?

헤지펀드는 연기금, 기부기금(endowments), 보험회사, 개인사업자, 기관 투자자 등이 투자합니다. 헤지펀드는 투자요건을 충족시키는 투자자들(규제기관이 지정한 특정 기준을 충족한 개인 투자자들)이 투자할 수 있습니다. 현재 우리나라의 개인 투자 기준도 기본단위가 5억원에서 10억원으로 논의가 되고 있습니다.이들의 자격기준은 수십억원 이상의 자산을 가지고, 일반적인 헤지펀드의 투자전략과 위험을 이해한 전문 투자자들을 대상으로 합니다.

예를 들어 한국 금융위원회〈Korea's Financial Services Commission(FSC)〉, 싱가포르 통화청〈Singapore' Monetary Authority of Singapore (MAS)〉, 영국 재정청〈UK's Financial Services Authority (FSA)〉 등은 헤지펀드를 투자하는데 각각 다른 기준을 정해놓고 있습니다. 뮤추얼펀드와 달리 헤지펀드는 보통 일반인이나 소액 투자자들에게 판매되지 않습니다.

1) 기관 투자가

미국, 영국, 일본 같은 선진국의 헤지펀드 기관 투자가들은 연기금이거나 기부금인 경우가 많습니다. 이러한 기금들은 충분한 자금력을 가지고 포트폴리오를 다양화합니다. 지난 3년 동안 연기금의 헤지펀드 투자는 상승 추세입니다. 각종 기금에서 헤지펀드에 약 800억 달러의 자금을 할당할 것이라는 전망이 있었습니다. 이 기금들의 3분의 2 정도는 기관 투자가들이 운영하는 자금입니다.(참고 : Creswell, Julie. 2012. "Pensions Find Riskier Funds Fail to Pay Off." New York Times, April 2. Accessed June 3, 2012.http://www.nytimes.com/2012/04/02/business/pension-funds-making-alternative-bets-struggle-to-keep-up.html?_r=1.)

연기금은 그들이 원하는 목표 수익률을 달성하기 위하여 헤지펀드에 더 많이 투자를 하고 있습니다. 비슷하게 2011년 9월, 십억달러 이상의 은퇴 시스템(retirement system)의 자산은 지분을 부동산, 개인자산, 그리고 헤지펀드에 19%를 분배하여 투자하였습니다. 이는 2007년 10.7%를 기록한 것보다 9% 정도 상승한 수치입니다.(참고 : "Asia-Pacific Wealth Report 2011."?2011. Capgemini & Merrill Lynch Wealth

Management 6: 1-36.)

선진국의 기관 투자가들은 헤지펀드를 투자 전략 다양화의 방안으로 활용합니다. 아직 한국에서는 헤지펀드에 투자하는 것은 투기라고 생각합니다. 한국의 기관 투자가들은 자금을 보호하는 위험관리를 더 중요하게 여기며, 같은 수익률이라도 한해 30%의 수익률을 기록하고 다음해에 10%의 손해를 입는 것보다는, 지속적으로 꾸준히 수익률(연간 약 5~8%)을 달성하는 것에 관심이 있습니다. 이러한 한국의 기관 투자가들은 헤지펀드를 선택함에 있어서, 헤지펀드가 비상식적으로 높은 수익률을 달성하는 것 보다는 지속적으로 꾸준한 수익률을 내는 것을 더 중요한 요소로 여깁니다.

아시아에서 헤지펀드의 인기는 2008년 이래로 계속 하락추세에 있으며, 2012년 현재 거의 바닥수준입니다. 몇몇 일본, 호주의 기관 투자가들이 헤지펀드에 투자를 하고 있을 뿐입니다. 아시아에서 헤지펀드에 투자하는 자금은 기관자금보다는 1~2세대를 이어온 특정가문의 자금인 경우가 대부분입니다. 그리고 그 가문의 자금들은 여전히 자신의 사업체를 운영하며, 자기자본대비 높은 수익률(연간 20~30%)을 기록하고 있습니다. 이들에게는 낮은 변동성과 낮은 투자이익은 상대적으로 매력적이지 않습니다. 이미 자기 가문의 사업으로도 충분한 투자이익을 얻고 있기 때문입니다.

2012년, 단지 6%의 아시아 기관만이 헤지펀드에 대안투자(alternative investment spaces)를 하였습니다. 반면 아시아 자금의 대부분의 투자는 정통적으로 부동산과 자기 사업에 집중되어 있습니다. 전체자금의 51%의 달하는 비율로 부동산과 자기 사업에 집중되어 있습니다.(참고 : "Rule 13h-1: Large Trader Reporting ." ?Securities and

Exchange Commission?,July 27, 2011. http://www.sec.gov/rules/final/2011/34-64976.pdf (accessed August 21, 2012)) 아시아 투자자들에게 투자의 다각화와 위험관리라는 개념은 아직은 익숙한 개념이 아니기 때문입니다. 그러한 이유 때문에 아시아에서 헤지펀드에 대한 투자는 아직은 생소하고 낯설며 위험하다는 인식이 대부분입니다.

2) 개인 투자자

스위스나 미국과 같은 선진경제의 고액자산가(high-net-worth-individuals〈HNWIs〉)는 중국이나 인도와 같은 개발도상국의 고액자산가와 다른 특징들을 갖습니다. 스위스나 미국의 고액자산가들은 그들의 부를 수십년에 걸쳐 이룩했습니다. 서구의 고액자산가들은 아시아 고액자산가와는 달리 보수적인 태도를 취하며 투자합니다. 서구의 고액자산가들은 지속적으로 플러스 수익률을 기록하며, 꾸준히 안정적인 수익을 내는 것을 선호합니다. 그들의 주요 목적은 자기 자산의 보호이지, 공격적인 자산의 증식이 아니기 때문입니다.

이러한 성향 때문에 선진국의 고액자산가들이 헤지펀드에 더 관심을 갖고 투자하는 것입니다. 여기서 좀 의문이 생깁니다. 보수적인 투자성향을 갖는 선진국의 고액자산가들이 왜 공격적이라 생각되는 헤지펀드를 선호하는 것일까 하는 의문입니다. 일반적으로 한국에서는 헤지펀드가 위험하고 안정적이지 않으며 공격적으로 투자하여 고수익, 고위험의 투자수단이라는 인식을 가지고 있습니다. 그러나 금융선진국인 미국이나 유럽의 경우는 시장수익률과 상관없이 수익을 낼 수 있는 헤지펀드를 안정적인 투자수단으로 여기고 투자를 한다는 의미입니다. 선진국 고액자산가들의 기대수익률은 10% 정도의 수익률이며, 몇몇 헤지펀드는 시장상황과 상관없이 이러한 수익률을 달성하는 것을 목표로 운용되고 있습니다.

반면 아시아의 고액자산가들은 매우 짧은 기간 동안 사업을 통해 그들의 부를 축적한 경향이 있습니다. 대부분의 아시아 고액자산가들의 자산은 최근 20~30년 동안에 축적된 것이기 때문에, 더 많은 부를 축적하기 위해서 가장 수익률이 높은 자산 증식 방법을 찾는 경향이 있습니다. 그들의 주요 목적은 자산을 보호하는 것이 아닌 증식하는 것입니다. 그렇기 때문에 펀드 운영성과의 기대치가 선진국의 투자자들 보다 높습니다. 예를 들어 중국 같이 빠르게 성장하는 국가에서 온 일부 개인 투자자들은 초(超)고수익(extremely high return)을 기대합니다. 앞에서 언급한 것처럼 그들은 자기 사업을 통해 연간 20~30% 이상의 수익을 기대하기 때문입니다.

세계의 기관 투자자와 개인 투자자들의 투자 방식에는 지역에 따라서 차이점들이 있습니다. 그리고 이러한 차이는 그들이 헤지펀드 수익 기대치에 영향을 미칩니다.

7. 헤지펀드 선택 시 고려해야 할 사항들

헤지펀드에 투자하기 전에 미리 조사하고 확인해야 할 항목들을 살펴보겠습니다. 일종의 체크리스트(check list)라고 생각하면 됩니다.

1) 헤지펀드 투자 프로그램을 이해하기 위한 핵심 질문

① 헤지펀드에 투자하는 목적은 무엇인가?
② 헤지펀드 매니저의 투자 프로세스는 어떠한가?
③ 헤지펀드 매니저의 상대적 우위는 무엇인가?

2) 헤지펀드 매니저의 투자 프로세스를 이해하기

① 헤지펀드 매니저가 투자하는 시장은 무엇인가?
② 해당 헤지펀드의 일반적인 투자전략은 무엇인가?
③ 만약 헤지펀드 매니저가 벤치마크를 가지고 있다면, 그것은 무엇인가?

3) 헤지펀드 조직의 구조를 이해하기

① 헤지펀드 매니저는 어디에 위치하는가?
② 회사 조직도상 핵심 인재는 어떠한가?
③ 교육배경과 회사 주요인력들의 이전 경력은 어떠한가?
④ 공매도 포지션을 취하고 있는가?
⑤ 헤지펀드나 펀드오브헤지펀드 매니저가 가진 헤지펀드와 관련된 경험은 무엇인가?
⑥ 헤지펀드나 펀드오브헤지펀드 매니저들이 가진 경험, 자격 그리고 등록이 있는가?
⑦ 직원들을 포함한 헤지펀드 회사의 비즈니스 구조상 깊이, 퀄러티는 어떠한가?
⑧ 헤지펀드 회사의 자산구조는 어떠한가? 그리고 성공할 수 있는 비즈니스인가?

4) 헤지펀드 매니저의 성과 검토하기

① 헤지펀드 매니저가 펀드를 운용한 기간은 얼마나 되는가?
② 헤지펀드의 성과는 꾸준한가?
③ 헤지펀드 매니저가 운용하는 각각의 헤지펀드의 수익은 같은가, 아니면 다른가?
④ 어떻게 헤지펀드의 수익이 표현되는가?
⑤ 헤지펀드의 이익은 순이익 중심인가? 아니면 전체수익 기반인가?
⑥ 다른 비슷한 상품과 비교할 때, 헤지펀드 상품의 수익률, 위험도는 어떠한가?
⑦ 만약 비슷한 상품과 비교할 때, 높은 수익률을 기록중이라면, 어떻게 이것이 가능한가? 예를 들어 그들이 레버리지를 사용했는가?

5) 위험도 검토를 위한 체크 사항들

① 헤지펀드 전략의 위험도는 어떠한가?
② 어떠한 위험이 헤지펀드에 의해 관리되나?
③ 헤지펀드 매니저가 어떻게 위험을 측정하는가?
④ 헤지펀드 매니저가 어떻게 위험을 관리하는가?
⑤ 헤지펀드의 수익변동성, 레버리지 위험, 편중리스크(Concentration risk), 시장위험 그리고 유동성 위험도는 무엇인가?
⑥ 그 헤지펀드의 최대손실은 어떠했고, 어떠한 상황에서 발생한 것인가?

6) 유동성에 대한 체크 사항들

① 얼마나 자주 헤지펀드 투자를 상환하는가?

② 헤지펀드 상품이 상환 제한을 가지고 있는가?

7) 헤지펀드의 가격구조에 대한 체크 사항들

① 헤지펀드의 가격구조는 명확하게 공개되어 있는가?
② 헤지펀드의 가격구조를 잘 이해했는가?
③ 헤지펀드 상품을 팔고자 할 때 당신의 재정자문가는 어떤 보상을 받게 되는가? 동일한 상품에 꾸준한 보상을 해야 하는가?
④ 누군가에게 보상을 해야 할 때, 언제 해야 하고 얼마나 해야 하는지, 이해를 하는가?

이상의 것들을 면밀하게 살펴봐야 할 것입니다. 여기서 벤치마크(Benchmark)란 사전적 의미로는 '비교평가 대상' 입니다. 성공한 기업 또는 높은 성과를 내는 기업의 경영방침, 기업활동을 자사의 경영에 참고하기 위해 하나의 지침으로 삼아 경영활동을 하는 것을 말합니다. 이는 전략, 건설, 컴퓨터 등 여러 부문에서 사용되며, 재무금융에서는 투자수익률을 평가할 때 활용되는 개념입니다. 즉 재무금융에서 벤치마크란 성과평가 기준이 되는 지표를 나타내는 것으로, 투자 수익률이 벤치마크보다 높으면 초과 수익률이 발생해 성공적인 투자를 실행했다고 평가합니다. 이 때, 벤치마크는 투자 대상이 무엇이냐에 따라 달라집니다. 예를 들어, 주식에 투자할 때는 모든 주식을 포함하는 종합주가지수(KOSPI)가 1차적인 벤치마크가 되며, 코스닥 주식에 투자할 때는 코스닥지수가 벤치마크로 신댁됩니다.

8. 헤지펀드 투자의 장점

헤지펀드에 투자하면 어떤 장점들이 있을까요?

1) 성과의 지속성

헤지펀드는 상승장과 하락장, 모두에서 수익을 추구하고, 이러한 절대수익을 낼 수 있는 자산이나 상품과 다양한 전략들을 사용하여 투자합니다. 헤지펀드의 독특한 특성은 시장의 전반적인 상황(overall health)에 무관하게 지속적으로 안정적인 수익을 낼 수 있도록 합니다.

2) 시장과 적은 연관성

헤지펀드는 시장이 상승하든 하락하든 상관없이, 절대적이고 안정적인 수익을 창출하려고 노력합니다. 그렇기 때문에 다양한 전략과 상품에 투자를 합니다. 이러한 특징은 사양산업을 운영중인 사업주에게는 큰 매력이 됩니다. 사양산업의 사업주는 자신의 사업이 원활히 운영되지 않을 때 헤지펀드에 투자하여서 수익을 낼 수 있습니다.

3) 부의 보호와 증식

헤지펀드의 절대수익 추구는 고액자산가들에게 인플레이션의 영향을 받지 않고, 시장수익률 이상의 안정적인 수익을 얻을 수 있도록 도와줍니다. 그리고 고액자산가들의 부를 보호하고 새로운 부를 창출할 수 있도록 해줍니다.

4) 하락장 보호

헤지펀드는 다양한 헤징전략을 사용함으로써 하락장에서도 자산을 보호할 수 있습니다. 헤지펀드는 공매도와 같은 공격적인 매매전략으로 하락장에서도 수익을 낼 수 있습니다. 이점이 일반 뮤추얼펀드와 가장 다른 점이며, 헤지펀드의 가장 큰 매력 중 하나라고 할 수 있습니다. 하락장에서도 수익을 내거나 자산을 보호할 수 있으므로 헤지펀드는 복리의 혜택을 안정적으로 누릴 수 있도록 합니다. 참고로 각종 위기 때의 수익률을 살펴보길 바랍니다.

【자료1.6】 위기 때 헤지펀드들의 수익률

아시아 금융위기 (1997.7~1998.2)	롱텀캐피탈 붕괴 (1998.7~1998.9)	IT버블 & 9.11테러 (2001.8 ~ 2003.5)	서브프라임 금융위기 (2008.1 ~ 2008.11)
글로벌 매크로 43%	롱숏주식형 18%	글로벌매크로 34%	숏전용펀드 13.38%
롱숏주식형 28%	시장중립형 18%	전환사채차익거래 27%	선물투자형 11.99%
멀티스트래터지 18%	멀티스트래터지 3%	시장중립형 15%	시장중립형 -0.19%
이벤트드리븐 16%	이벤트드리븐 3%	채권차익거래 15%	글로벌 매크로 -7.1%
전환사채차익거래 12%	전환사채차익거래 0%	신흥시장투자형 -18%	이벤트드리븐 -13.92%
시장중립형 11%	채권차익거래 -1%	멀티스트래터지 12%	멀티스트래터지 -13.97%
채권차익거래 3%	신흥시장투자형 -18%	이벤트드리븐 11%	롱숏주식형 -19.46%
신흥시장투자형 -17%	글로벌 매크로 -24%	롱숏주식형 -2%	채권차익거래 -23.99%
S&P500지수 18.5%	S&P500지수 -3.2%	S&P500지수 -25%	S&P500지수 -37%
MSCI월드 9%	MSCI월드 -12.2%	MSCI월드 -26%	MSCI월드 -31%
채권(미국) 5.3%	채권(미국) -21.7%	채권(미국) 17.7%	채권(미국) -6.6%

출처 : 크레디트스위스, 트레몬트, S&P, 리먼브라더스

5) 전문화된 전략들

헤지펀드는 뮤추얼펀드처럼 전통적인 투자방식으로 투자되지 않고, 매우 전문화된 전략으로 운용됩니다. 이런 전문화된 전략 중 잘 알려진 전략으로는 가격차이가 있는 동일한 자산을 사고파는 전략인 차익거래(arbitrage techniques), 또는 컴퓨터가 이미 설정된 모델의 신호에 바탕을 둔 자동매매전략인 시스템전략(systematic strategies) 등이 있습니다.

【자료1.7】 헤지펀드의 특징

1. 헤지펀드 매니저들은 제도권 투자전략과는 달리 정형화되어 있지 않은 투자기법을 택한다.
2. 헤지펀드는 투자자들과 사적인 계약을 통해 '회사'를 설립하고 그를 통해 펀드를 운용한다. 여기에 자기 돈도 일부 들어간다.
3. 헤지펀드는 시장이 오르건 내리건 무관하게, 꾸준한 절대수익(알파)을 추구하는 경우가 많다.
4. 헤지펀드는 제도권 펀드들과 달리 성과보수를 받는다.
5. 헤지펀드들은 레버리지를 일으켜 투자를 집행하는 것이 가능하다.
6. 헤지펀드의 성과에 대해서는 뚜렷한 비교대상이 없을 수도 있다.

9. 한국 헤지펀드의 현황

한국 정부는 다양한 금융서비스를 육성하고, 더 많은 금융자본들을 유치할 수 있도록 2010년 말에 규제를 대폭 완화하였습니다. 아래의 자료는 2011년 12월 말 기준으로 한국형 헤지펀드 도입안에 대한 주요내용을 정리한 것입니다.

【자료1.8】한국형 헤지펀드 도입안 주요 내용

구분	주요내용
헤지펀드 가입자의 확대	• 기존 전문투자자 외에 위험감수능력이 있는 개인(5억원 이상 투자)등으로 확대 • 단, 재간접펀드는 최소 가입금액 1억원 및 5~10개의 헤지펀드를 편입하는 분산투자요건 필요
펀드운용 규제 완화	• 구조조정 기업에 대한 의무투자비율 50% 폐지 • 차입한도 펀드재산의 400%로 확대(기존 300%) • 파생상품 매매에 따른 위험평가액, 펀드재산의 400%로 완화(기준 100%)
운용자 진입의 규제완화	• 혼합자산펀드 형태로 인가 • 최저 자기자본 60억원 이상 자산운용사, 총수탁고(공모+사모+일임자산) 10조원 이상, 투자자문사 5,000억원 이상 • 전문인력은 국내외 헤지펀드 경험이 있는 3인 이상 보유
프라임브로커에 대한 규제정비	• 증권사 자기자본 3조원 이상만 허용 • 프라임브로커의 헤지펀드에 대한 신용공여 제한 완화 (신용거래융자, 증권담보융자 허용) • 매매와 중개업무, 펀드재산의 보관, 관리 등 신탁업무를 한 부서에서 수행하도록 허용 • 고유재산과 펀드재산 간 거래허용 • 펀드 재산 보관, 관리 업무 중 일부를 제 3자에 위탁 허용 • 프라임브로커 부서 내 정보교류차단의 예외 인정하되 다른 부서와 엄격히 분리 • 자회사 형태로 헤지펀드 운용사 설립가능

출처 : 금융위원회

아래 자료는 한국에 등록되어 있는 헤지펀드등록현황을 보여주고 있습니다.

【자료1.9】 자산운용별 헤지펀드 등록현황

회사명	펀드명칭	주요투자전략	프라임브로커	특징
동양자산운용	동양마이에니스 안정형전문사모투자신탁1호	롱/숏	한국투자증권	국내증권투자
	동양마이에니스 일반형전문사모투자신탁1호	롱/숏	삼성증권	국내증권투자
미래에셋맵스 자산운용	미래에셋맵스스마트Q 토털리턴전문사모투자신탁1호	국내외채권 차익거래	대우증권	국내외증권투자
	미레에셋맵스스마트Q 오퍼튜니티전문사모투자신탁1호	롱/숏	우리투자증권	국내외증권투자
미래에셋 자산운용	미래에셋이지스 롱숏전문사모투자신탁1호	롱/숏	우리투자증권	국내외증권투자
삼성자산운용	삼성H클럽 에쿼티헤지전문사모투자신탁1호	롱/숏	대우증권	국내증권투자
신한BNP파리 바자산운용	신한BNP명장 한국주식롱숏전문사모투자신탁	롱/숏	대우증권	국내증권투자
	신한BNP명장 한국주식롱숏전문사모투자신탁제1호	-	-	국내증권투자
	신한BNP명장Asiaex-Japan 주식롱숏전문사모투자신탁	롱/숏	우리투자증권	국내외증권투자
	신한BNP명장Asiaex-Japan 주식롱숏전문사모투자신탁 제1호	-	-	국내외증권투자
우리자산운용	우리헤리티지 롱숏전문사모투자신탁 제1호	롱/숏	한국투자증권	국내증권투자
하나UBS 자산운용	하나UBS롱숏알파전문사모투자신탁	롱/숏	삼성증권	국내외증권투자
한국투자 신탁운용	한국투자펀더멘탈 롱숏전문사모투자신탁 제1호	롱/숏	우리투자증권	국내외증권투자
한화자산운용	한화아시아퍼시픽 롱숏전문사모투자신탁제1호	롱/숏	우리투자증권	국내외증권투자
합계	12개(자펀드 2개 제외)			

출처 : 금융위원회 2011.12.23보도자료 http://www.fsc.go.kr

제 II 장

선물·옵션에 대한 기본지식이 중요하다

1. 파생상품이란 무엇인가 · · · · · · · · · · 52
2. 선물거래의 원리를 파악하자 · · · · · · · · 55
3. 좀 더 정교한 옵션을 숙지하자 · · · · · · · 63
4. 한국의 선물·옵션 시장 · · · · · · · · · · 85

선물·옵션에 대한 기본지식이 중요하다

본격적인 전략을 배우기 전에 이번 장에서는 파생상품에 대해서, 그 중에서도 선물·옵션에 대해서 간략히 알아보기로 하겠습니다. 이 책에서는 전략을 실행하기 위한 기본적인 사항들을 공부할 것이고, 좀 더 이론적이고 세부적인 사항들은 시중에 나와 있는 다른 책들을 참고하기 바랍니다.

1. 파생상품이란 무엇인가

파생상품은 기초자산의 가치 변동에 따라 가격이 결정되는 금융상품입니다. 파생이라는 단어의 뜻처럼, 파생상품은 여러 기초자산에서 상품의 가치가 **파생되어서** 결정이 됩니다. 거래의 대상이 되는 기초자산에는 주식을 비롯해서 채권, 통화 등의 금융 상품, 농·수·축산물 등의 일반상품 외에 가격, 이자율, 지표, 단위 산출이나 평가가 가능한 모든 것을 포함합니다. 그리고 파생상품 자체를 기초사산으로 하는 파생상품도 가능합니다.

파생상품은 시장 참가자에게 폭넓은 위험회피 기회를 제공함으로써, 자신의 위험 선호도에 따라 자산을 쉽게 구성하게 합니다. 거래소와 같이 조직화된 시장에서 거래되며, 가격 이외의 모든 거래 요소가 표준화되어 있는 파생상품을 장내 파생상품이라 하고, 선도거래, 스왑, 장외옵션 등 거래 요소가 표준화되어 있지 않은 파생상품을 장외파생상품이라고 합니다.

금융상품으로써 증권과 파생상품을 구분하는 기준은 원본을 초과하는 손실 가능성입니다. 증권과 파생상품 모두 원본 손실의 가능성을 안고 있지만, 파생상품의 경우 원본을 초과하는 추가적인 손실이 발생할 수 있습니다.

이 책에서는 여러 파생상품 중에서 KOSPI200지수를 기초자산으로 하는 KOSPI200지수 선물·옵션에 대해서 알아보도록 하겠습니다. 파생상품에 대한 기본적인 개념을 먼저 알아보고, KOSPI200지수 선물·옵션에 대해서 살펴보도록 하겠습니다. 수학에서 방정식을 풀기 위해서는 인수분해를 알아야 하고, 인수분해를 알기 위해서는 사칙연산, 구구단 등을 알아야 합니다. 어려운 수학을 정복하기 위해서 숫자나 사칙연산을 먼저 익힌다고 생각하고, 기본 내용들을 공부해 나가도록 하겠습니다.

1) 파생상품의 기능

① 위험회피 기능

파생상품의 가장 중요한 기능은 위험회피 기능입니다. 파생상품은 기초자산의 가격변동위험을 헤지하기 위하여 만들어진 금융상품이라고 보면 됩니다. 기초자산의 가격변동위험을 전가하려는 시장참여자(hedger)와, 그 위험을 떠안고 상응하는 대가를 받으려고 하는 시장참여자(speculator)가 참여하여 위험을 이전시키는 효과를 얻습니다.

② 가격발견 기능

현시점에서 파생상품의 가격은 시장 참여자들의 미래 기초자산 가격에 대한 평균 예측치가 합의된 것이라고 볼 수 있습니다. 파생상품의 가격은 시장참여자들의 정보와 분석능력을 토대로 내린 결과이기 때문에, 일종의 균형점이라고 볼 수 있습니다. 그렇기 때문에 현재 시장 참여자들은 파생상품의 가격을 보고, 앞으로의 시장 상황이 어떻게 변화되고 기초자산의 가치가 어떻게 변화될지 파악할 수 있으며, 가격을 통해서 합리적으로 의사를 결정할 수 있습니다.

③ 투자 수익성의 증대

파생상품은 시장 참여자들에게 기초자산 투자에 대해 높은 수익을 제공합니다. 파생상품은 기초자산을 실제로 거래하는 것만으로는 수행할 수 없는 리스크 관리를 할 수 있게 해주며, 레버리지 효과를 이용하여 실제 자산대비 보다 높은 수익성을 제공합니다. 투자자는 파생상품을 이용하여 자금을 효율적으로 관리할 수 있게 해줍니다.

④ 시장 효율성 증대

파생상품시장에서는 기초자산을 직접 거래하는 비용보다 낮은 비용으로 투자가 가능하기 때문에 다수의 시장참여자들이 거래를 하게 됩니다. 그렇기 때문에 가격에 대한 왜곡 현상이나 가격 조작 등이 쉽지 않습니다. 파생상품 거래는 이차적인 비용이 들지 않기 때문에 시장의 효율성을 증대시킵니다.

2) 파생상품의 종류

파생상품의 종류는 기초자산에 따라서 상품 파생상품과 금융 파생상품으로 나눌 수 있습니다. 아래 자료에 표로써 정리를 해보았습니다.

[자료2.1] 파생상품의 종류

구분		종류
상품 파생상품		원유, 밀, 금, 돈육 등에 대한 선물·옵션
금융 파생상품	주식, 주가	KOSPI200지수 선물·옵션, 스타선물, 개별주식 선물·옵션
	금리, 채권	국채 선물·옵션, CD금리선물
	외환	미국 달러, 엔, 유로달러 등에 대한 선물·옵션

2. 선물거래의 원리를 파악하자

앞에서 파생상품이 어떤 금융상품인가에 대해서 간략하게 알아보았습니다. 그렇다면 이번 장에서는 실제로 매매를 하게 될 주가지수 선물에 대해서 알아보겠습니다.

1) 선도거래와 선물거래

선물거래를 이해하기 위해서는 먼저 선도거래의 개념을 알면 도움이 됩니다. 선도거래란 미래 가격에 대한 예측을 바탕으로 현시점에서 미리 미래의 가격을 결정해서 거래하는 것입니다. 선도거래 중 거래소에서 표준화된 방법으로 이루어진 거래를 선물거래라고 합니다. 【자료2.2】를 찬찬히 비교해 보면서 선물거래의 의미를 생각해보길 바랍니다.

【자료2.2】 선물거래와 선도거래의 차이점

	선물거래	선도거래
거래소	• 조직화된 거래소가 있으며 거래소에서만 거래함 • 지정된 시간에만 거래함 • 여러 사람들 사이에 경쟁호가방식으로 가격을 결정함	• 조직화된 거래소가 없으며 아무 곳에서나 거래 가능함 • 24시간 거래 가능함 • 계약 당사자간 1:1 합의로 가격을 결정함
거래조건	• 표준화된 계약조건이 있음 • 대상물의 품질, 수량, 인수도시점, 인수도조건, 가격의 변동폭, 거래시간 등이 규격화되어 있음 • 유동성이 풍부함	• 표준화된 계약조건이 없음 • 쌍방 합의로 결정함 • 인수도조건, 가격의 변동폭, 거래시간 등이 규격화되어 있지 않음 • 유동성이 부족함
청산소	• 청산소(결제회사)가 있음 • 계약이행의 보증은 청산소가 하므로 계약불이행의 위험이 없음	• 청산소가 없음 • 계약이행의 보증은 거래상대방의 신용도에 의해 좌우되므로, 계약불이행의 위험이 있음
중간청산	• 만기 전에 반대매매로 중도청산이 가능함 • 계약이행의 보증을 위해 증거금과 일일정산제도를 적용함	• 거래상대방과의 합의 없이는 만기 이전에 결제가 불가능함 • 증거금과 일일 정산제도가 없음
결제	• 실물의 인도를 통하지 않고 차액수수로 거래목적 달성	• 현물 인도 원칙

2) 선물의 종류

선물은 상품선물(commodity futures)과 금융선물(financial futures)로 크게 구별됩니다. 상품선물은 농축산물, 에너지, 금속 등의 실물상품을 거래대상의 기초로 하여 만들어진 상품이며, 금융선물은 주식 또는 주가지수, 금리, 통화 등의 금융자산을 기초로 거래됩니다. 이 책에서 다루고자 하는 선물은 금융선물 중에서 기초자산을 주가지수로 하는 KOPSI200지수 선물입니다. 그렇기 때문에 다른 선물상품에 대해서는 더 이상 언급하지 않겠습니다.

【자료2.3】선물의 종류

구분		거래대상
선물	상품선물	
	농산물	면화, 고무, 옥수수, 콩, 팥, 밀, 감자 등
	축산물	소, 돼지, 닭 등
	에너지	원유, 난방유 등
	임산물	목재, 합판 등
	비철금속	전기동, 아연, 니켈, 납 등
	귀금속	금, 은, 백금, 구리, 주석, 알루미늄 등
	금융상품	
	주가지수선물	S&P500, Nikkei225, KOSPI200
	금리/채권선물	유로달러, 연방기금금리, T-Bond/Note 등
	통화선물	달러, 파운드, 엔, 유로달러 등

3) 선물거래의 기본원리

선물거래란 훗날 얼마에 매매하기로 약속하는 거래입니다. 즉, 특정 물건을 미래의 정해진 시점에 얼마에 사고 팔기로 미리 계약했다가, 만기가 되면 계약한대로 결제를 이행하는 거래를 말합니다. 선물거래에서는 선물 매수자와 선물 매도자로 구분이 됩니다. 선물을 매수한 사람은 만기가 되면 미리 약속한 금액을 지불하고 기초자산을 인수해야 하며, 선물을 매도한 사람은 만기가 되면 미리 약속한 금액을 받고 기초자산을 인도해야 하는 의무를 지게 됩니다.

4) 선물의 만기보유

현물자산인 주식은 그 회사가 부도가 나지 않는 한 투자자가 원하면 1년이고 2년이고 얼마든지 장기 보유가 가능하지만, 선물과 옵션은 결제일(만기일)이 도래하면 매수·매도포지션을 더 이상 보유할 수 없게 됩니다. 만기가 있다는 것이 현물과 선물의 가장 큰 차이점 중 하나라고 할 수 있습니다. 그렇기 때문에 선물거래는 만기전에 어떻게 수익을 내고 청산을 할 수 있느냐가 매우 중요하고, 장기적인 흐름보다는 단기적인 지수의 변화에 영향을 많이 받습니다.

선물을 250.0포인트에 매수한 투자자는 만기일이 되었을 때, 기초 자산의 가격 수준이 얼마가 되든 상관없이 250.0포인트를 지불하고 지수를 사야 하므로, 기초자산의 가격이 오를수록 이익이 커지고 내릴수록 손실이 커집니다. 반면에 선물을 250.0포인트에 매도한 투자자는 만기일에 기초자산이 얼마가 되든 상관없이 250.0포인트에 지수를 팔아야 하므로, 기초자산이 내릴수록 이익이 커지고 오를수록 손실이 커지게 됩니다.

5) 선물거래의 특징

장내 파생상품인 선물거래는 다음과 같은 특징이 있습니다.

① 표준화된 계약

선물거래는 표준화된 선물계약을 기준으로 거래가 이루어집니다. 거래단위, 결제월, 결제방법 등의 계약명세가 거래소에 의해 표준화되어 있습니다. 선물계약의 표준화는 선물시장의 참여자로 하여금 계약조건에 대한 명확한 이해가 가능하게 하고, 시장유동성을 높임으로써 계약조건을 협의하는 번거로움을 줄일 수 있습니다.

② 거래소에 의한 채무이행

선물거래는 조직화된 거래소에서 거래가 됩니다. 거래소는 선물을 거래할 수 있도록 설립된 단체이며, 선물거래의 원활한 계약이행을 위해 거래소는 청산기관을 운영하고 있습니다. 청산기관의 역할은 매수자와 매도자의 중간에서 거래상대방의 역할을 맡아 계약이행을 책임지는 역할을 합니다.

③ 결제안정화제도

현물거래는 계약을 한 시점에 거래가 결제되지만, 선물거래는 계약시점과 결제시점이 같지 않습니다. 그렇기 때문에 거래소는 결제불이행을 방지하고자, 결제를 안정화할 수 있는 장치를 제도적으로 마련해놓고 있습니다.

- 반대거래

선물거래는 결제일 이전이라도 중간에 선물을 청산할 수 있도록 반대매매를 제도적으로 허용하고 있습니다.

- 일일정산

선물시장에서는 전일의 선물가격과 당일의 선물가격과의 차이에 해당하는 금액을 익일에 결제하도록 하는 일일정산제도가 있습니다.

- 증거금제도

증거금은 거래 당사자가 결제를 이행하지 않을 경우, 결제당사자가 결제대금으로 사용할 수 있도록, 파생상품 거래자가 증권회사나 선물회사에 예치한 담보금을 의미합니다. 선물은 거래를 원활하게 하기 위해서 거래소에서 이러한 제도 등을 마련하고 있습니다.

이러한 제도들 때문에 선물거래는 거래 자체에 대한 구조적인 위험은 생각하지 않아도 되고, 매매에만 집중하면 됩니다. 이러한 거래소를 통한 시스템은 선물매매의 큰 장점입니다.

현재 KOSPI200지수 선물은 다음과 같은 조건으로 거래가 됩니다.

거래대상	KOSPI 200 지수
거래단위	KRW 500,000
결제월	분기 4개(3, 6, 9, 12월)
거래시간	09:00 ~ 15:15 (최종거래일 : 09:00 ~ 14:50) (야간선물 : 18:00 ~ 05:00)
호가단위	0.05 point(500,000 × 0.05 = 25,000)
최종거래일	각 결제월의 두 번째 목요일
최종결제일	최종거래일의 다음 거래일
결제방법	현금결제
가격제한 폭	전일종가 기준 ±10%
포지션 제한	개인 : 5,000 계약 이하 개인 외 : 10,000 계약 이하

6) 선물의 가격결정구조

현물을 매수하는 것과 선물을 매수하여 만기일까지 보유하는 것에는 다음과 같은 차이가 있습니다.

① **자본조달비용**

현물을 매수하기 위해서는 매수에 필요한 자본을 조달하여야 하고 이에 따른 이자비용이 발생하나, 선물을 매수하는 경우 현물 매수비용이 필요하지 않습니다.

② **보관비용**

현물을 매수하여 일정기간 보관하는 경우 비용이 발생하나, 선물을 매수하는 경우 비용이 발생하지 않습니다.

③ **현금수입**

현물을 보유하는 기간동안 현물로부터 발생하는 수입을 말합니다. 주식을 보유하는 경우 주식배당금, 채권은 이자소득이 발생합니다.

7) 현물보유자의 선물거래

선물의 가장 기본적인 기능은 누가 뭐라고 해도 헤지의 기능입니다. 그렇다면 선물을 이용해서 실질적으로 현물 보유자가 어떻게 헤지를 하는지 구체적인 예를 들어 설명해 보겠습니다.

예1) 삼성전자 주식을 매입가 130만원에 10주 보유 시

삼성전자 주식을 매입가 130만원에 10주를 보유하고 있는데, 애플사의 신제품이 나온다는 소식에 삼성전자의 주가가 하락한다면 기존 삼성전자 주식만을 보유한 사람은 가격하락의 위험에 노출됩니다. 이럴 경우 가격하락의 위험에 대비하기 위해서 삼성전자 주식선물을 현재가에 1계약 매도하게 됩니다. 이렇게 되면 삼성전자 현물로 인한 가격 하락분이 삼성전자 선물을 매도한 수익으로 인해서 상쇄가 됩니다. 그리고 다시 삼성전자 주가가 원위치가 되었을 시에 선물을 매도한 가격에 청산하게 된다면, 안전하게 가격하락 위험을 헤지하게 됩니다.

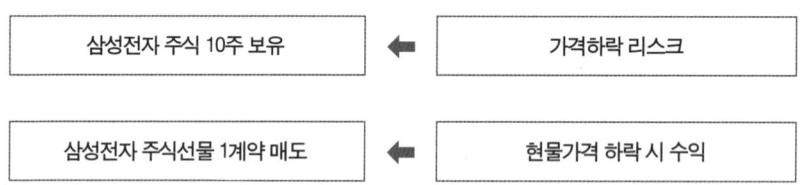

예2) 현재 보유하지 않고 있는데 차후에 삼성전자를 매수할 경우

현재 삼성전자 주식을 보유하고 있지 않지만 차후에 삼성전자 주식을 보유할 예정인 투자자라면, 미래의 삼성전자 주식의 가치가 올라서 현재가격보다 더 높은 가격에 매수를 해야 하는 가격 상승위험이 있습니다. 이럴 경우에는 삼성전자 주식선물을 매수하여 가격 상승위험을 상쇄시킬 수 있습니다. 삼성전자 주식이 상승을 하는 만큼 삼성전자 주식선물의 가격도 상승을 하기 때문에, 현물의 가격 상승위험이 선물의 가격 상승으로 인해서 헤지가 되어서, 현재의 가격으로 삼성전자 주식을 매수하는 것과 같은 효과를 얻게 됩니다.

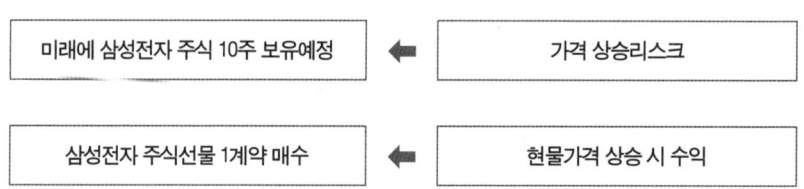

현물을 보유한 투자자의 선물을 이용한 헤지의 개념은, 미래의 추가적인 위험을

현재의 상태로 고정한다는 의미로 이해를 한다면 훨씬 쉬울 것입니다. 현물보유자는 가격하락의 위험이 있기 때문에 이러한 위험을 없애기 위해서, 가격하락 시 수익이 나는 선물매도 포지션을 보유하게 되고, 향후에 현물을 보유할 계획이 있는 투자자의 경우는 현물 가격이 미래의 현재가격보다 더 오르게 되면 현물을 현재보다 더 비싼 가격에 매입을 하여야 하는 가격 상승위험이 존재하기 때문에, 현물가격이 상승할 때 수익이 나는 선물매수 포지션을 보유하여 가격 상승위험을 현재의 수준으로 고정하게 됩니다.

헤지의 의미 : "위험을 현재의 수준으로 고정, 제한한다."

3. 좀 더 정교한 옵션을 숙지하자

이 책에서는 선물매매 보다도 옵션매매에 중점을 두고 있기 때문에 옵션에 대한 부분은 좀 더 자세히 공부하고 언급할 것입니다. 옵션의 매매전략뿐만 아니라 기본적인 내용까지 숙지하여서 매매에 활용할 수 있어야 합니다.

1) 옵션이란 권리이다

미래의 일정 시점에 일정한 가격으로 주식, 통화, 상품 등의 기초자산을 매수하거나 매도할 수 있는 **권리**를 의미합니다.

2) 옵션의 유형

옵션은 콜옵션과 풋옵션으로 나뉩니다.

① 콜옵션

일정한 가격으로 미래의 일정한 기간 내에 기초자산을 **매수할 수 있는 권리**입니다. 기초자산의 가격이 상승할 것을 예상할 때 콜옵션을 매수합니다. 콜옵션을 보유한 투자자는 기초자산의 가격이 상승하였을 때, 자신이 보유한 옵션의 행사가로 현재가보다 싼 가격에 기초자산을 매수할 수 있기 때문에, 기초자산의 상승분 만큼 수익을 낼 수 있습니다.

② 풋옵션

일정한 가격으로 미래의 일정한 기간 내에서 기초자산을 **매도할 수 있는 권리**입니다. 기초자산의 가격이 하락할 것을 예상할 때 풋옵션을 매수합니다. 풋옵션을 보유한 투자자는 기초자산의 가격이 하락하였을 때, 자신이 보유한 옵션의 행사가로 현재가보다 비싼 가격에 기초자산을 매도할 수 있기 때문에, 기초자산의 하락분 만큼 수익을 낼 수 있습니다.

3) 선물거래와의 차이점

선물거래와 옵션거래는 몇 가지 차이점이 있습니다. 아래 자료는 선물거래와 옵션거래의 차이점에 대해서 비교해 보았습니다.

[자료2.4] 옵션과 선물거래의 차이점

구분	옵션거래	선물거래
권리와 의무	• 매수자는 권리를 가짐 • 매도자는 의무를 가짐	• 매수자와 매도자 모두 계약이행 의무를 가짐
거래의 대가	• 매수자가 매도자에게 권리에 대한 대가(프리미엄)를 지급	• 계약대가를 지불할 필요가 없음
위탁증거금	• 매수자는 없으며, 매도자에게만 부과	• 매수자와 매도자 모두에게 부과
일일정산	• 매수자는 필요없으며, 매도자만 일일정산	• 매수자와 매도자 모두 일일정산

옵션매매에서는 많은 용어들이 사용되고 있지만, 그 중에서도 가장 기본적인 내용들만 간추려 보았습니다. 기본적으로 사람과의 거래이기 때문에 매수자와 매도자 거래와 계약에 중점을 두고 보는 것이 좋습니다. 매수자의 사려는 심리와 매도자의 팔려는 심리를 그 근본부터 이해를 한다면, 매매를 하고 시장을 이해하는데 훨씬 수월할 것입니다.

선물·옵션 매매가 주식(현물)매매와 다른 특징은 **양방향 매매가 가능**하다는 것입니다. 주식의 경우 상승으로만 기대수익을 얻을 수 있고, 하락을 할 경우에는 현금보유의 방법으로만 계좌를 지킬 수 있고, 대세하락장의 경우에는 손실을 볼 수밖에 없습니다. 하지만 선물·옵션 시장의 경우에는 하락장에서는 변동성이 확대되기 때문에 어쩌면 상승장에서 보다 단기간에 큰 수익을 얻을 수 잇는 기회가 존재합니다. 이것이 주식과 가장 차별되는 선물·옵션 시장의 매력이라고 할 수 있습니다. 이 특징을 잘 활용하여 시장의 추세와 방향을 타서 수익을 낼 수 있는 자신만의 매매기법과 전략을 가지고 시장에 참여하는 것이 중요합니다.

4) 옵션거래의 기본원리

옵션거래의 이해를 돕기 위해서, 일반적으로 아파트 분양권에 비유해서 옵션거래를 설명합니다.

- 아파트 = 옵션의 기초자산
- 아파트분양가 = 옵션의 행사가격
- 분양권 = 옵션
- 분양권 프리미엄 = 옵션의 프리미엄

1억원을 주고 입주할 수 있는 아파트의 분양권이 현재 500만원의 프리미엄에 거래가 되고 있습니다. A씨는 아파트 가격의 폭등을 예상하고 프리미엄 500만원을 주고 B씨에게 아파트의 분양권을 매수했습니다.

① A씨의 경우

A씨는 분양권을 매수하고나서 개발계획이 발표되어 아파트 시세가 50% 올라, 입주일이 되었을 때 1억 5천만원의 가치를 지니게 되었습니다. 이렇게 되면 A씨는 분양권을 제시하고 1억 5천만원짜리 아파트에 1억원만 주고 입주할 수 있게 됩니다. 따라서 A씨는 500만원의 프리미엄만 지불하고 무려 5,000만원의 수익이 난 것입니다.

반대로 예상과 달리 아파트 시세가 7,000만원으로 하락할 경우 A씨는 1억원을 지불하고 3,000만원의 손실이 생기게 됩니다. 이럴 경우 A씨는 분양권을 포기하고 입주하지 않는 것이 오히려 이익입니다. 분양권을 포기하면 500만원을 주고 매수한 분양권은 휴지조각이 되는데, 이 금액이 분양권을 매수한 A씨의 최대손실 금액입니다.

② B씨의 경우

B씨는 A씨에게 입주일이 되면 아파트를 1억원에 매도하기로 약속하고 프리미엄으로 500만원 받았습니다. 입주일이 되면 아파트 가격이 하락할 것으로 예상했기 때문인데, 만기일에 아파트 가격이 떨어지면 시장에서 싸게 구입하여 A씨에게 넘기면 될 것이라고 생각한 것입니다. 예상대로 아파트 가격이 하락하여 7,000만원이 되면 A씨가 분양권을 포기할 것이므로 미리 받았던 프리미엄 500만원을 고스란히 챙길 수 있습니다. 그러나 계약 후 예상과 달리 아파트가 1억 5천만원으로 오르면, B씨는 1억원만 받고 팔아야 하므로 5,000만원의 손실이 발생하게 됩니다.

③ C씨의 경우(중간청산)

C씨는 아파트 값이 오를 것이라는 소문을 듣고 A씨에게 프리미엄을 더 줄테니 그 분양권을 팔라고 합니다. A씨는 더 비싼 프리미엄을 받고 C씨에게 되팔아서 미리 수익을 확정 지을 수 있습니다. 또한 아파트 값이 내려가기 시작하면 A씨는 500만원 이하의 값으로 손절매할 수도 있습니다.

	A씨	B씨	C씨
분양권	매수(500만원지급)	매도(500만원수취)	A씨에게 프리미엄지급
1억5천만원으로 아파트가격이 오를 때	분양권 행사 (4,500만원 이익)	아파트 매도 (4,500만원 손실)	A씨에게 프리미엄지급
7,000만원으로 아파트가격이 내릴 때	분양권 포기 (분양권 손절)	500만원 이익	분양권 포기 (분양권 손절)

옵션매매에서 가장 중요한 개념은 **프리미엄**입니다. **옵션매매는 프리미엄 싸움**이라고 할 정도로 프리미엄을 어떻게, 얼마나 얻을 수 있는가 하는 것이 수익을 내는 길이라고 할 수 있습니다. 특히 옵션매수자와 매도자간의 싸움은 프리미엄을 뺏고, 뺏기는 치열한 싸움입니다. 일반적인 장에서는 큰 규모의 자금을 가진 옵션매도자가 유리한 경우가 많지만, 무조건 매도자만이 수익을 얻을 수 있다면 매매자체가 이루어지지 않아, 시장이 형성되지 않을 것입니다. 매수자에게도 큰 수익을 얻을 수 있는 기회들이 언제든지 열려 있는 시장이 옵션시장입니다. 그렇기 때문에 매수든, 매도든 자신의 성향과 자금규모에 맞는 매매를 하는 것이 중요합니다.

5) 옵션의 종류

거래대상인 기초자산을 기준으로 주식(주가지수)인 경우 주식(주가지수)옵션, 통화인 경우 통화옵션, 상품인 경우 상품옵션, 금리(채권)인 경우 금리(채권)옵션이라고 합니다.

미국식옵션은 옵션만기일 이전에 어느 때나 옵션을 행사할 수 있는 구조의 옵션이고, 유럽식옵션은 옵션만기일에만 옵션을 행사할 수 있는 구조입니다. 버뮤다옵션은 만기일에만 행사가 가능한 유럽식과 어느 때나 행사 가능한 미국식의 중간형태로, 미리 정한 특정일자들 중에 한 번 행사가 가능합니다. 현재 KOPSI200지수옵션은 유럽식옵션의 형태를 취하고 있습니다.

옵션의 종류는 수익을 어떻게 확정하느냐에 따라 다양한 종류의 옵션이 있습니다. 그렇지만 그 옵션의 종류를 다 언급하기 보다는 현재 거래를 하고 있는 KOPSI200지수 옵션이 어떤 특징을 가지고, 어떤 종류의 옵션인지를 숙지하고 있는 것이 중요합니다.

【자료2.5】 옵션의 종류

구분	종류
기초자산에 따른 분류	주식옵션
	지수옵션
	통화옵션
	상품옵션
	금리옵션
	채권옵션
시간의존형에 따른 분류 (만기일이전 권리행사여부)	미국형
	유럽형
	버뮤다형

현재 KOSPI200지수 옵션은 아래 자료와 같은 조건으로 거래가 되고 있습니다.

거래대상	KOSPI 200지수
거래단위	KRW 500,000*
결제월	최근연속 3개월 및 3, 6, 9, 12월
거래시간	09:00 ~ 15:15 (최종거래일 : 09:00 ~ 14:50)
Price Quotation	프리미엄3이상 : 0.05포인트(25,000원 = 50만원×0.05) 프리미엄3이하 : 0.01 포인트(5,000원 = 50만원×0.01)
최종거래일	각 결제월의 두번째 목요일
최종결제일	최종거래일의 다음 거래일
권리행사	유럽형(최종거래일에만 가능)
결제방법	현금결제

6) 옵션의 가격구조

옵션가격은 내재가치와 시간가치로 구성되어 있습니다. 옵션의 내재가치는 기초자산 가격과 옵션의 행사가격의 차이를 말합니다. 콜옵션의 경우 내재가치는 『기초자산 가격 - 행사가격』이고, 풋옵션의 경우 내재가치는 『행사가격 - 기초자산 가격』으로 표현 됩니다.

- 옵션가격 = 내재가치 + 시간가치
- 콜옵션가격 = 기초자산 가격 - 행사가격
- 풋옵션가격 = 행사가격 - 기초자산 가격

옵션가격은 기초자산의 가격, 행사가격, 기초자산 가격의 변동성, 옵션만기일까지의 잔존기간, 이자율 등에 의해 영향을 받습니다. 옵션가격에 영향을 주는 부분에 대해서는 옵션의 민감도 지표에서 자세히 언급하도록 하겠습니다.

① 행사가격의 수와 권리행사 간격

1, 2, 4, 5, 7, 8, 10, 11월이 만기인 옵션은 상장되어 폐지될 때까지 거래기간이 3개월이고, 3, 6, 9, 12월이 만기인 옵션은 거래기간이 6개월입니다.

1, 2, 4, 5, 7, 8, 10, 11월물은 상장될 때 KOSPI200지수를 기준으로 하여 이 값에 가장 근접한 행사가격을 등가격으로 정하고, 이 가격보다 위·아래로 각각 6개씩의 외가격과 내가격을 둡니다. 따라서 신규 옵션이 상장되는 첫날 13개 행사가격

의 옵션이 거래됩니다. 이때 권리행사 간격은 2.5포인트입니다. 등가, 외가, 내가에 대해서는 바로 다음 순서에서 설명됩니다.

3, 6, 9, 12월물은 상장될 때 잔존기간이 많아 유동성이 떨어지므로 소수점이 있는 행사가격은 거래되지 않습니다. 따라서 권리행사 간격은 5포인트로 하고, 등가격 기준으로 외가격과 내가격 각각 3개월씩을 두고, 월물별 7개로 거래를 시작합니다. 그러나 이들 원월물도 연속 3개월물이 되는 시점이 되면 권리행사 간격을 2.5포인트로 조정하므로, 행사가격의 수는 내가격과 외가격 각각 6개 이상이 상장됩니다.

거래가 시작되어 기초자산가격이 크게 오르거나 크게 내리게 되면 새로운 행사가격이 추가로 상장되지만, 이미 거래가 되어 미결제 약정으로 남아있는 행사가격의 옵션은 상장폐지할 수 없으므로, 거래되는 행사가격의 수는 점차 늘어나게 됩니다. 보통은 등가격 중심 위·아래로 각각 6개씩, 총 13개의 행사가격이 상장됩니다. 그런데 어느 날 지수가 폭등(또는 폭락)하여 크게 움직여 맨 위(아래)의 행사가격이 등가격이 되었다면, 위·아래로 6개 이상의 행사가격이 있어야 하므로, 새로운 6개가 생겨나게 되는 것입니다.

일반적으로 옵션 역시, 선물투자와 마찬가지로 거래량은 최근월물에 집중됩니다. 원월물은 거래량이 매우 적고 유동성의 위험이 크기 때문에 일반투자자들은 거의 참여하지 않고, 장 예측에 확신이 있는 투자자나 헤지거래자가 일부 참여합니다. 옵션은 행사가격에 따라서도 유동성이 크게 다른데, 최근월물 중에서도 등가격옵션 부근과 약간 외가격옵션에 거래가 집중되는 경향을 보입니다.

② 내가격, 등가격, 외가격

앞에서 잠깐 언급이 되었지만 옵션은 독특한 가격구조를 가지고 있고, 명칭도 가격수준에 따라 달라지는 특징이 있습니다. KOSPI200지수와 가장 가까운 행사가격의 콜·풋 옵션을 등가격옵션이라고 합니다. 그리고 행사가격이 KOSPI200지수보다 낮은 콜옵션과 높은 풋옵션을 내가격옵션이라고 합니다. 마지막으로 행사가격이 KOSPI200지수보다 높은 콜옵션과 낮은 풋옵션은 외가격옵션이라고 합니다. 옵션 매수자가 권리행사를 하면 유리한 옵션이 내가격옵션이고, 불리한 옵션이 외가격옵션입니다.

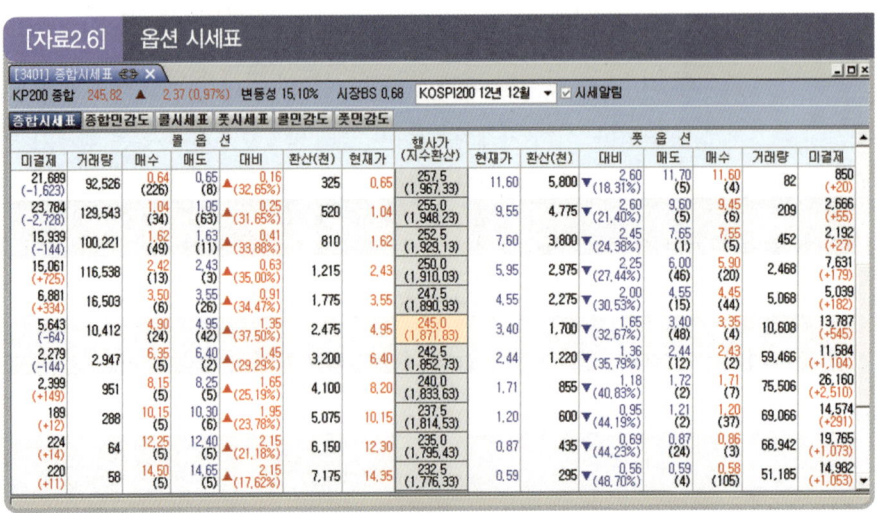

[자료2.6] 옵션 시세표

위의 자료를 살펴보면 현재 KOPSI200지수는 245.82입니다. 이 경우 등가격옵션은 245.82와 가장 가까운 행사가 245.0의 콜·풋옵션입니다. 행사가 245.0을 기준으로 해서 콜옵션의 경우는 행사가 245.0 보다 낮은 행사가의 옵션을 내가격옵션, 행사가 245.0 보다 높은 행사가의 옵션을 외가격옵션이라고 합니다. 풋옵션의 경우는 콜옵션의 경우와 반대라고 생각하면 됩니다. 행사가 245.0를 기준으로 높은 행사가의 풋옵션이 내가격옵션, 낮은 행사가의 옵션이 외가격옵션이 됩니다. 옵션은 지수가 변하는 것에 따라 내가격옵션이 등가격 혹은 외가격옵션으로 변하기도 하고, 외가격 옵션이 등가격 혹은 내가격옵션으로 변하기도 합니다.

예를 들어 KOSPI200지수가 현재 245.0에서 247.0로 상승을 한다면, 행사가 247.5의 옵션이 등가격옵션이 되고, 콜옵션의 경우 행사가 245.0 이하는 내가격옵션, 행사가 250.0 이상은 외가격옵션이 됩니다. 풋옵션의 경우도 행사가 247.5를 기준으로 행사가 245.0 이하는 외가격옵션, 행사가 250.0이상은 내가격옵션이 되는 것입니다. 이렇게 옵션의 내가격, 등가격, 외가격은 지수의 변화에 따라서 수시로 바뀔수 있으며, 이런 지수의 변화에 따라서 옵션의 가격 또한 변하게 됩니다.

일반적으로 개인투자자들이 외가격옵션을 선호하는데, 흔히 외가격옵션은 '복권' 이라고 불려지고 있습니다. 이는 옵션의 프리미엄이 싸고 수익을 낼 확률은 적지만, 지수가 예상한 방향으로 크게 변동하면 큰 수익을 올릴 수 있기 때문입니다. 특히 만기일에 외가격옵션은 '복권' 이 될 확률이 높아서 옵션매매자들 중 정기적으로 대박을 노리고 외가격 옵션을 매수하는 전략을 취하기도 합니다.

필자가 집계한 통계상으로, 외가격옵션을 통한 대박은 2~3달 또는 3~4달에 한 번씩 터지는 것 같습니다. 그렇기 때문에 매달 만기일에는 같은 금액으로 외가격옵션을 매수했을 시, 결제가 안 되어 손실보는 금액보다 결제가 되어 얻게 되는 수익분이 그 손실분을 상쇄하고도 플러스되기 때문에, 외가격옵션은 매달 꾸준히 매수해볼만 합니다. 단, 매달 계속해서 매수해야 한다는 것과, 버려도 될 만큼의 소액으로만 매매해야 한다는 것입니다. 중요한 것은 매일매일 수익을 얻는 것이지, 가끔씩 터지는 복권에 목숨을 걸게 되면 결국 계좌는 손실을 입게 된다는 것입니다.

일반적인 상황에서는 옵션의 가격이 비정상적으로 오르거나 내리면, 차익거래자나 헤지거래자가 개입하여 옵션가격이 정상적인 수준으로 회복하게 됩니다. 그러나 투기세력의 힘이 너무 강할 때는 왜곡된 수급구조가 개선되지 못하는 경우가 발생합니다. 이렇게 되면 옵션거래가 원래 주식투자에 대한 헤지의 수단으로 생겨난 상품임에도 불구하고, 헤지의 실효성이 낮아지는 문제점이 나타나게 됩니다.

유동성의 관점에서 볼 때 **초보자는 최근월물 중에서도 등가격옵션이나 약간 외가격옵션을 위주로 거래를 시작**하는 것이 좋습니다. 초보자는 대박을 노리기 보다는 보수적으로 매매를 하여 계좌를 지키고 안정적인 수익을 얻는데 주력하는 것이 무엇보다 중요합니다. 이런 마인드를 가지고 시작해야 큰 손실을 막을 수 있습니다. 그러나 유동성이 풍부한 등가격옵션으로 포지션을 설정했다 하더라도 안심해서는 안됩니다. 기초자산의 가격이 크게 변동하면 등가격에서 매매한 옵션이 심한 내가격옵션이나 심한 외가격옵션이 되어 유동성이 크게 떨어질 수도 있기 때문입니다. 그렇기 때문에 **옵션을 매수할 때는 수시로 기초자산의 가격 변동을 확인하여 그에 맞는 가격의 옵션을 거래할 수 있는 유연성이 필요합니다.**

7) 옵션의 민감도 분석

옵션은 수익과 손실이 기초자산의 등락에 따라 선형적으로 대응하는 것이 아닌 **비선형적인 대응을 하는 특이한 파생상품**입니다. 더구나 **시간가치의 감소라는 독특한 성질까지 고려해야** 합니다. 따라서 가격결정변수에 의한 옵션가격의 방향을 단순하게 인지하고 있는 것과 함께 움직이는 반응의 정도를 학습해야 합니다. 기초자산 가격의 변화에 따라 옵션가격이 등락을 보이며, 잔존기간의 장단과 변동성의 고저에 따라 옵션가격은 각각 상이한 움직임을 보입니다.

즉, 옵션가격의 변동을 유발하는 변수에 따라 옵션가격은 각각의 민감도를 보입니다. **민감도는 각 변수가 옵션가격에 미치는 영향의 '크기'** 를 말합니다. 민감도가 크다면 그 변수가 옵션가격에 미치는 영향력이 크다는 것을 의미합니다. 민감도가 각 변수의 움직임에 따른 옵션가격의 반응 정도를 의미하기 때문에, 역으로 말하면 옵션가격의 반응 정도를 고려하여 보유하고 있는 옵션의 위험 노출 정도를 파악할 수 있습니다. 즉, **민감도는 옵션 포트폴리오에 대한 위험관리지표**라고 할 수 있습니다.

① 델타(DELTA)

지수의 변화에 대한 옵션가격의 변화율입니다. 보통 헤지비율로 알려져 있습니다. 델타는 옵션가격과 기초자산가격 간의 관계를 나타내는 곡선의 기울기입니다. 즉, 옵션가격의 변화속도를 의미합니다. 또한 델타는 해당 행사가격의 옵션이 내가격으로 만기를 맞을 확률로도 해석이 가능합니다. 어느 행사가의 옵션의 델타값이 0.5이면 만기에 결제될 확률이 50%라고 해석할 수 있습니다.

델타값은 콜옵션의 경우 지수가 상승할수록 1의 값에 근접하며, 지수가 하락할수록 0의 값에 가까워집니다. 반면, 풋옵션의 경우는 주식가격이 상승할수록 0의 값에 근접하며 주식가격이 하락할수록 (-)1의 값에 가까워집니다.

델타와 잔존만기의 관계는 잔존만기가 늘어날수록 옵션의 가격곡선이 원점에서 멀어지기 때문에, 등가격옵션의 델타는 큰 변화가 없지만, 내가격옵션과 외가격옵션의 델타는 등가쪽으로 움직입니다.

② 감마(GAMMA)

감마는 주식가격의 변화에 따른 델타의 변화로 정의됩니다. 수학적으로 델타가 옵션가격과 지수간 곡선의 한 점에서의 기울기를 의미한다면, 감마는 그 기울기의 변화를 의미합니다. 감마의 값이 작으면 델타는 주가변화에 대해 완만하게 변화하며, 감마의 값이 크면 델타는 주가변화에 대해 매우 민감하게 반응합니다. 감마는 콜옵션과 풋옵션의 경우 모두 옵션포지션이 매수일 경우 (+)의 값을 갖는 반면, 매도일 경우에는 (-)의 값을 갖습니다. 감마가 (+)값을 갖는 옵션의 포지션상태를 롱감마라고 하며, 감마가 (-) 값을 갖는 경우를 숏감마라 합니다.

> 콜옵션 매수 : 델타값의 변화분(+) / 주가의 변화(+) = 감마(+)
> 풋옵션 매수 : 델타값의 변화분(-) / 주가의 변화(-) = 감마(+)
> 콜옵션 매도 : 델타값의 변화분(-) / 주가의 변화(+) = 감마(-)
> 풋옵션 매도 : 델타값의 변화분(+) / 주가의 변화(-) = 감마(-)

옵션매매에서의 중요한 리스크 중 하나인 감마 리스크는 특히 선물·옵션 합성전략이나 옵션 매도전략으로 매매를 하는 사람들에게 중요한 리스크입니다. 이 감마 리스크에 대한 부분은 자료도 많지 않고, 실제로 매매를 하면서 터득을 하지 않으면 잘 이해하기도 쉽지 않기 때문에, 더 많은 연구가 필요한 부분입니다.

③ 세타(THETA)

세타는 시간의 경과에 따른 옵션가격의 변화율을 나타냅니다. 시간의 변화는 다른 옵션가격 결정변수들과는 달리 예측가능하기 때문에, 옵션의 시간가치 감소는 옵션거래자에게 중요한 개념 중의 하나입니다. 옵션의 세타를 파악하는 것은 옵션의 가치가 시간의 흐름에 따라 어떻게 움직일 것인가를 예측하는데 도움이 됩니다. 왜냐하면 기초자산의 가격에 변화가 없더라도 옵션의 가치는 변할 수 있으므로 옵션의 가치변화에서 시간효과를 분리시킬 수 있기 때문입니다.

옵션의 세타리스크는 특히 옵션매수 위주로 매매를 하는 사람들에게는 절대적인 리스크라고 할 수 있습니다. 만기일이 가까울수록 세타값을 어떻게 이기고 수익을 내느냐가 매매를 하는 키 포인트입니다. 그렇기 때문에 필자는 장중매매를 선호하는 편이기도 합니다.

옵션을 매수해서 수익을 내는 경우나 오버나이트를 많이 하는 경우는 이 세타리스크를 어떻게 감당을 하고, 세타리스크 이상의 수익을 낼 수 있는 방안을 마련해야 합니다. 무턱대고 오버나이트로 익일 갭을 노리는 경우는 세타값의 하락으로 손실의 쓴맛을 볼 수 있습니다.

④ 베가(VEGA)
지수 변동성의 변화에 따른 옵션가격의 변화율을 말합니다. 다른 변수들이 일정할 때 가격변동성이 높을수록 옵션가격은 상승하는데, 이는 만기시 지수가 콜옵션의 행사가격 이하인 경우 손실이 한정되고, 반대의 경우 지수 상승에 비례하여 이익이 증가하기 때문에 변동성이 클수록 기대수익률이 증가하기 때문입니다. 또한, 옵션의 베가가 크면 변동성 변화에 따른 옵션가격의 변화도 커집니다.

변동성이 큰 장에서는 이 베가값의 변화가 옵션의 가격에 결정적인 영향을 주게 됩니다. 변동성은 가속하는 성질이 있기 때문에 옵션가격의 균형이 무너지거나,

불확실성이 커지는 경우에는, 수익을 극대화할 수 있는 기회들이 생기게 됩니다. 그렇지만 옵션의 매매는 양날의 검 같은 구조이기 때문에, 수익을 극대화할 수 있는 기회가 있다는 것은, 누군가에게는 손실이 극대화되는 아픔이 되는 것이기 때문에, 이런 기회를 신중하게 대응하여야 합니다.

⑤ 로(RHO)

이자율의 변화에 대한 옵션가격의 변화를 나타냅니다. 이자율이 상승하면 행사가격의 현재가치를 감소시키기 때문에 콜옵션의 경우 만기에 지불할 금액의 현재가치가 감소하고, 풋옵션의 경우 만기에 받을 금액의 현재가치가 감소하게 됩니다. 따라서 이자율 상승은 콜옵션의 가치를 증가시키고 풋옵션의 가치를 증가시킵니다. 내재가치가 높은 옵션일수록 보유해야 하는 기회비용이 증가하므로 내가격옵션의 로가 가장 높고, 등가격옵션 그리고 외가격옵션의 순으로 로의 값은 낮아집니다.

8) 옵션의 매수와 매도

옵션매수자는 옵션가격(프리미엄)을 지불하고 옵션을 매수하는 사람입니다. 기초자산의 가격이 자신에게 유리하게 움직일 경우, 상당한 이익을 얻을 수 있습니다. 기초자산 가격이 자신에게 불리하게 움직일 경우, 옵션 행사를 포기하는 대신 이미 지불한 옵션가격(프리미엄)만큼 손실을 보게 됩니다.

옵션매도자는 옵션매수자로부터 프리미엄을 받는 대신, 기초자산을 행사가격에 매수하거나 매도해야 할 의무를 지게 됩니다. 이익은 옵션매수자로부터 받은 프리미엄으로 한정되지만, 손실은 무제한의 위험이 있습니다.

① 콜옵션 매수의 장·단점

지수가 상승하고 변동성이 증가될 것으로 예상되는 경우, 콜옵션을 매수합니다. 대신 지수가 하락하거나 변동성이 없을 경우에는 콜옵션을 매수한 금액만큼 손실이 날 수 있습니다.

주가가 단기간에 급등할 가능성이 있을 경우에는 외가격 콜옵션을 매수하는 것이 유리하며, 그렇지 않을 경우에는 등가격 콜옵션이나 내가격 콜옵션을 매수하여 거래를 하는 것이 안정적입니다.

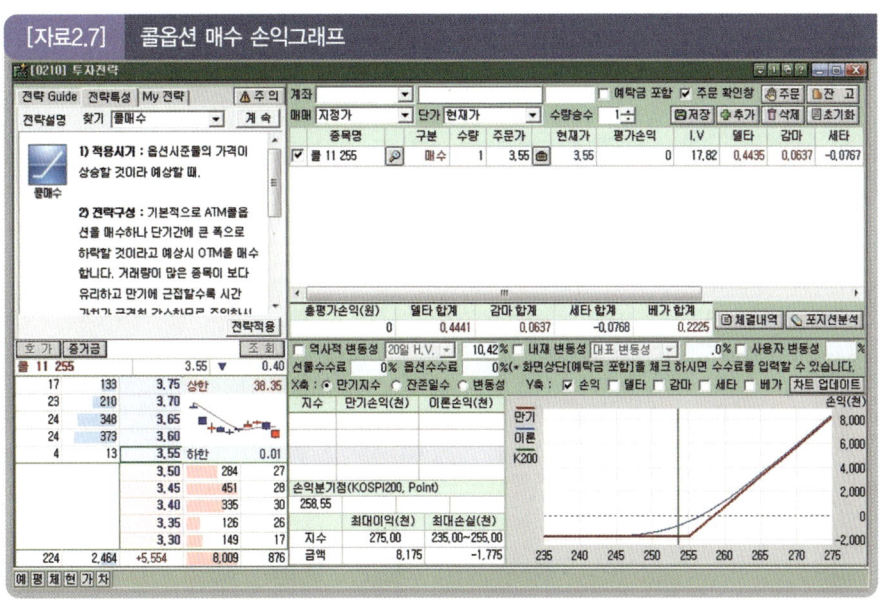

【자료2.7】은 콜옵션 매수의 손익그래프입니다. 콜255.0를 매수하였을 때, 만기일에 KOSPI200지수가 255.0 이상으로 올라가면 결제가 됩니다. 콜옵션을 매수할 때 지불한 프리미엄가격이 3.55이기 때문에, 만기에 수익이 나기 위해서는 지수가

255 + 3.55 = 258.55 이상 되어야 합니다. 대신 지수가 하락하더라도 지불한 프리미엄인 177만 5천원(= 3.55×50만원)으로 손실은 한정됩니다.

콜옵션 매수가 만기손익으로 지불한 프리미엄만큼만 손실이 확정된다고 해서 안심하고 매매를 하면 안됩니다. 어쨌든 내가 산 가격보다 가격이 낮아진다면 내 계좌는 손실을 입고 있는 것이기 때문입니다. 옵션 매수의 특성상 만기가 가까워질수록 옵션의 가치는 하락하니, 지수가 상승 중일 때 안전하게 수익청산 하는 것이 바람직합니다.

② **풋옵션 매수의 장·단점**
지수가 하락하고 변동성이 증가될 것으로 예상되는 경우, 풋옵션을 매수합니다. 대신 지수가 상승하거나 변동성이 없을 경우에는 풋옵션을 매수한 금액만큼 손실이 날 수 있습니다.

지수가 단기간에 하락할 가능성이 있을 때에는 외가격옵션을 매수하는 것이 유리하며, 그렇지 않을 경우에는 등가격옵션이나 내가격옵션을 매수하여서 거래를 하는 것이 안정적입니다.

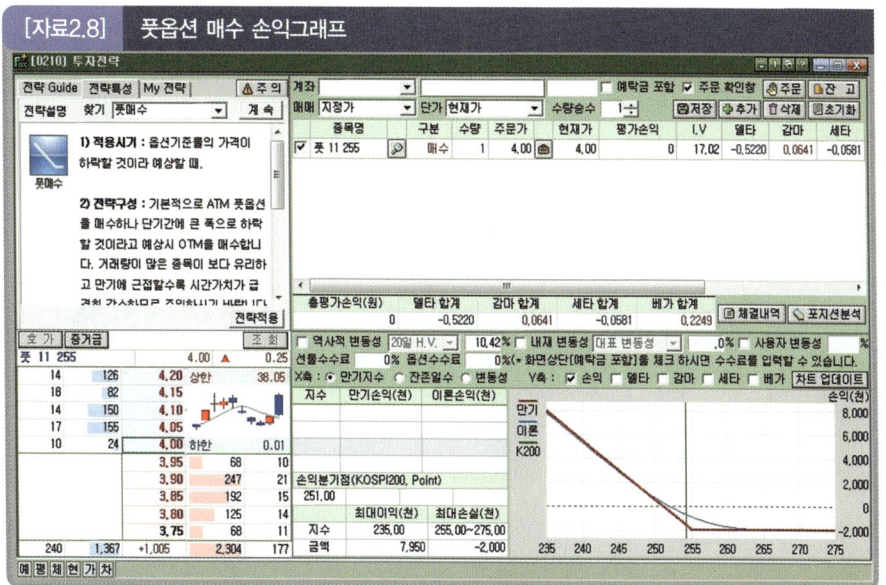

[자료2.8]는 풋옵션 매수의 손익그래프입니다. 풋255.0를 매수하였을 때 만기일에 KOSPI200지수가 255.0 이하로 내려가면 만기 결제가 됩니다. 풋옵션을 매수할 때 지불한 프리미엄가격이 4.00이기 때문에 만기에 수익이 나기 위해서는 255 - 4.00 = 251.0 이하로 지수가 내려가야 합니다. 대신 지수가 상승하더라도 지불한 프리미엄 가격만큼인 200만원(= 4.00×50만원)으로 손실은 한정됩니다.

풋옵션 매수도 콜옵션 매수와 같이 지불한 프리미엄만큼 손실이 확정된다고 해서 안심하고 매매를 하면 안됩니다. 어쨌든 내가 산 가격보다 가격이 낮아진다면 내 계좌는 손실을 입고 있는 것이기 때문입니다. 옵션 매수의 특성상 만기가 가까워질수록 옵션의 가치는 하락하니, 지수가 하락중일 때 안전하게 수익청산 하는 것이 바람직합니다.

일반적으로 콜옵션 보다는 풋옵션의 가격이 더 비싼 경우가 많습니다. 그 이유는 현물을 매수한 기관투자자들이 헤지의 목적으로 풋옵션을 매수하거나 콜옵션을 매도하여 상대적으로 콜옵션의 가치가 더 하락하기 때문입니다.

③ **콜옵션 매도의 장·단점**

지수가 하락하고 변동성이 감소할 것으로 예상되는 경우, 콜옵션을 매도합니다. 대신 지수가 상승하거나 변동성이 증가할 경우에는 콜옵션이 상승한 금액만큼 이론상으로 무한대의 손실이 날 수 있습니다. 하지만 지수가 횡보할 경우에는 만기일이 다가올수록, 시간가치의 하락으로 수익을 낼 수 있는 장점이 있습니다.

주가가 하락하거나 횡보할 가능성이 있을 때에는 고평가된 등가격 콜옵션을 매도하는 것이 유리합니다.

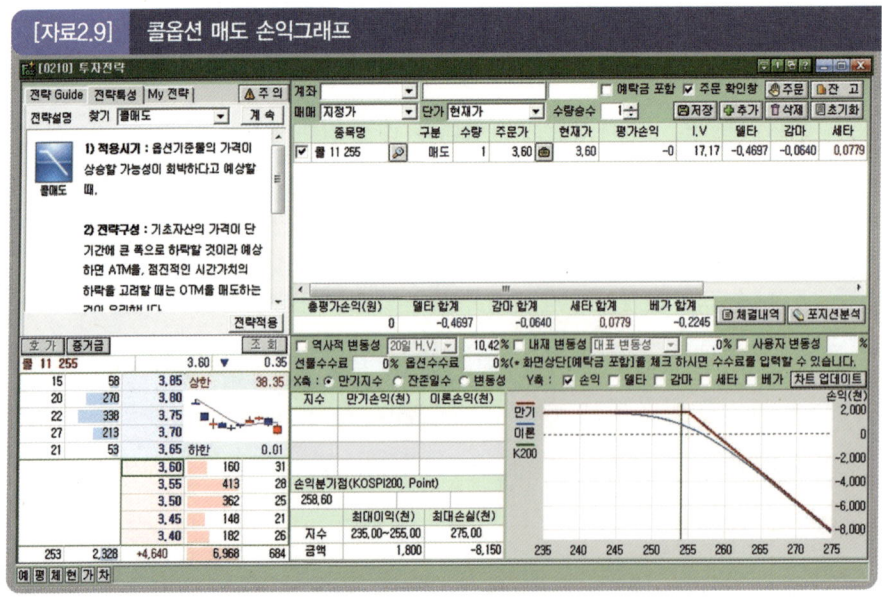

[자료2.9] 콜옵션 매도 손익그래프

【자료2.9】는 콜옵션 매도의 손익그래프입니다. 콜255.0을 매도하였을 때 만기일에 KOSPI200지수가 255.0이하인 경우나, 특히 만기전이라도 지수가 횡보하면 수익이 나는 구조입니다. 만기에 수익은 매도한 프리미엄만큼인 180만원(=3.60×50만원)으로 확정되며, 지수가 255.0 이상으로 상승할 때에는 상승폭만큼 무한대로 손실을 입을 수 있습니다. 그렇기 때문에 증권사에서는 손실에 대한 대비책으로 증거금을 요구합니다. 일반적인 매도증거금은 [당일 옵션의 상한가 - 현재 옵션의 가격]으로 결정됩니다.

콜옵션 매도는 내재가치와 시간가치를 수익으로 얻는 방법입니다. 일반적으로 월초반의 옵션은 시간가치 프리미엄이 많이 붙어있기 때문에, 월초에 당월물이나 차월물을 매도해서 시간가치 감소의 효과를 노릴 수 있습니다. 다만 옵션 매도포지션은 손실이 확정되어 있지 않기 때문에, 원본초과 손실의 위험이 있습니다. 특히 장이 급변하게 될 경우 옵션의 가격이 비정상적으로 상승을 하는 경우가 있습니다. 이 경우에 증거금 부족으로 반대매매를 당하게 되는데, 반대매매는 당일 상한가로 주문이 들어가기 때문에 순간적으로 가격이 상승하여 기대 이상의 손실을 입을 수 있습니다. 그러므로 **옵션 매도를 무턱대고 하기보다는 증거금 관리 등의 기술을 익히고** 사용하는 것이 바람직합니다.

④ 풋옵션 매도의 장·단점

주가가 상승하고 변동성이 감소할 것으로 예상되는 경우, 풋옵션을 매도합니다. 대신 주가가 하락하거나 변동성이 증가할 경우에는 풋옵션이 상승한 금액만큼 이론상으로 무한대의 손실이 날 수 있습니다. 하지만 일반적으로 지수가 횡보할 경우에는, 만기일이 다가올수록 시간가치의 하락으로 수익을 낼 수 있는 장점이 있습니다.

주가가 상승하거나 횡보할 가능성이 있을 때에는 고평가 된 등가격 풋옵션을 매도하는 것이 유리합니다.

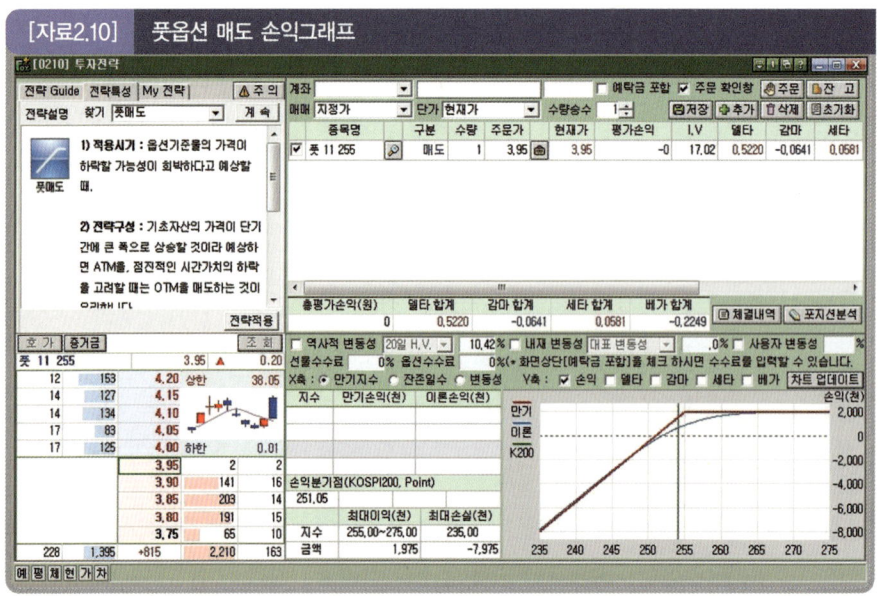

【자료2.10】는 풋옵션 매도의 손익그래프입니다. 풋255.0를 매도하였을 때 만기일에 KOSPI200지수가 255.0이상인 경우, 특히 만기일 전이라도 지수가 횡보하면 수익이 나는 구조입니다. 만기에 수익은 매도한 프리미엄만큼인 197만 5천원(=3.95×50만원)으로 확정되며, 지수가 255.0 이하로 하락할 때에는 하락폭만큼 무한대로 손실을 입을 수 있습니다.

풋옵션 매도의 경우 급락하는 장에서는 엄청난 손실을 입을 수가 있습니다. 강세장에서는 지수가 천천히 상승하는 경향이 있지만, 하락하는 경우는 한번에 지수가 급락을 하기 때문에 가격 변동성이 확대되어 풋옵션의 프리미엄이 크게 상승할 수 있습니다. 실례로 2011년 8~9월의 하락장에서 급격한 지수변동으로 인해서 풋옵션의 가격이 엄청나게 상승하여, 풋옵션 매도포지션을 보유하고 있던 많은 투자자들이 막대한 손실을 입었습니다. 그렇기 때문에 풋옵션 매도포지션은 헤지 없이 오버를 하거나 만기일에 결제를 받는 것은 자제하는 것이 바람직합니다.

4. 한국의 선물·옵션 시장

한국의 파생상품시장, 그 중에서도 선물·옵션시장은 꾸준한 증가 추세에 있습니다. 1996년에 개장한 이래로 꾸준한 증가세를 보이며 상승하였습니다. 연간 거래량을 살펴보면, KOSPI200지수 선물거래량이 2011년 기준, 8천7백만 계약, KOSPI200지수 옵션거래량이 36억 계약으로 엄청나게 증가하였습니다. 이는 세계 1위 수준의 거래량이며, 전세계적으로도 독보적인 거래량이라 할 수 있습니다.

연간 거래 규모 또한 KOSPI200지수 선물은 2007년 약5,200조원에서 2011년 약1경 1천조원으로, KOSPI200지수 옵션은 2007년 약218조원에서 430조원으로 꾸준한 증가세에 있습니다. 거래량이 많고 증가추세에 있다는 것은 그만큼 유동성이 풍부하다는 것을 의미합니다. 유동성이 풍부하다는 것은 그만큼 시장이 살아있다는 것을 의미합니다. 유동성이 풍부하게 되면 시장참여자들의 자금 유입이 자유롭고 시세에 대한 왜곡이 심하지 않기 때문에, 유동성이 적은 상품보다 더 안전하게 거래를 할 수 있습니다. 세계 1위 규모의 거래량과 유동성은 한국 선물·옵션시장의 큰 장점이 아닐 수 없습니다.

【자료2.11】 KOSPI200지수 선물·옵션 연간거래량

(단위 : 계약수)

Year	KOSPI200 Futures	KOSPI200 Options
2007	47,758,294	2,709,844,077
2008	66,433,767	2,766,474,404
2009	83,117,030	2,920,990,655
2010	86,762,976	3,525,898,562
2011	87,274,461	3,671,662,258

출처 : 2011 KRXFactBook

【자료 2.11】는 KOSPI200지수 선물·옵션의 연간 거래량을 보여주고 있습니다. 2011년은 2007년보다 거의 2배에 가까운 증가세를 보이고 있습니다. 해마다 꾸준한 상승추세를 보이고 있습니다. 그만큼 KOSPI200지수 선물·옵션은 다양한 시장 참여자가 존재하는 곳이고, 그런 만큼 더 많은 기회들이 열려 있는 시장인 것입니다.

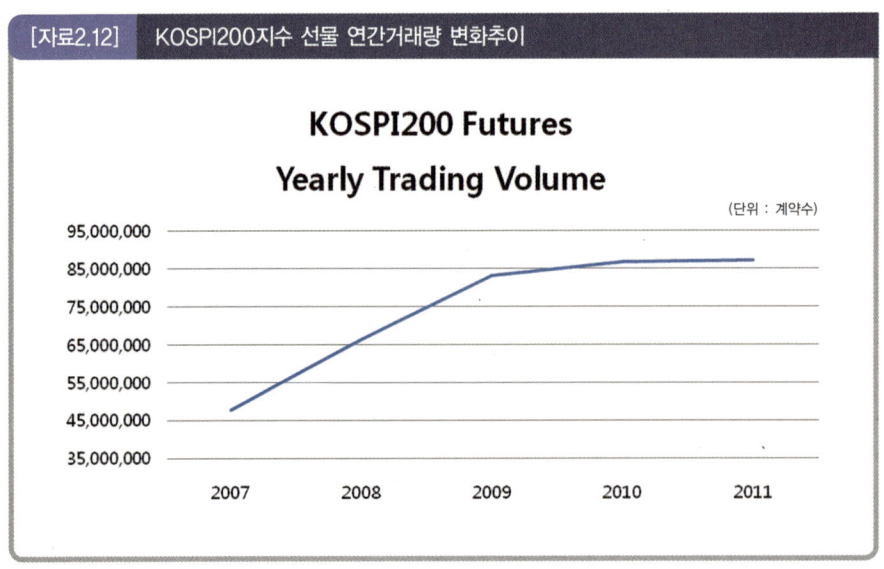

[자료2.12] KOSPI200지수 선물 연간거래량 변화추이

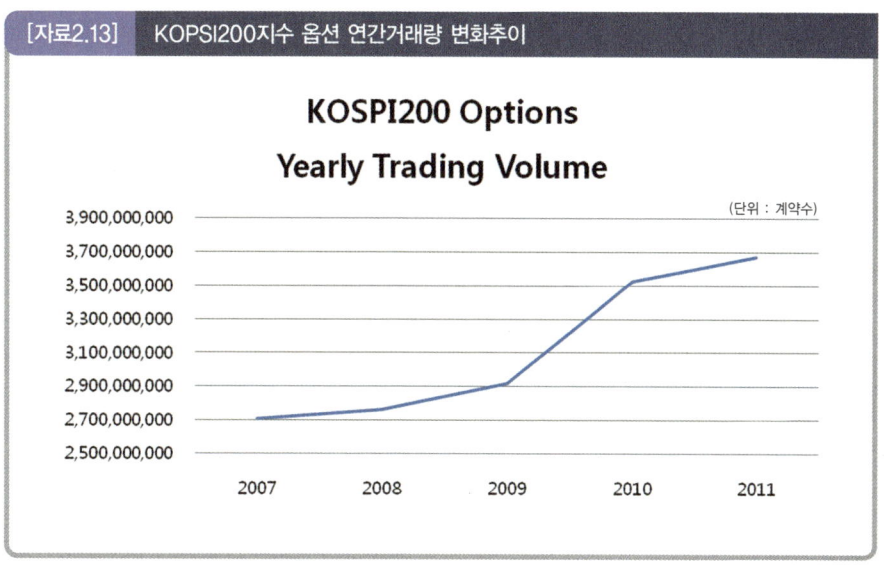

[자료2.13] KOPSI200지수 옵션 연간거래량 변화추이

【자료2.14】 KOSPI200지수 선물·옵션연간거래금액

(단위 :십억원)

Year	KOSPI200 Futures	KOSPI200 Options
2007	5,272,839	218,374
2008	6,237,160	287,229
2009	7,652,807	256,578
2010	9,946,348	318,060
2011	11,259,933	436,326

출처 : 2011 KRXFactBook

특히 KOSPI지수가 2,000포인트까지 상승하였던 2007~2008년(대세 상승장)부터 시작하여, 2008 ~2009년 금융위기를 기점으로 KOSPI200지수 선물·옵션 거래량은 급격히 상승하였습니다. 특히 대세 하락장이던 2008년 ~2009년에는 현물로 수익을 낼 수 없었던 투자자들이 급격히 선물·옵션 시장으로 몰려들었습니다. 선물·옵션 시장에서는 하락장에서도 현물과 달리 수익을 얻을 수 있고, 시장의 변동

성이 커지므로 그만큼 큰 수익을 노릴 수 있기 때문입니다.

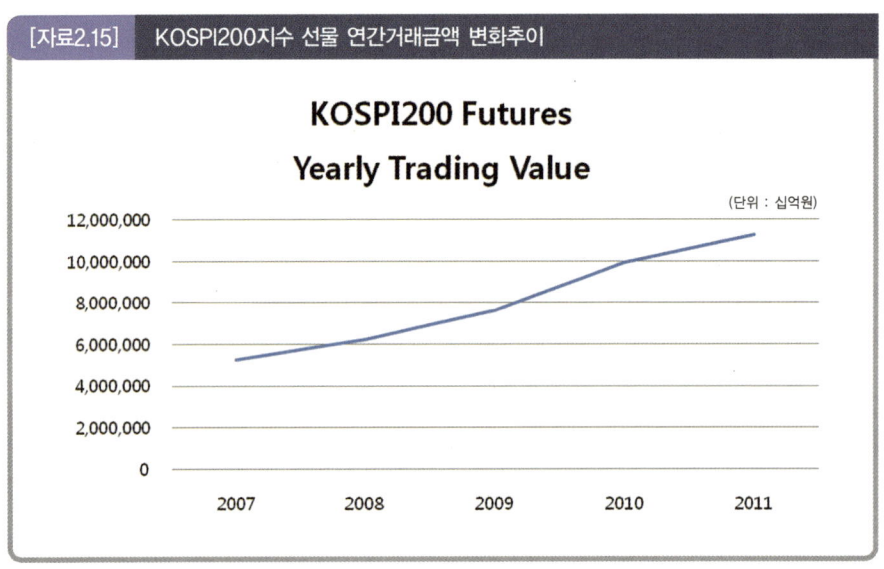

[자료2.15] KOSPI200지수 선물 연간거래금액 변화추이

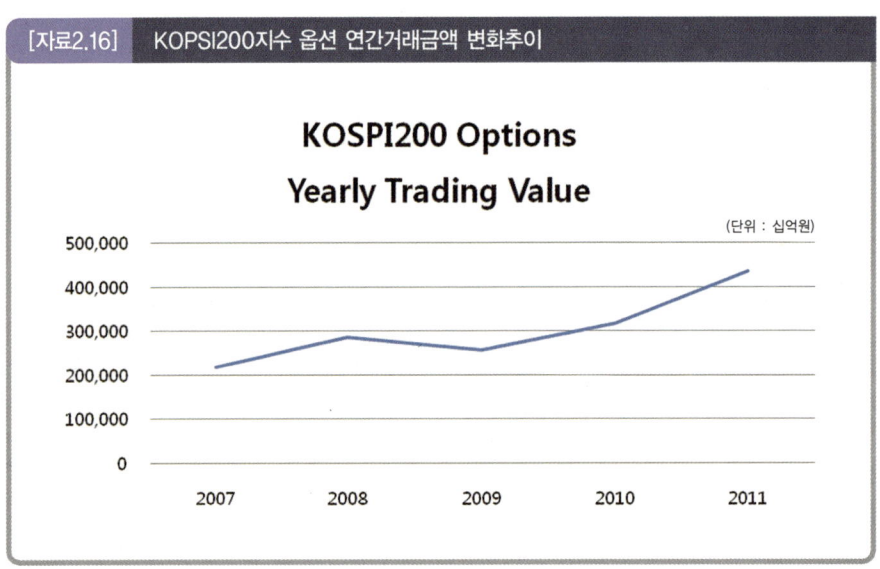

[자료2.16] KOPSI200지수 옵션 연간거래금액 변화추이

2011년 KOSPI200지수 선물·옵션 월간 거래금액을 살펴보면 이러한 현상은 더욱 두드러집니다. 유로존위기로 종합주가지수가 2,200포인트 대에서 1,600포인트 대로 하락하였던 2011년 8월~9월사이에, KOSPI200지수 옵션거래는 다른 달에 비해서 두 배 가까이 상승하는 것을 볼 수 있습니다. 이는 하락장에서 수익과 변동성을 노리는 투자자들이 그만큼 많은 거래를 하였다는 것을 의미합니다. 실제로 2011년 8월~9월 하락장에서, 필자도 옵션거래로 비교적 쉽게 수익을 낸 경험이 있습니다.

【자료2.17】 KOSPI200지수 선물·옵션 월간거래금액(2011년)

(단위 : 십억원)

Month(2011Y)	KOSPI200 Futures	KOSPI200 Options
Jan	938,305	29,622
Feb	847,825	30,792
Mar	1,084,076	37,963
Apr	901,918	36,298
May	860,427	35,583
Jun	1,012,056	36,107
Jul	826,736	30,181
Aug	1,258,443	55,878
Sep	1,079,760	42,363
Oct	837,780	33,377
Nov	912,463	39,988
Dec	700,143	28,175

출처 : 2011 KRXFactBook

[자료2.18] KOPSI200지수 선물 월간 거래금액 변화추이(2011년)

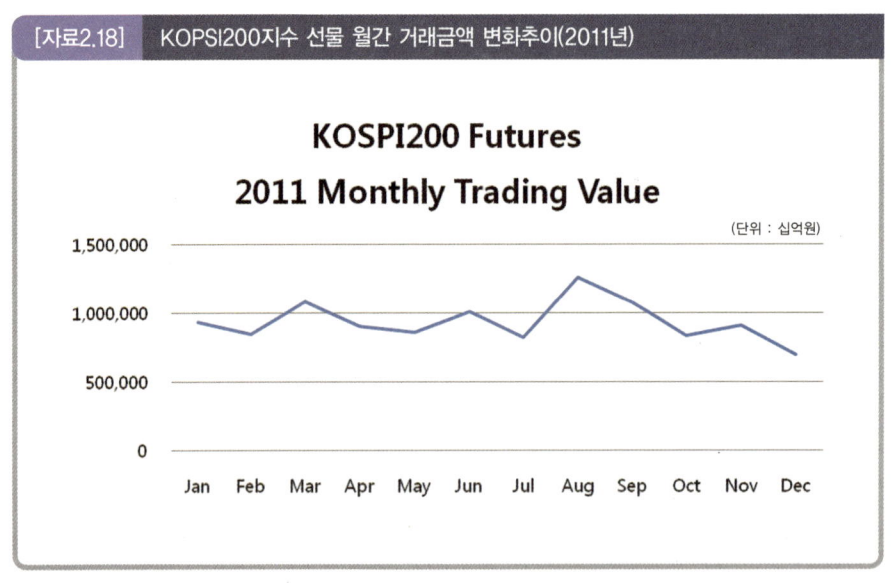

[자료2.19] KOSPI200지수 옵션 월간 거래금액 변화추이(2011년)

현재 KOSPI200지수 선물·옵션의 거래그룹은 기관, 개인, 외국인투자자가 거의 3분의 1씩 차지하고 있습니다. 하지만 일반적으로 개인은 지속적으로 손실을 입는 반면, 기관과 외국인은 수익을 내고 있습니다. 이런 현상의 원인은 우선, 자금규모의 차이가 결정적입니다. 1,000계약, 10,000계약씩 거래할 수 있는 기관과 외국인에 비해 1~2계약으로 매매를 하는 개인과의 싸움에서, 개인들이 이기기는 힘들어 보입니다. 그런데도 무턱대고 자신은 수익을 낼 수 있다면서 대박의 꿈을 안고, 너무 많은 개인들이 아무런 준비도 없이 선물·옵션 시장에 뛰어들고 있습니다. 그렇기 때문에 더욱 질 수 밖에 없는 것입니다. 선물·옵션 거래를 하는 개인들은 이런 파생시장의 현실을 이해하고 만반의 준비를 해서 실전투자에 임해야 합니다. 그것만이 유일하게 시장에서 살아남는 법입니다.

【자료2.20】 KOSPI200지수 선물의 거래그룹 현황

(단위 : %)

구분	기관투자가						개인	외국인
	소계	은행	ITC	증권사	보험	기타		
2010	43.7	0.3	0.7	40.6	0.2	1.9	27.4	29.0
2011	35.6	0.3	0.9	32.2	0.2	2.0	33.6	30.8

출처 : 2011 KRXFactBook

【자료2.21】 KOSPI200지수 옵션의 거래그룹 현황

(단위 : %)

구분	기관투자가						개인	외국인
	소계	은행	ITC	증권사	보험	기타		
2010	35.1	0	0.9	32	1.4	0.8	32.5	32.5
2011	29.7	0	0.1	28.7	0.1	0.7	31.9	38.4

출처 : 2011 KRXFactBook

선물·옵션거래는 적은 증거금으로 큰 금액의 거래를 할 수 있으므로 높은 레버

리지 효과를 노릴 수 있습니다. 선물투자에서 증거금이 15%라고 함은 1,500만원을 증거금으로 1억원의 투자를 할 수 있다는 것을 의미합니다. 1,500만원의 증거금으로 투자한도 금액인 1억원까지 선물을 매수한 투자자는 종합주가지수가 15% 오르면, 1,500만원의 수익이 발생하게 됩니다. 그러나 예상이 빗나가 종합주가지수가 15% 내리면, 1,500만원이 손실로 사라지게 됩니다.

옵션 중에서도 개인투자자들이 선호하는 외가격옵션의 경우, 선물의 경우보다도 더욱 큰 레버리지 효과가 있습니다. 그러나 극외가옵션을 사서 장기 보유하는 것은 복권을 사는 것처럼 레버리지 효과가 크기는 하지만, 수익을 낼 확률이 지극히 낮은 투자이므로 투자금액 전부를 날릴 위험 또한 큽니다.

파생시장에서 매도자와 매수자 손익을 합하면 정확히 제로(0)가 되는데, 이 말의 의미는 수익을 올린 사람의 반대편에는 그만큼의 손실을 본 사람이 반드시 존재한다는 것입니다. 선물·옵션 투자는 한쪽이 이익을 보면 반드시 다른 한쪽이 손해를 보는 철저한 제로섬 게임입니다. 즉, 내가 돈을 번다면 누군가는 돈을 잃는다는 것입니다. 그리고 내가 돈을 잃는다면 누군가는 돈을 번다는 것입니다. 지금까지 선물·옵션시장에서 돈을 잃어왔다면 누군가는 내 돈을 벌어 간다는 것입니다. 이점이 가장 중요합니다.

시장에서 손실이 난다는 것은 내가 무엇인가 잘못하고 있다는 것이고, 수익을 보고 있다는 것은 잘하고 있다는 것입니다. 그렇기 때문에 시장에서 손실이 나고 있다면, 지금의 매매방식을 바꾸고 변환시켜야만 합니다. 시장에서 돈을 잃고 있다면 내가 운이 없어서가 아닙니다. 내 돈을 누군가는 계속 벌어가고 있고, 그 상황이 계속 유지된다면 그것은 운이 아니고 실력이기 때문입니다. 거듭 강조하는 바와 같이, 선물·옵션 시장은 제로섬 게임입니다. 운이나 다른 어떠한 변수로 인해서 돈이 생겨나거나 없어지는 곳이 아니라, 잃고 버는 것이 정확한 실력에 의해 결정되는 게임입니다. 내가 잘못하고 있는 동안 누군가는 잘해서 내 돈을 가져가고 있습니다. 이 점을 꼭 명심하길 바랍니다.

제 Ⅲ 장

합성전략도 중요한 수단이다

1. 스프레드 매매전략 · · · · · · · · · · · · · 97
2. 델타헤지(delta hedge) 전략 · · · · · · · 112
3. 스트래들 & 스트랭글 매수전략 · · · · · · 114
4. 스트립 & 스트랩 매수전략 · · · · · · · · 119
5. 스트래드 & 스트랭글 매도전략 · · · · · · 124
6. 레이쇼 전략 · · · · · · · · · · · · · · · · 128
7. 콘돌(Condor) 전략 · · · · · · · · · · · 131

합성전략도 중요한 수단이다

선물·옵션 합성전략은 포지션을 구축하는 선물·옵션의 종류와 가짓수에 따라 많은 전략들이 존재합니다. 합성전략을 익히고 실전에서 제대로 활용하기 위해서는 수만가지의 합성전략들을 공부하고 용어를 외우기 보다는, 중요한 대표 전략들의 구조를 이해하고 공부하는 것이 중요합니다. **상황에 맞는 전략의 사용과 다양한 적용을 할 수 있게 정확히 이해하여 실전매매에 활용할 수 있도록 해야 합니다.**

양매도 전략이면 일단 비싸게 파는 것이 중요하고, 양매수 전략이면 싸게 사는 것이 중요합니다. 비율 스프레드라면 사는 쪽은 싸게, 파는 쪽은 비싸게 팔아야 합니다. 무엇이 비싸고 무엇이 싼지를 구별해 내는 것이 중요합니다.

일반적으로 개인투자자들이 중요하게 생각하는 **방향성**뿐만 아니라 파생매매의 핵심이 되는 **변동성**을 바로 이해하고 활용할 수 있도록 해야 합니다.

1. 스프레드 매매전략

스프레드란 2개의 선물이나 옵션 간의 가격차이를 말합니다. 스프레드 매매는 선물이나 옵션의 가격상승이나 하락을 이용하기 보다는 선물이나 옵션 간의 가격차이를 이용한 거래를 말합니다. 스프레드 거래는 2개의 선물·옵션을 서로 반대방향으로 거래하기 때문에 하나의 상품에서 생기는 수익이 다른상품에서 생기는 손실분을 커버할 수 있습니다. 그렇기 때문에 한 종목만 거래하는 네이키드(naked) 전략보다는 수익이 낮은 단점이 있지만, 손실 또한 제한적일 수 있어 안정적으로 매매를 할 수 있습니다.

1) 선물을 이용한 스프레드 매매전략

① 결제월 간 스프레드 매매전략

일반적으로 선물의 경우 원월물의 가격이 근원물의 가격보다 높게 형성됩니다. 따라서 스프레드가 확대될 것을 예상할 경우에는 근월물을 매도하고 원월물을 매수하는 스프레드 매수전략을, 반대로 스프레드가 축소될 것을 예상할 경우에는 근월물을 매수하고 원월물을 매도하는 스프레드 매도전략을 사용합니다. 스프레드 매매에서 원월물을 매수, 매도하느냐를 기준으로 스프레드 매수, 매도전략이 결정됩니다.

ⓐ 스프레드 매수전략

> **스프레드 확대가 예상될 때, 근월물 매도(-) + 원월물 매수(+)**
> 스프레드 **매수**전략이니 **원월물**을 **매수**하는 것이라고 암기하세요!

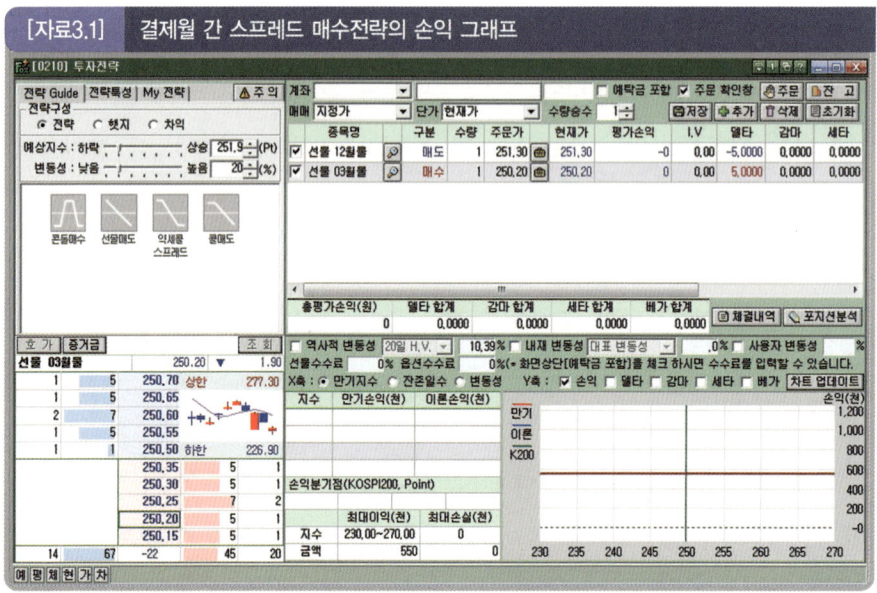

【자료3.1】은 선물을 이용한 결제월 간 스프레드 매수전략의 손익그래프입니다. 선물을 이용한 스프레드 매수전략은 근월물인 선물을 매도하고, 원월물인 선물을 매수하여 포지션을 구축합니다. 위의 자료에서 근원물인 선물 2012년 12월물 1계약을 251.30에 매도하고, 원월물인 2013년 3월물 1계약을 250.20에 매수하여, 스프레드 매수전략 포지션을 만들어 보았습니다.

스프레드 매수전략은 선물 간의 스프레드가 확대될 때에 유리한 전략이기 때문에 원월물인 2013년 3월물 선물의 가격이 매수가인 250.20보다 더 상승하거나, 2012년 12월물 선물의 가격이 매도가인 251.30보다 하락할 경우에, 두 선물의 스프레드가 확대되어 수익이 나는 포지션입니다. 참고로 스프레드에 대한 설명은 최대이익이나 최대손실을 구하는 것보다는 스프레드가 확대되고 축소될 경우의 손익이 결정되는 포지션이라서 따로 손익을 구하거나 설명하지 않았습니다. 즉, 자료의 우측 하단의 만기곡선과 이론곡선이 표시되지 않는 이유이기도 합니다.

ⓑ 스프레드 매도전략

스프레드 축소가 예상될 때, 근월물 매수(+) + 원월물 매도(-)
스프레드 **매도**전략이니 **원월물**을 **매도**하는 것이라고 암기하세요!

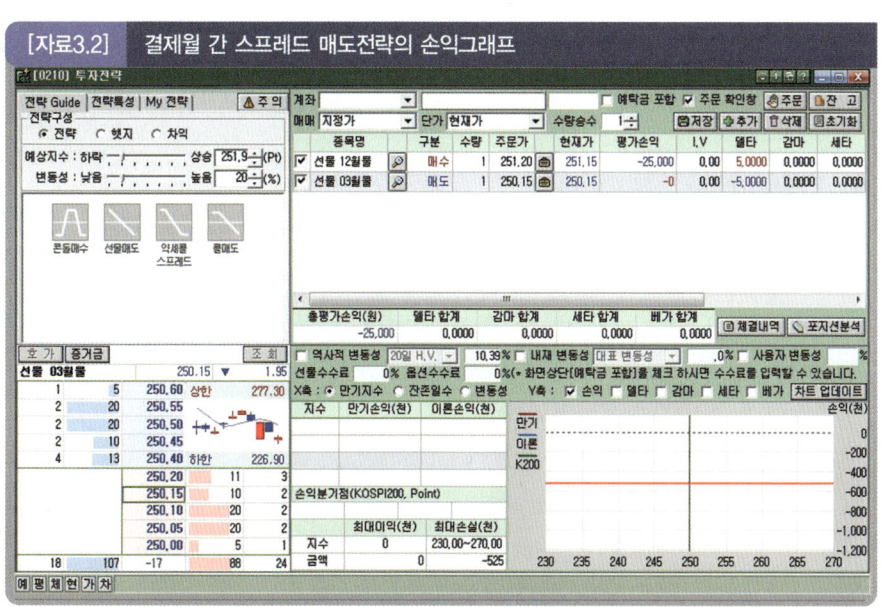
[자료3.2] 결제월 간 스프레드 매도전략의 손익그래프

【자료3.2】는 선물을 이용한 결제월 간 스프레드 매도전략의 손익그래프입니다. 선물을 이용한 스프레드 매도전략은 근월물인 선물을 매수하고, 원월물인 선물을 매도하여 포지션을 구축합니다. 자료에서 근원물인 선물 2012년 12월물 1계약을 251.20에 매수하고, 원월물인 2013년물 3월물 1계약을 250.15에 매도하여 스프레드 매도전략 포지션을 만들어 보았습니다. 스프레드 매도전략은 선물 간의 스프레드가 축소될 경우에 유리한 전략이기 때문에, 근월물인 2012년 12월물 선물의 가격이 매수가인 251.20보다 상승하거나, 원월물인 2013년 3월물 선물의 가격이 매도가인 250.15보다 하락할 경우에, 두 선물의 스프레드가 축소되어 수익이 나는 포지션입니다.

② 상품 간 스프레드 매매전략

기초자산이 다른 두 개의 선물 계약을 동시에 매매하여 기초자산 간 스프레드의 변동으로부터 수익을 얻으려는 매매방식입니다. 헤지펀드 등에서 많이 활용하고 있는 Long&Short전략과 유사합니다. 예를 들어 삼성전자 주식이 KOSPI200지수 보다 저평가되었다고 판단될 경우에는, 삼성전자 주식선물을 매수하고 KOSPI200지수 선물을 매도하여, 삼성전자 주식과 KOSPI200지수 간의 스프레드 차이를 통해 수익을 얻을 수 있습니다.

반대로 삼성전자 주식이 고평가 되어 있고, KOSPI200지수가 저평가되어 있다고 판단할 경우에는, 삼선전자 주식선물을 매도하고, KOSPI200지수 선물을 매수해서 수익을 얻을 수 있습니다.

2) 옵션을 이용한 스프레드 거래전략

옵션을 이용한 스프레드 거래는 만기일이 같으나 행사가격이 다른 콜·풋옵션을 매수·매도하는 수직적 스프레드 전략과, 행사가격이 같고 만기일이 다른 콜·풋옵션을 매수·매도하는 수평적 스프레드 전략으로 나눌 수 있습니다.

① 수직적 스프레드

> 만기가 같고, 행사가격이 다른 콜·풋옵션을 동시에 매수·매도하는 전략.

② 수평적 스프레드

> 만기가 다르고, 행사가격이 같은 콜·풋옵션을 동시에 매수·매도하는 전략.

③ 옵션을 이용한 스프레드 전략의 장점

- 만기가 같은 콜·풋옵션을 매수·매도하기 때문에 두 옵션의 세타는 반대보호를 갖게 되므로 시간가치인 프리미엄이 줄어드는 손실이 다른 전략들에 비해서 적습니다. 그렇기 때문에, 시간가치에 상관없이 포지션을 장기 보유할 수 있습니다.
- 매수·매도하는 옵션의 베가가 크기가 같고 반대부호를 갖습니다. 그렇기 때문에 변동성에 대해서 다른 포지션에 비해서 덜 민감한 편입니다. 변동성이 크지 않을 것이라고 예상될 때 사용하면 안정적인 수익을 얻을 수 있습니다.

- 포지션에 따른 이익과 손실이 스프레드로 정해져 있어서 강세장이나 약세장 중, 추세를 예상할 수 있으나 확실하지 않을 때, 사용할 수 있는 보수적인 투자 전략입니다.

3) 가격전망에 따른 옵션 스프레드 전략

① 강세 스프레드 전략(bull spread strategy)

> 시장이 강세가 예상되나, 확신이 서지 않을 때 사용하는 보수적인 전략.
> 행사가 낮은 옵션 매수, 높은 옵션을 매도.

ⓐ 강세 콜옵션 스프레드전략(bull call spread strategy)

행사가가 낮은 옵션을 매수하고 행사가격이 높은 옵션을 매도합니다. 일반적으로는 내가격옵션을 매수하고, 등가격옵션을 매도하는데, 등가격 옵션의 시간가치의 소멸의 효과를 극대화 할 수 있기 때문에 등가격옵션을 매도하는 것이 유리합니다.

> 내가격 콜옵션을 매수, 등가격 콜옵션을 매도.
> 등가격옵션을 매도 시 시간가치 소멸효과 극대화 전략.
> 예) 현재 지수가 255.0일 때 콜 255.0을 매수하고 콜260.0을 매도.

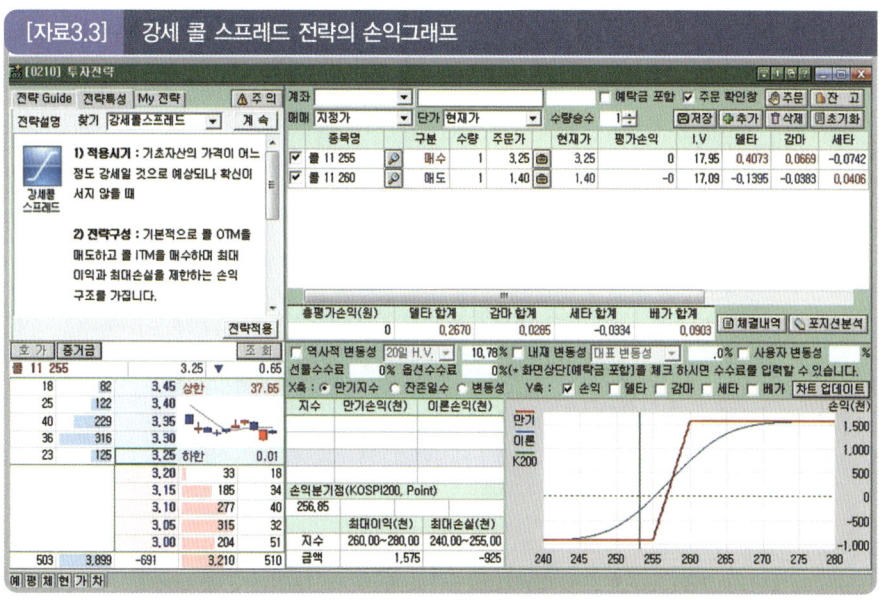

[자료3.3]은 강세 콜 스프레드 전략의 손익 그래프입니다. 내가격옵션인 콜 255.0을 매도하고, 외가격옵션인 콜260.0을 매수해서 만든 강세 콜 스프레드전략입니다.

구분	내용
손익분기점	255.0 + (3.25 − 1.40) = 256.85
최대이익	(260.0 − 255.0) − (3.25 − 1.40) = 3.15
최대손실	3.25 − 1.40 = 1.85

손익분기점은 내가격 콜 행사가에서 콜255.0과 콜260.0의 프리미엄의 차를 더한 값인 256.85부터 수익이 나는 구조입니다. 최대이익은 3.15이고 최대손실은 1.85로 고정이 되어서 수익과 손실이 확정되는 장점이 있습니다. 자료의 우측 하단의 그래프에는 만기곡선과 이론곡선이 표시되어 있습니다. 만기곡선은 만기의 손익을

나타내는 선이며, 이론곡선은 현 시점에서의 손익을 표시하는 선이라고 이해하면 됩니다. 또 그 옆에는 최대이익과 최대손실이 천원 단위로 표시되어 있으며, 손익분기점이 256.85 라고 명기되어 있습니다.

ⓑ 강세 풋옵션 스프레드 전략(bull put spread strategy)

강세 풋옵션 스프레드전략은 콜옵션 스프레드 전략과 비슷하나 콜옵션 대신 풋옵션을 매수하는 점이 다릅니다. 행사가격이 낮은 옵션을 매수하고 행사가격이 높은 옵션을 매도합니다.

> 외가격 풋옵션을 매수, 등가격 풋옵션을 매도.
> 등가격 풋옵션을 매도 시 시간가치 소멸효과 극대화.
> 예) 현재지수가 246.0일 때, 풋 242.5를 매수하고 풋 247.5를 매도.

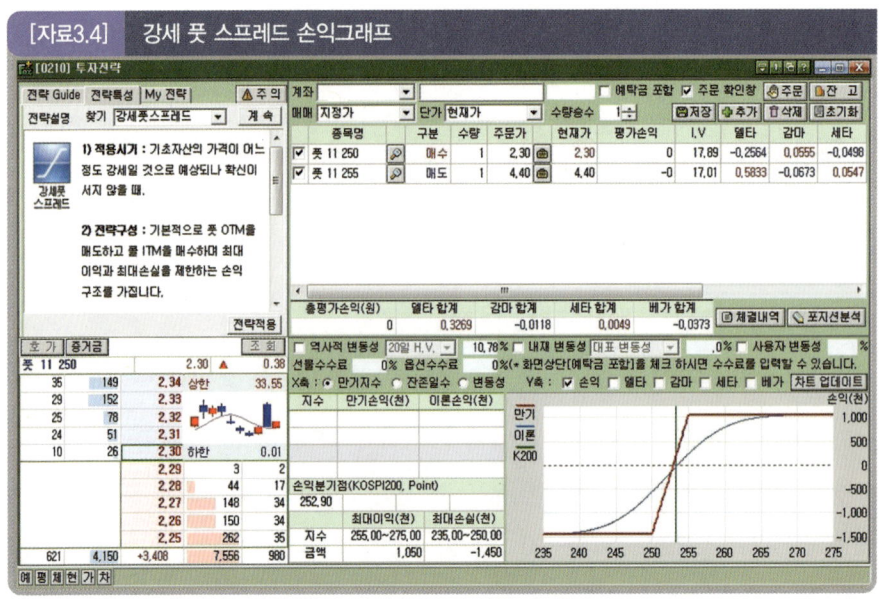

[자료3.4] 강세 풋 스프레드 손익그래프

【자료3.4】은 강세 풋 스프레드 전략의 손익 그래프입니다. 외가격 옵션인 풋 250.0을 매수하고 풋255.0를 매도해서 만든 강세 풋 스프레드 전략입니다.

구분	내용
손익분기점	255.0 − (4.40 − 2.30) = 252.90
최대이익	4.40 − 2.30 = 2.10
최대손실	(255.0 − 250.0) − (4.40 − 2.30) = 2.90

손익분기점은 내가격 풋행사가에서 풋255.0와 풋250.0의 프리미엄 차를 뺀 252.90으로 이 지점부터 수익이 나는 구조입니다. 최대이익은 2.10이고 최대손실은 2.90으로 고정이 되어서 수익과 손실이 확정되는 장점이 있습니다. 등가격이나 내가격 풋을 매도하게 되면 콜을 매수하는 것과 동일한 효과를 얻기 때문에, 이렇게 풋으로도 강세 스프레드 포지션을 구축할 수 있는 것입니다. 강세 풋 스프레드는 강세 콜 스프레드와 비슷한 구조이지만, 아무래도 시장이 강세일 경우에는 콜 매수 포지션을 보유하고 있는 전략이 좀 더 수익 면에서 나은 점이 있습니다.

② **약세 스프레드 전략**(bear spread strategy)

> 시장이 약세가 예상되나, 확신이 서지 않을 때 사용하는 보수적인 전략
> 행사가 낮은 옵션을 매도, 행사가 높은 옵션을 매수.

ⓐ **약세 콜옵션 스프레드 전략**(bear call spread strategy)
시장이 약세가 예상될 때 사용하는 보수적인 전략으로, 약세장에서 수익과 손실

을 제한하고자 하는 투자전략입니다. 만기가 같은 콜옵션 중 행사가격이 낮은 내가격옵션이나 등가격옵션을 매도하고, 행사가격이 높은 외가격옵션을 매수하는 전략입니다. 강세 콜옵션 스프레드전략과 반대방향으로 매수·매도합니다.

> 내가격이나 등가격 콜옵션을 매도하고 외가격 콜옵션을 매수.
> 예) 현재지수가 255.0일 때 콜260.0을 매수, 콜255.0을 매도.

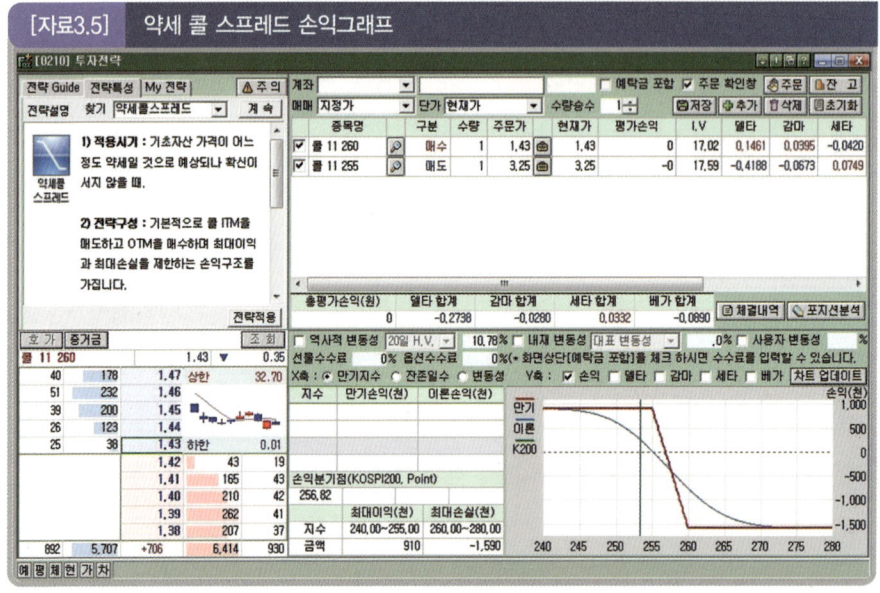

[자료3.5] 약세 콜 스프레드 손익그래프

【자료3.5】은 약세 콜 스프레드 전략의 손익 그래프입니다. 외가격옵션인 콜 260.0을 매수하고, 콜255.0을 매도해서 만든 약세 콜 스프레드 전략입니다.

구분	내용
손익분기점	255.0 + (3.25 − 1.43) = 256.82
최대이익	3.25 − 1.43 = 1.82
최대손실	(260.0 − 255.0) − (3.25 − 1.43) = 3.18

손익분기점은 내가격 콜 행사가에서 콜255.0와 콜260.0의 프리미엄의 차를 더한 값입니다. 최대이익은 1.82이고 최대손실은 3.18로 수익과 손실이 확정되는 장점이 있습니다. 시장의 방향이 약세인 경우는 콜옵션으로 스프레드를 만드는 것 보다는, 풋옵션으로 스프레드를 만드는 것이 이익이나 손실 면에서 좀 더 유리합니다. 약세 콜 스프레드 전략은 강세 풋 스프레드 전략과 Y축을 기준으로 해서 거의 대칭적인 모습을 보입니다.

ⓑ 약세 풋옵션 스프레드 전략(bear put spread strategy)

시장의 약세가 예상될 때 이용하는 보수적인 전략으로, 약세 콜옵션 스프레드 전략과 비슷하나 콜옵션 대신 풋옵션을 이용하여 포지션을 구축합니다. 행사가격이 낮은 외가격옵션을 매도하고 내가격옵션을 매수합니다.

> 외가격 풋옵션을 매도하고, 내가격 풋옵션을 매수.
> 예) 현재지수가 255.0일 때 풋255.0를 매수, 풋250.0을 매도.

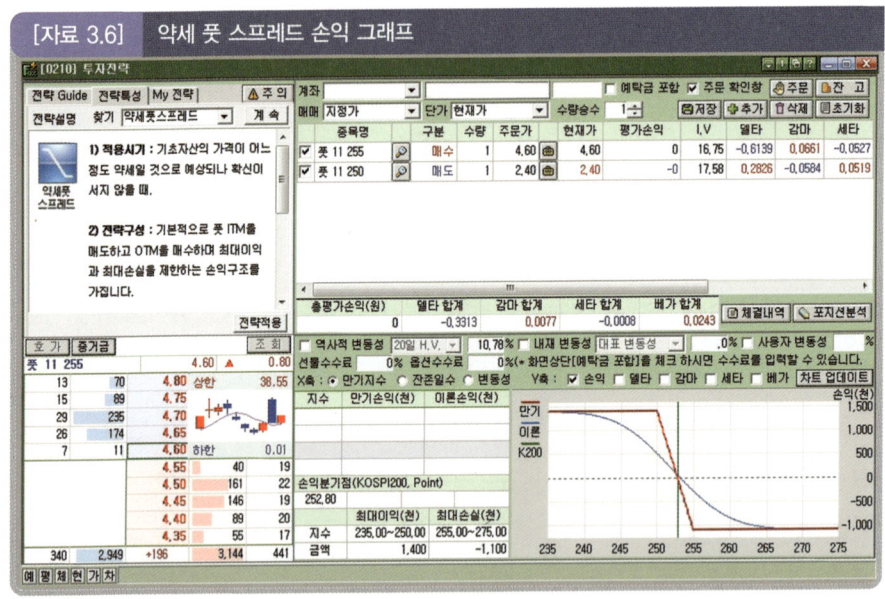

[자료 3.6] 약세 풋 스프레드 손익 그래프

【자료 3.6】은 약세 풋 스프레드 전략의 손익 그래프입니다. 외가격옵션인 풋 255.0을 매수하고, 풋255.0을 매도해서 만든 약세 풋 스프레드 전략입니다.

구분	내용
손익분기점	255.0 − (4.60 − 2.40) = 252.80
최대이익	(255.0 − 250.0) − (4.60 − 2.40) = 2.80
최대손실	4.60 − 2.40 = 2.20

손익분기점은 풋255.0에서 풋255.0와 풋250.0의 프리미엄의 차를 뺀 252.80입니다. 최대이익은 2.80이고 최대손실은 2.20으로 고정이 되어서 수익과 손실이 확정되는 장점이 있습니다. 시장의 방향이 약세인 경우는 풋옵션으로 스프레드를 짜는 게, 콜옵션으로 스프레드를 구성하는 것보다 이익과 손실 면에서 더 유리합니

다. 약세 풋 스프레드는 강세 콜 스프레드와 Y축을 기준으로 대칭적인 모습을 보입니다.

③ 수평 스프레드(horizontal spread)

수평 스프레드는 시간 스프레드, 캘린더 스프레드라고도 불립니다. 행사가격은 같지만 만기가 다른 콜·풋 옵션을 매수·매도하는 전략입니다. 시간 스프레드의 특징은 시간가치의 감소가 만기별로 다르게 형성되는 차이를 이용하는 것입니다. 일반적으로 근월물의 시간가치 감소폭이 원월물 보다 크기 때문에, 시간가치의 상대적인 변화차이를 이용한다고 보면 됩니다.

원월물을 기준으로 원월물옵션을 매수하면 수평 스프레드 매수, 원원물옵션을 매도하면 수평 스프레드 매도라고 합니다. 시장이 안정적일 것을 예상할 때는 수평 스프레드 매수전략을, 시장이 변동성이 커질 것을 예상할 때는 수평 스프레드 매도전략을 이용합니다.

> 행사가격이 동일하지만 만기가 다른 콜·풋옵션을 매수·매도.
> 시장이 안정적일 때 - 수평 스프레드 매수(원원물 매수, 근월물 매도).

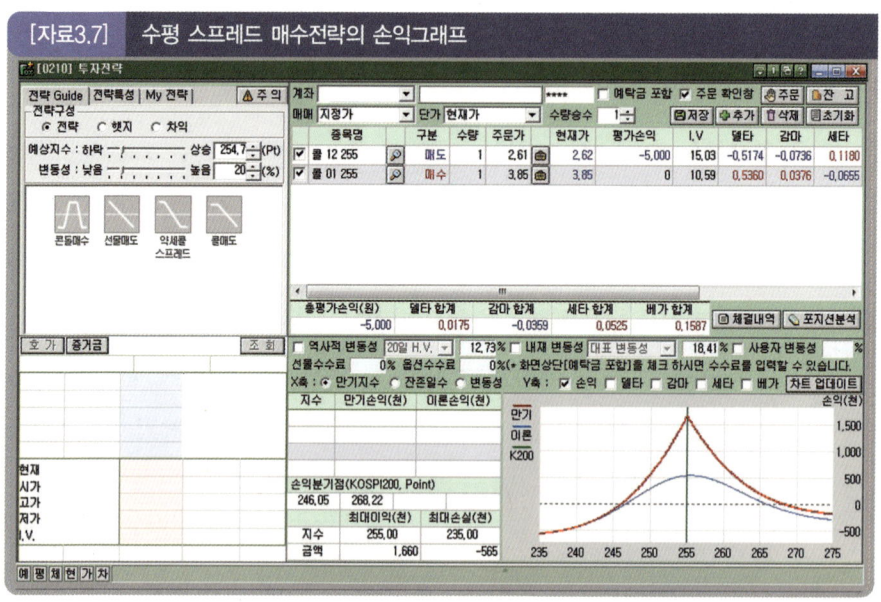

【자료3.7】은 옵션을 이용한 수평 스프레드 매수전략의 손익그래프입니다. 수평 스프레드 매수전략은 만기가 다르고 행사가격이 같은 옵션 중 근월물을 매도하고 원월물을 매도하여 포지션을 구축합니다. 위의 자료는 근월물인 2012년 12월물 콜255.0 1계약을 매도하고, 원월물인 2013년 1월물 콜255.0 1계약을 매수하여서 수평 스프레드 매수전략 포지션을 만들어보았습니다.

수평 스프레드 매수전략은 스프레드 확대가 예상될 때 사용하는 전략이기 때문에 원월물인 2013년 1월물 콜255.0의 가격이 매수가인 3.85보다 더 상승하거나, 2012년 12월물 콜255.0의 가격이 매도가인 2.61보다 더 하락하여 두 옵션 간의 스프레드가 확대될 경우에 유리한 포지션입니다.

> 시장이 변동성이 예상될 때 - 수평 스프레드 매도(근월물 매수, 원원물 매도).

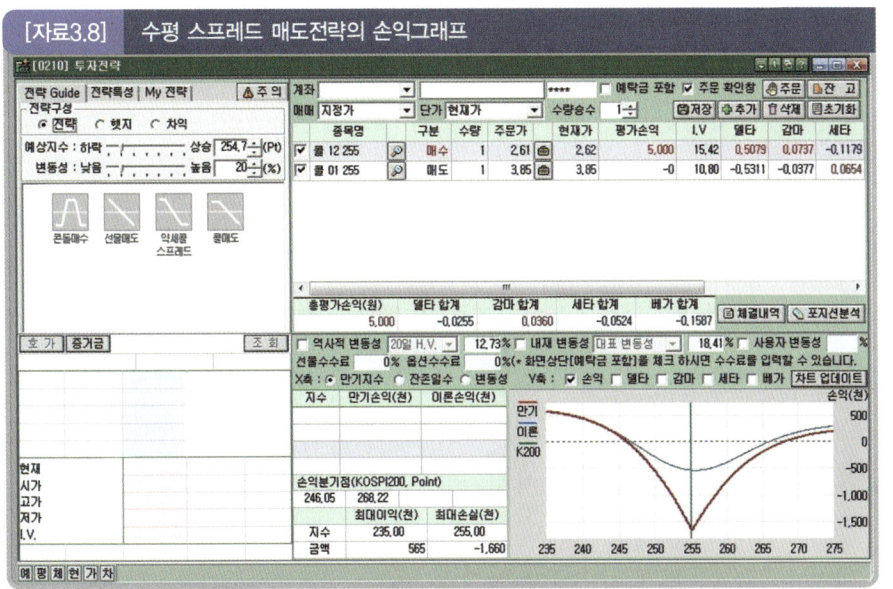

[자료3.8]는 옵션을 이용한 수평 스프레드 매도전략의 손익그래프입니다. 수평 스프레드 매도전략은 만기가 다르고 행사가격이 같은 옵션 중 근월물을 매수하고 원월물을 매도하는 전략입니다. 위의 자료는 근월물인 2012년 12월물 콜255.0 1계약을 매수하고, 원월물인 2013년 1월물 콜255.0 1계약을 매도하여서 수평 스프레드 매도전략 포지션을 만들어보았습니다.

수평 스프레드 매도전략은 스프레드 축소가 예상될 때, 사용하는 전략이기 때문에 원월물인 2013년 1월물 콜255.0의 가격이 매도가인 3.85보다 더 하락하거나, 2012년 12월물 콜255.0의 가격이 매수가인 2.61보다 더 상승하여, 두 옵션간의 스프레드가 축소될 경우에 유리한 포지션입니다.

2. 델타헤지(delta hedge) 전략

델타는 옵션가격과 기초자산가격 간의 관계를 나타내는 곡선의 기울기입니다. 즉, 옵션가격의 변화속도를 의미합니다. 또한 델타는 해당 행사가격의 옵션이 내가격으로 만기를 맞을 확률로도 해석이 가능합니다. 델타헤지는 보유 포지션의 델타 총합을 0으로 만드는 것입니다. 델타의 총합이 0이 되면 지수의 작은 변화에 포지션의 손익이 영향을 받지 않게 됩니다. 예를 들어, 델타가 0.4인 옵션의 경우 델타헤지를 만들기 위해서는 (-)0.4의 델타값을 갖는 기초자산을 매매해야 합니다.

델타헤지의 기능은 단순히 지수 변동에 따른 위험을 축소하는 것 뿐만 아니라, 시장의 옵션 내재변동성과 실제변동성의 괴리를 수익으로 실현하는 것에 있습니다. 결과를 보장할 수 있는 방향성과 참변동성을 예측한 매매보다는, 방향성과 변동성을 예측하지 않아도 수익을 만들어 낼 수 있는 매매를 하는 것이 중요합니다. 그렇게 하기 위해서 헤지부분은 파생상품 매매에서 리스크관리를 위해서 가장 중요한 부분입니다.

일반적으로 개인투자자들은 이러한 위험관리 없이 한방향으로만 매매를 하거나 진입 물량을 오버나이트하여 매매를 하는데, 지수가 예측과 맞아 떨어져서 진입방향과 같은 방향으로 움직인다면, 물론 수익을 극대화할 수 있습니다. 하지만 지수가 예측과 다르게 움직인다면, 그 손실분을 복구하기가 힘듭니다. 그렇기 때문에 이 헤지부분은 가장 중요하게 여기고 공부를 해야 하는 사항입니다.

파생상품 투자는 10번 중 8~9번을 이기고 1~2번을 지게 되면, 계좌 잔고는 원금

이상의 손실을 입을 수 있는 투자이기 때문에, 수익률보다는 위험관리를 얼마만큼 잘하고, 안정적으로 수익을 낼 수 있는가 하는 부분이, 파생상품 매매에서 성공적인 투자를 할 수 있는 지름길이며, 유일한 방법입니다.

일반적으로 증권사의 HTS에서는 옵션의 델타값을 표시해주고 있으니, 옵션의 델타값을 이용하여 델타헤지 포지션을 구축하는 방법을 숙지하길 바랍니다.

[자료3.9] 옵션 델타 값 비교

예를 들어, 콜255.0를 1계약 매수했을 시에 델타값은 +0.4245이기 때문에 이 포지션에서 델타헤지를 한다면, 풋옵션 중 풋252.5가 -0.4676으로 콜255.0과 절대값은 비슷하고 부호는 반대이므로, 콜255.0의 델타값(0.4245) + 풋252.5의 델타값(-0.4676) = 0.0431는 델타값이 0에 근접하기 때문에, 이 포지션은 델타헤지가 되었다고 할 수 있습니다. 이런 식으로 옵션의 델타값을 이용하여 델타헤지 포지션을 구축할 수 있습니다.

델타의 경우 옵션이나 선물을 오버나이트를 하게 될 경우, 가장 중요한 지표입니다. 이 델타헤지에 대한 개념을 잘 이해하고 실제 자신의 포지션에 맞는 헤지포지션을 구축하는 것이 매우 중요합니다. 옵션과 옵션으로 헤지를 하게 될지, 옵션과 선물을 섞어서 헤지를 하게 될지, 콜옵션과 풋옵션을 가지고 헤지를 할 지, 옵션 매수와 매도를 가지고 헤지를 할지, 옵션의 행사가는 어떻게 할지 등의 기준을 이 델타헤지를 기초로 해서 정할 수 있습니다.

헤지는 옵션매매에서 꼭 알아두어야 하는 부분이고, 안정적으로 자금을 운영하기 위해서는 꼭 필요한 부분이기 때문에 스스로가 많은 연구와 적용이 필요합니다.

3. 스트래들 & 스트랭글 매수전략

1) 스트래들(Straddle) 매수전략

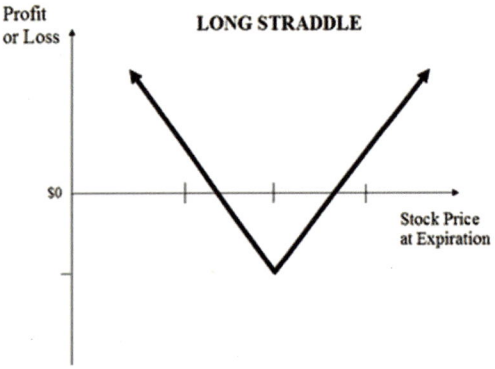

행사가격과 만기일이 같은 콜과 풋을 매수하는 전략을 스트래들 매수전략이라

합니다. 스트래들(Straddle)이라는 단어는 말 안장에 앉아 있는 모습을 의미합니다. 그림에서 보는 것과 같이 말 안장에 양다리를 벌리고 앉아 있는 모습처럼 그래프가 그려져 있다고 보면 됩니다.

스트래들 매수는 손실은 제한되고, 수익은 무제한인 손익구조를 갖습니다. KOSPI200지수가 방향과 상관없이 크게 변동할 것이라고 예상되는 경우 사용합니다. 손실이 제한된다고 해서 무턱대고 스트래들 매수를 하는 사람들도 있는데, 손실이 제한적이라도 해도 내 계좌가 손실인 것에는 변함이 없습니다. 그리고 지수의 변동성이 없을 경우에는 보유한 콜·풋옵션 양쪽에서 세타값이 빠지기 때문에 손실이 더 커질 수 있습니다.

만기가 가까워져 옵션의 시간가치가 줄어들기 때문에 양쪽의 손익분기점이 가깝게 형성이 됩니다. 스트래들 매수는 현지수대에서의 행사가에서, 보유한 콜·풋옵션의 프리미엄의 합을 빼거나 더해서 손익분기점을 표시하는데, 만기가 가까워지면 등가격옵션의 프리미엄이 줄어들어서, 프리미엄의 합이 줄어들기 때문에 손익분기점이 행사가 부근에서 좁혀져 형성된다는 의미입니다. 이렇게 시간가치가 많이 줄어든 상황에서 스트래들 매수전략을 사용해야 합니다.

일반적으로 개인투자자들은 스트래들 매수라는 용어보다는 콜·풋옵션을 동시에 매수한다고 해서 1:1 양매수전략이라는 용어를 더 많이 사용하고 있습니다. 이 1대1 양매수전략에서 중요한 것은 변동성에 베팅을 하는 것이기 때문에, 예상과 달리 변동성이 없을 시에는 손실구간 안에 위치한다는 것입니다. 스트래들 매수전략은 일반적으로 만기 때 지수가 3~5포인트 이상 움직이지 않으면 손실구간이기 때문에, 이점을 잘 명심하고 손실을 버티면서 수익구간을 기다릴 줄 아는 인내가 필요한 전략입니다.

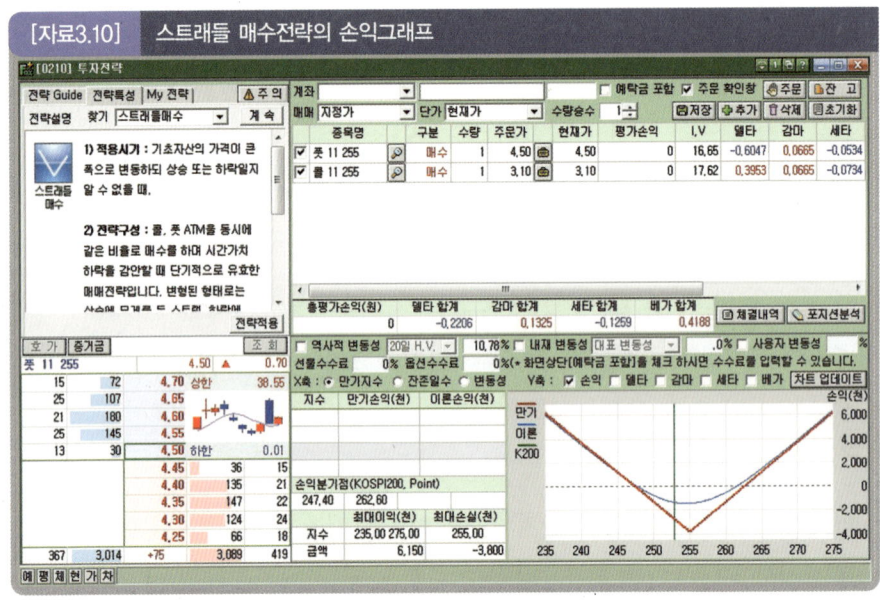

【자료3.10】는 스트래들 매수전략의 손익 그래프입니다. 콜255.0와 풋255.0을 동시에 매수하여 구성하였습니다. 현재 콜255.0의 가격은 3.10이고 풋255.0의 가격은 4.50입니다. 손익분기점은 밑으로는 247.40이고 위로는 262.60입니다. 쉽게 이야기해서 콜·풋가격을 더한 만큼의 지수 변동이 있어야, 만기 때 수익이 난다고 보면 됩니다. 콜255.0와 풋255.0의 가격의 합이 7.60이기 때문에, 선물지수가 위든 아래든 7.60p이상 움직여야 수익이 나는 구조입니다.

만기가 가까워져 갈수록 등가의 가격이 5.0대 → 4.0대 → 3.0대 → 2.0대와 같이 내려가기 때문에, 변동폭이 작아도 수익이 날 수가 있습니다. 단지 만기가 가까워질수록 포지션을 보유할 수 있는 기간이 줄어들기 때문에 원하는 단기간에 변동이 있어야 합니다.

구분	내용
손익분기점	지수하락 시 255.0 − (3.10+4.50) = 247.40 지수상승 시 255.0 + (3.10+4.50) = 262.60
만기손실	247.40 ~ 262.60에서 손실 최대손실금액은 380만원(= 7.60×50만원)

2) 스트랭글(Strangle) 매수전략

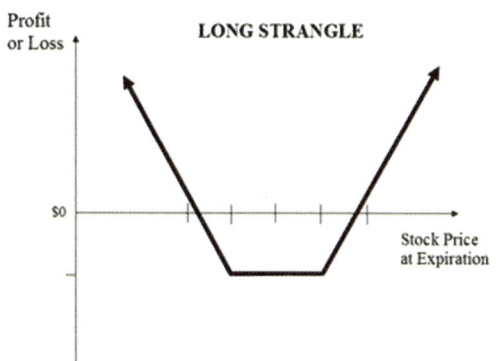

만기일은 같지만 행사가격이 다른 콜과 풋을 매수하는 전략을 스트랭글 매수전략이라 합니다. 예를 들어, 252.0 콜과 247.0 풋옵션을 동시에 매수하여 포지션을 구축합니다. 스트래들 매수전략과 비슷한 방법이지만, 등가 옵션을 사용하는 스트래들 매수전략에 비해, 외가격옵션을 매수하여 조금 더 큰 변동성에 베팅하는 전략입니다.

스트랭글 매수전략은 스트래들 매수전략보다 시간가치 소멸에 따른 최대손실액이 작아서 포지션을 장기간 보유할 수 있습니다. 지수가 만기일에 손익분기점보다 낮거나 높으면 이익이 발생하고, 두 손익분기점 사이에 머무르면 손실이 발생합니다. 스트래들 매수전략에 비해 손실구간이 넓은 반면, 최대 손실금액이 적습니다.

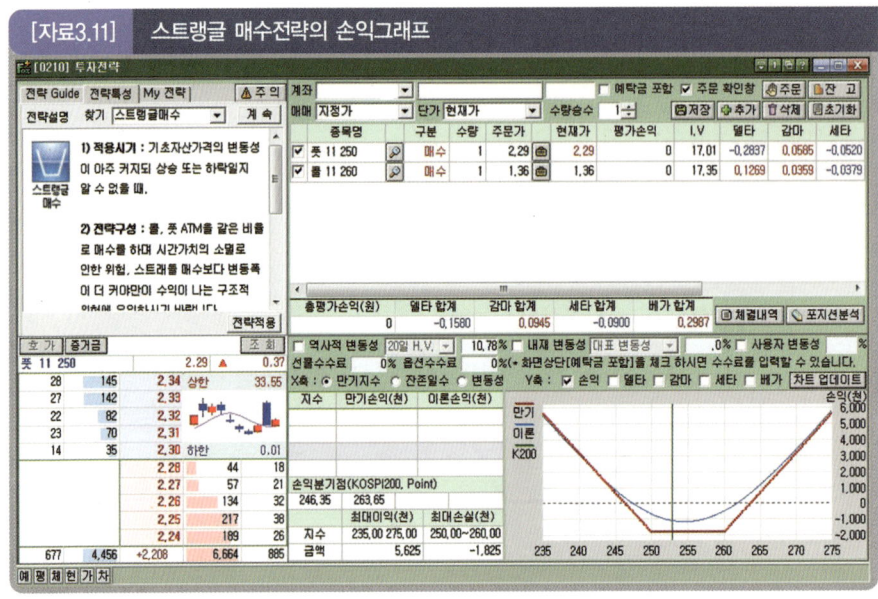

[자료3.11] 스트랭글 매수전략의 손익그래프

【자료3.11】은 스트랭글 매수전략의 손익그래프입니다. 콜260.0과 풋250.0을 매수하여 스트랭글 매수포지션을 만들었습니다. 손익분기점은 밑으로는 246.35 이하, 위로는 263.65 이상입니다. 스트랭글 매수전략은 일반적으로 등가격옵션에서 한호가 외가격의 콜·풋옵션으로 포지션을 구성합니다. 큰 변동성을 노리고 더 외가격의 콜·풋 옵션을 매수하거나, 만기일 바로 직전이나 만기일 동시호가 전에 지수변동을 노리고 포지션을 구축하기도 합니다. 필자는 스트래들 매수전략보다

는 스트랭글 매수전략으로 매매를 하는 경우가 많습니다. 스트래들 매수전략의 경우 등가격옵션을 매수하게 되는데 지불프리미엄이 비싸기 때문에, 한두 행사가 위·아래의 옵션을 거래하는 경우가 많습니다.

구분	내용
손익분기점	지수 하락 시 250.0−(1.36+2.29) = 246.35 지수 상승 시 260.0+(1.36+2.29) = 263.65
만기 손실	246.35~263.65에서 손실. 최대손실 1.36+2.29 = 3.65

4. 스트립 & 스트랩 매수전략

1) 스트립(Strip) 매수전략

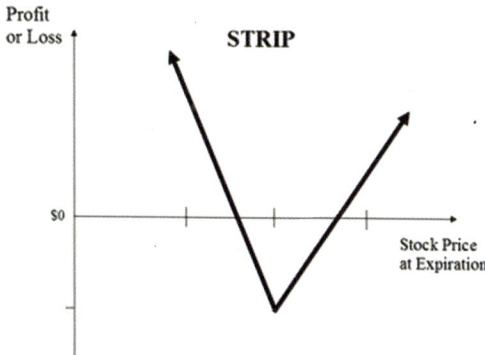

행사가격과 만기가 같은 콜옵션 1단위를 매수하고, 풋옵션 2단위를 매수하는 전략입니다. 스트래들 매수전략에서 하방으로 비중이 추가된 전략이라고 보면 됩니다. 시장이 하락하거나 변동성이 커질 것을 예상할 때 사용하는 전략으로, 예상이 틀렸을 경우 상승쪽에 일부 포지션을 만들어서 헤지를 할 수 있도록 포지션을 구축한 것입니다. 일반적으로 스트립 매수는 1:2 매수전략이라고 합니다. 콜:풋의 비율이 1:2로 진입을 하기 때문입니다.

이 경우에서는 시장이 하락할 경우 더 많은 수익이 발생하지만 시장이 상승하더라도, 콜옵션 2단위가 풋옵션의 손실분을 메울 수 있을 정도의 변동성이 발생한다면 전체적으로 수익이 발생합니다. 그렇기 때문에 하락방향이든, 상승방향이든 변동성이 커지는 것이 매우 중요합니다.

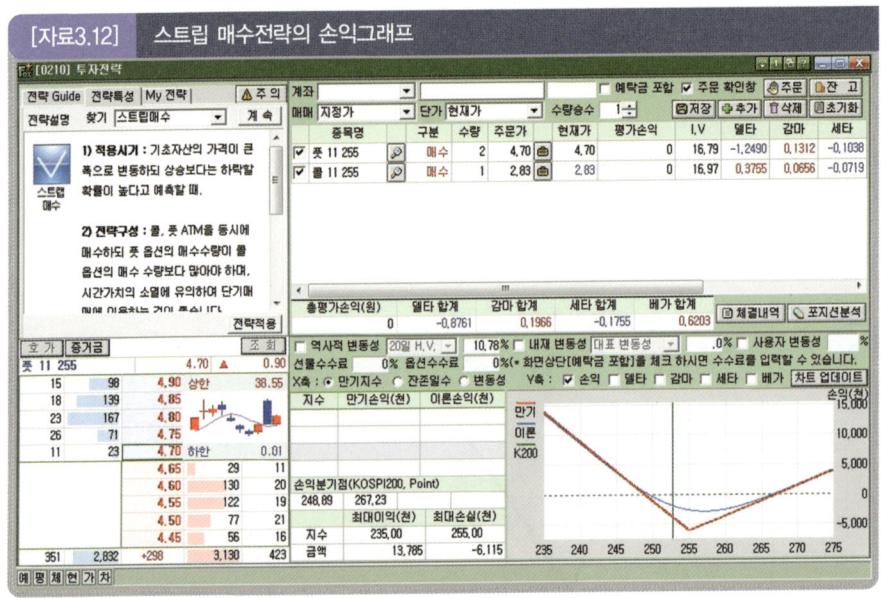

[자료3.12] 스트립 매수전략의 손익그래프

【자료3.12】는 스트립 매수전략의 손익그래프입니다. 콜255.0 1계약과 풋255.0 2계약을 매수하여 구성하였습니다. 손익분기점은 하방으로는 248.89 이하, 상방으로는 267.23 이상입니다. 하락방향 쪽에 더 비중을 두었기 때문에 콜옵션의 물량은 상승방향쪽의 헤지포지션으로 보면 됩니다. 변동성이 없거나 지수가 상방으로 움직일 경우는 손실을 보게 되는 구조이기 때문에, 지수예측이 틀렸을 경우에 대응이 중요합니다.

　변동성에 방향성을 가미한 스트립 & 스트랩 매수전략의 경우 시장의 추세가 확실할 때, 유용하게 사용할 수 있는 전략입니다. 하지만 시장의 방향성이 없어 횡보를 하거나, 변동성이 없는 경우에는 한쪽포지션에 대한 부담이 커지기 때문에 그 부분에 대한 손실을 다른 매매로써 극복하며 유연하게 포지션을 청산할 수 있는 기술이 필요합니다.

구분	내용
손익분기점	가격 하락 시 255.0−(2.83+(4.70×2))/2 = 248.89 가격 상승 시 255.0+(2.83+(4.70×2)) = 267.23
만기 손실	255.0에서 손실. 최대손실 2.83+(4.70×2) = 12.23포인트

2) 스트랩(Strap)매수전략

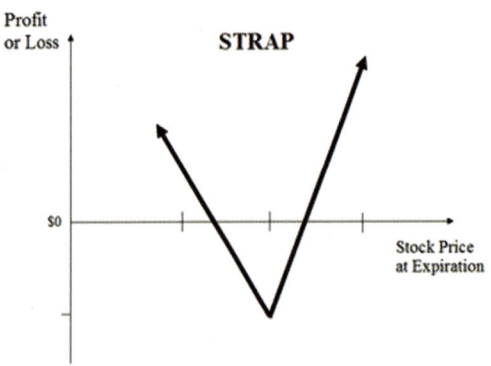

　행사가격과 만기가 같은 콜옵션 2단위를 매수하고, 풋옵션 1단위를 매수하는 전략입니다. 스트래들 매수전략에서 콜방향으로 비중이 추가된 전략입니다. 시장이 상승하거나 변동성이 커질 것을 예상할 때 사용하는 전략으로, 예상이 틀렸을 경우 하락쪽에 일부 포지션을 만들어서 헤지를 할 수 있도록 한 포지션입니다.

　일반적으로 스트랩 매수전략은 2:1 전략으로써 상승방향에 더 많은 무게를 두고 사용되는 전략입니다. 대세상승장에서는 2:1전략을 유지하여 계속 오버나이트를 하며 포지션을 유지하면, 수익을 극대화 하면서 하락할 경우의 리스크까지 관리를 할 수가 있어 많이 사용되는 전략입니다. 하지만 횡보장세나 만기일 근처에서 시장의 움직임이 별로 없을 시에는, 이러한 변동성을 노린 매매는 손실이 나는 경우가 많습니다.　이점을 잘 이해하고 스트랩 매수전략을 사용해야지, 무턱대고 1:1, 1:2, 2:1 양매수전략만 믿고 사용하다가는 손실을 입기 쉽고, 대부분의 투자자들이 그런 경우에 손해를 입게 됩니다. 그렇기 때문에 어떤 전략이든지 시장의 추세와 변동성 등 상황에 맞게 전략을 구사할 수 있어야 합니다.

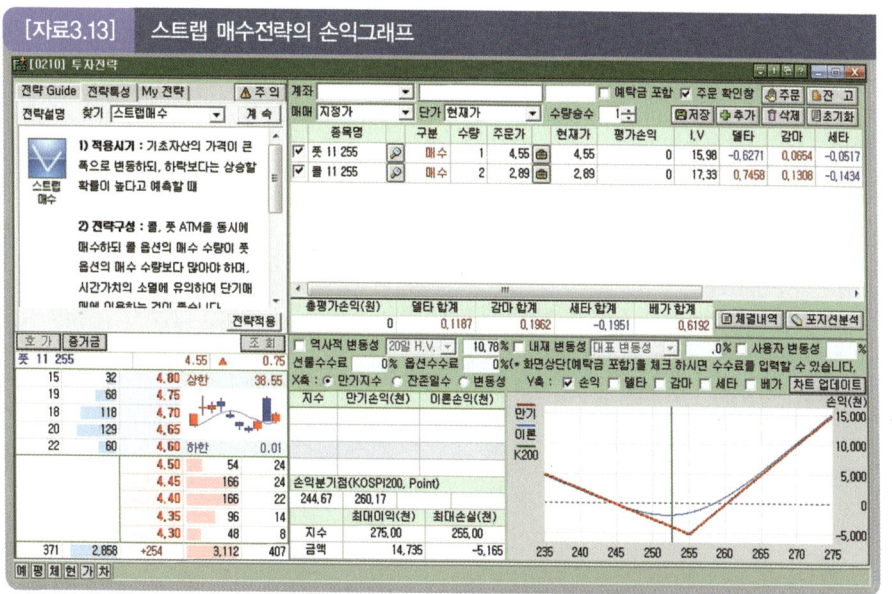

[자료3.13]는 스트랩 매수전략의 손익그래프입니다. 콜255.0 2계약과 풋255.0 1계약을 매수하여 구성하였습니다. 손익분기점은 상방으로는 260.17 이상, 하방으로는 244.67 이하입니다.

필자도 상승추세에서는 스트랩 매수전략을 주로 사용하여 많은 수익을 확보하곤 합니다. 특히 시장이 상승추세에서 하락추세로 돌아설 때에는 매우 급격하게 떨어지기 때문에 스트랩 매수전략의 경우, 자신의 예측과 시장상황이 맞지 않아도 변동성의 확대로 인해서 수익이 나는 경우가 많습니다. 그렇지만 변동성이 없는 횡보장의 경우에는 오버나이트 자체가 옵션매수자에게는 손실을 키우는 전략이고 포지션 자체의 규모가 커지는 경우에 그 손실분의 부담 또한 더 커지게 됩니다. 그렇기 때문에 장세에 맞는 적절한 매매전략을 세우고, 구사하는 유연성이 옵션매매에서는 절대적으로 필요합니다.

구분	내용
손익분기점	가격 하락 시 255.0−((2.89×2)+4.55) = 244.67 가격 상승 시 255.0 + ((2.89×2)+4.55)/2= 260.17
만기 손실	255.0에서 손실. 최대손실 (2.89×2)+4.55 = 10.33포인트

5. 스트래들 & 스트랭글 매도전략

1) 스트래들(Straddle) 매도전략

스트래들 매도전략은 변동성 감소가 예상될 때 취하는 전략입니다. 만기와 행사가격이 같은 콜옵션과 풋옵션을 동시에 매도하여 포지션을 구축합니다.

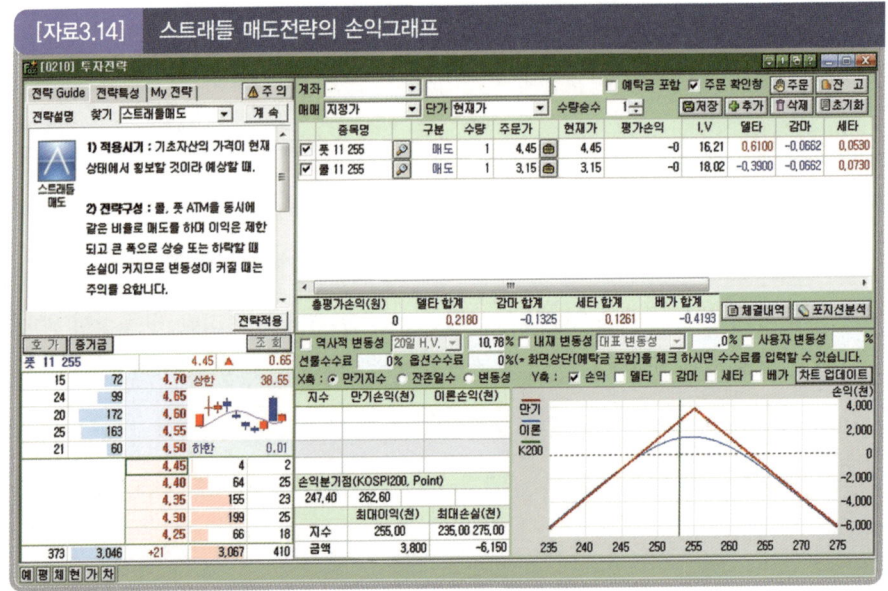

[자료3.14] 스트래들 매도전략의 손익그래프

【자료3.14】는 스트래들 매도전략의 손익그래프입니다. 콜255.0와 풋255.0을 동시에 매도해서 포지션을 구축하였습니다. 손익분기점은 하방으로는 247.40, 상방으로는 262.60입니다. 등가격옵션의 프리미엄이 가장 크기 때문에 변동성이 없을 경우, 스트래들 매도전략을 취하면 안정적인 수익을 얻을 수 있습니다. 하지만 손익분기점이 위·아래로 7포인트 구간인데, 7포인트 이상의 변동성이 있을 경우, 손실이 무제한으로 늘어날 수 있기 때문에, 일반적인 양매도는 좀 더 외가격옵션으로 구성을 합니다.

매도포지션의 경우 증거금문제 때문에 많은 물량을 보유할 수 없습니다. 그렇기 때문에 무조건적으로 매도포지션을 취하기 보다는 증거금을 유연하게 관리할 줄 아는 기술을 익히고 나서 전략을 활용하는 것이 안전합니다.

구분	내용
손익분기점	가격하락 시 255.0-(4.45+3.15) = 247.40 가격상승 시 255.0+(4.45+3.15) = 262.60
만기 손실 구간	247.40 이하, 262.60 이상
만기 이익	최대이익 4.45 + 3.15 = 7.60포인트

2) 스트랭글(Strangle) 매도전략

스트랭글 매도전략은 행사가가 다른 콜·풋옵션을 매도하는 전략입니다. 일반적으로 2.00 이하 가격을 매도하여 수익을 얻는 전략입니다. 이 전략은 시간가치의 하락에 촛점을 맞추어 매매하며, 옵션매수로 인한 증거금보다 몇 배 더 많은 증거금을 요구합니다. 따라서 개인이 스트랭글 매도전략으로 수익을 얻기 보다는 증권, 기관 등이 주로 사용하고 있는 전략입니다. 하지만 최근에는 개인들도 이러한 전략을 많이 쓰는 추세입니다.

특히 이 전략은 변동성이 약할 때 높은 수익을 얻을 수 있는 장점이 있습니다. 일반적으로 만기까지 보유하기 보다는 보유하고 있는 행사가의 프리미엄이 낮아지면 중간에 청산을 하여, 조금 더 프리미엄이 높은 가격대로 옮겨가며 매도하는 전략입니다.

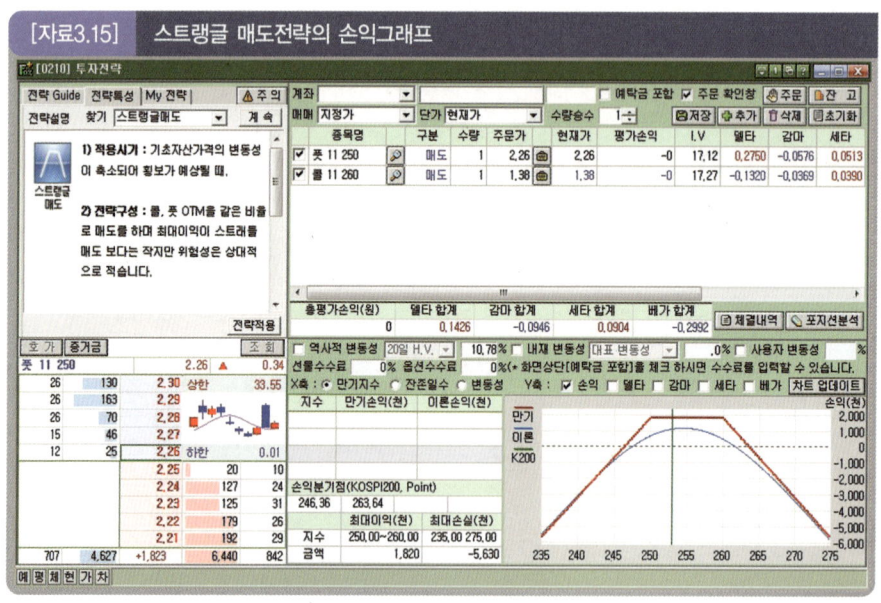

【자료3.15】는 스트랭글 매도전략의 손익그래프입니다. 콜260.0과 풋250.0을 동시에 매도하여 포지션을 구성하였습니다. 손익분기점은 246.36 ~ 263.64입니다.

구분	내용
손익분기점	가격하락 시 250.0- (1.38+2.26) = 246.36 가격상승 시 260.0+ (1.38+2.26) =263.64
만기 손실	246.36 이하, 263.64 이상
만기 이익	최대이익 1.38 + 2.26 = 3.64포인트

스트랭글 매도전략(흔히 양매도 전략이라 합니다.)은 기관이나 외국인들이 포지션을 구축할 때 주로 사용하는 전략입니다. 일반적으로 월초의 외가격옵션들의 가격은 전부 프리미엄이기 때문에, 만기일에는 그 가치가 대개 하락하게 됩니다. 그렇기 때문에 옵션을 매도해 놓으면 시장이 급변하지 않는 한, 안정적인 수익을 낼 수 있습니다. 하지만 개인들은 증거금 문제로 매도할 수 있는 수량에 한계가 있어, 많은 물량을 매도할 수 없습니다.

그리고 시장의 변동성이 커지게 되면 손실이 확정되지 않고 계속적으로 늘어나기 때문에, 매수포지션과 합성을 해서 포지션을 구축하여 세타리스크에 대한 관리를 해야 합니다. 실전 경험과 교육이 필요한 부분이니까 충분한 공부와 학습이 선행되지 않고, 곧바로 실전에 적용하는 것은 무모한 행동인 것을 명심하기 바랍니다.

6. 레쇼 전략

1) 콜레이쇼 스프레드 전략

콜레이쇼 스프레드 전략은 기초자산의 가격이 횡보할 가능성이 매우 높고 상승할 확률은 거의 없다고 예상할 때 구성하는 전략입니다. 낮은 행사가격인 콜옵션을 매수하고 높은 행사가격으로 더 많은 콜옵션을 매도하는 전략으로 기초자산의 가격이 일정수준 이하인 경우에는 언제나 이익을 얻을 수 있으나 일정수준을 초과하게 되면 손실은 무한대로 커지게 되는 단점이 있습니다.

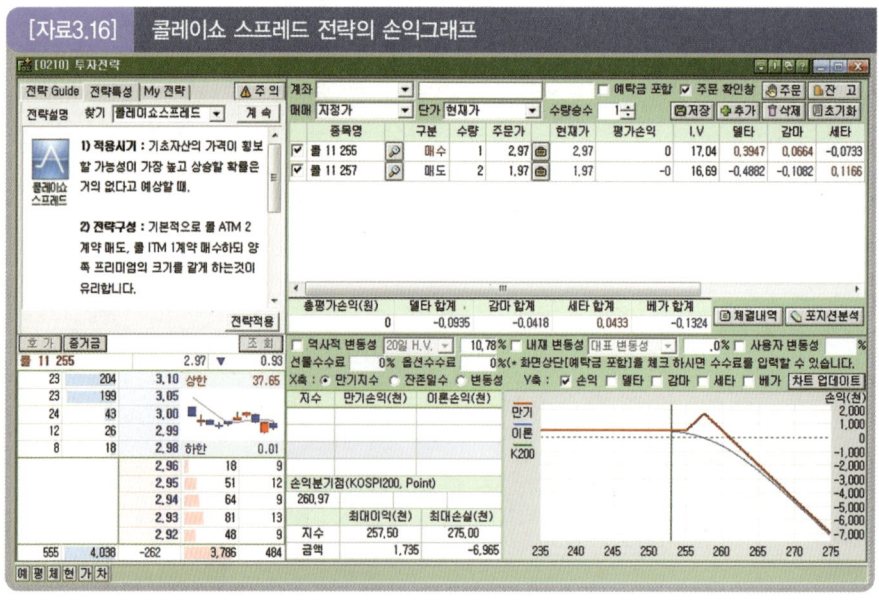

[자료3.16] 콜레이쇼 스프레드 전략의 손익그래프

【자료3.16】은 콜레이쇼 스프레드 전략의 손익그래프입니다. 콜255.0 1계약을 매수하고 콜257.0 2계약을 매도하여 포지션을 구축하였습니다. 이 경우 손익분기점은 260.97이고 260.97이상 지수가 상승한다면 손실은 무제한으로 늘어납니다. 콜레이쇼 스프레드는 지수의 흐름을 어느 정도 확신할 수 있는 상황에서 활용하여야 합니다.

구분	내용
손익분기점	257.50 + 3.47 = 260.97
만기 손실	260.97 이상으로 상승 시 손실 무제한
최대이익	257.50에서 최대 이익 (1.97×2) − (2.97 − (257.50 − 255.00)) = 3.47포인트

2) 풋레이쇼 스프레드 전략

풋레이쇼 스프레드 전략은 기초자산의 가격이 횡보할 가능성이 가장 높고, 하락할 확률은 거의 없다고 예상할 때, 구성하는 전략입니다. 높은 행사가격으로 풋옵션을 매수하고 낮은 행사가격으로 더 많은 풋옵션을 매도하는 전략으로, 기초자산의 가격이 일정수준 이상인 경우에는 언제나 이익을 얻을 수 있으나, 일정수준 이하인 경우가 되면 손실은 무한대로 지게 되는 단점이 있습니다.

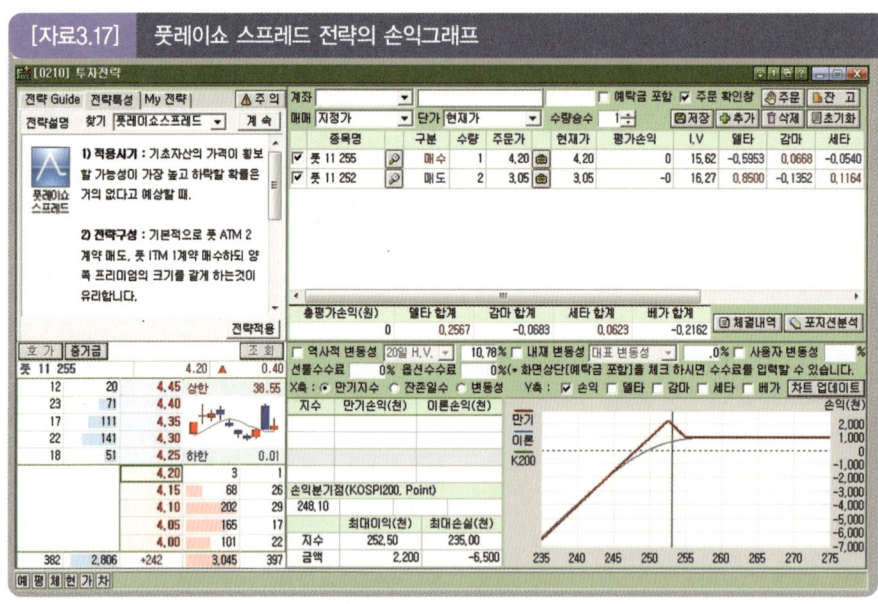

[자료3.17] 풋레이쇼 스프레드 전략의 손익그래프

【자료3.17】은 풋레이쇼 스프레드 전략의 손익그래프입니다. 풋255.0 1계약을 매수하고 풋252.0 2계약을 매도하여 구성했습니다. 손익분기점은 248.10입니다. 풋레이쇼 스프레드 전략은 콜레이쇼 스프레드전략의 모양과 Y축 대칭으로 보면 됩니다.

구분	내용
손익분기점	252.50 - 4.40 = 248.10
만기 손실	248.10 이하로 하락 시 손실 무제한
최대 이익	252.50에서 최대 이익 (3.05×2) - (4.20 - (255.00-252.50)) = 4.40포인트

7. 콘돌 (Condor)전략

1) 콘돌 매수전략

콘돌 매수전략은 기초자산 가격이 현 수준에서 횡보할 것이라고 예상할 때, 최대이익과 최대손실을 안정적으로 제한하는 전략입니다. 전략구성은 행사가격이 외가격으로 이루어지며, 양매도 형태로 구축합니다. 양매도 형태에서 각각 2.5포인트 외가격을 매수하여 구축하는 형태입니다. 콘돌 매수전략은 진입과 동시에 최대손실과 최대 수익이 결정되는 구조이기 때문에, 가장 안정적인 옵션 전략으로 사용되고 있습니다. 대신 콘돌 매수전략은 보수적인 넓은 범위로 포지션을 구성하게 되면 수익은 적어지고 손실은 커지는 구조가 됩니다.

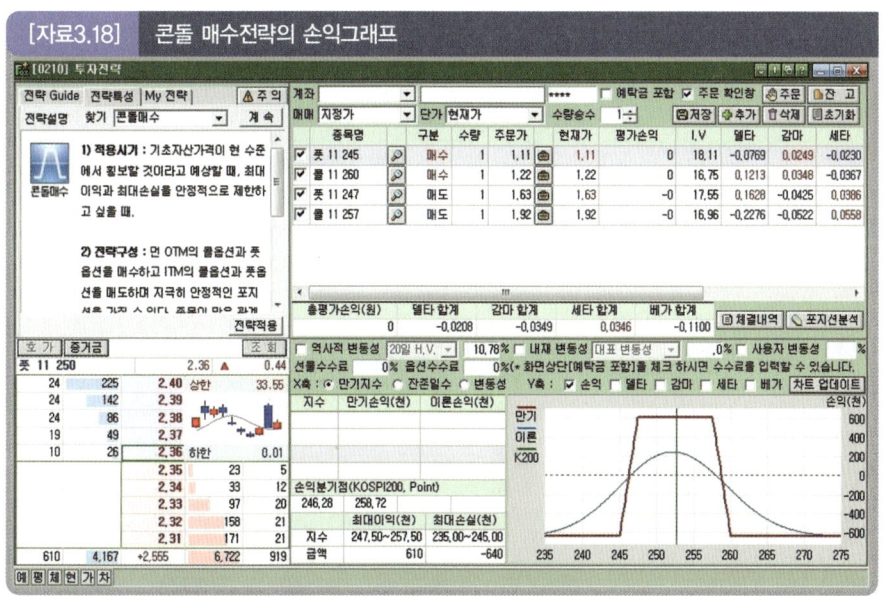

[자료3.18] 콘돌 매수전략의 손익그래프

[자료3.18]은 콘돌 매수전략의 손익그래프입니다. 콜260.0과 풋245.0을 매수하고 콜257.5와 풋247.5를 매도하여 구성하였습니다. 콘돌 전략을 살펴보면 콜260.0 매수, 콜257.5 매도로 구성하는 약세 콜 스프레드와 풋245.0 매수, 풋247.5 매도로 구성하는 강세 풋 스프레드로 나눌 수 있습니다. Y축을 기준으로 모양이 대칭이었던 두 가지 전략을 합성하여서 하나의 또 다른 전략이 만들어지는 구조라고 보면 됩니다. 손익분기점은 246.28~258.72입니다.

콘돌 매수전략은 지수가 포지션 양쪽 끝에 왔을 때 포지션을 청산하거나, 포지션을 한쪽으로 더 넓히는 방법이 있습니다. 일반적으로 콘돌 전략은 시간가치가 많이 남아 있는 차월물로 포지션을 구성하면 유리합니다.

구분	내용
손익분기점	지수상승 시 257.5 + (1.63+1.92 − 1.22 − 1.11) = 258.72 지수하락 시 247.5 − (1.63+1.92 − 1.22 − 1.11) = 246.28
최대 이익	247.50 ~ 257.50 에서 최대이익 최대이익 금액은 61만원 (1.63 + 1.92 − 1.11 − 1.22) × 500,000
최대 손실	최대손실 금액은 64만원 ((2.5 − (1.63 + 1.92 − 1.11 − 1.22)) × 500,000

콘돌 매수전략은 가장 안정적인 옵션 전략으로 사용되고 있으며, 변동성이 커질 것으로 예상될 경우, 비율에 맞게 베팅하여 수익과 손실을 제한시킬 수 있습니다.

2) 콘돌 매도전략

콘돌 매도전략은 기초자산가격의 변동성이 커지거나, 상승할지 하락할지 모를 때, 최대이익과 최대손실을 안정적으로 제한하는 전략입니다. 전략구성은 행사가격이 외가격으로 이루어지며 양매수 형태로 구축합니다. 그리고 양매수 형태에서 각각 2.5포인트 외가격을 매도하여 구축하는 형태입니다.

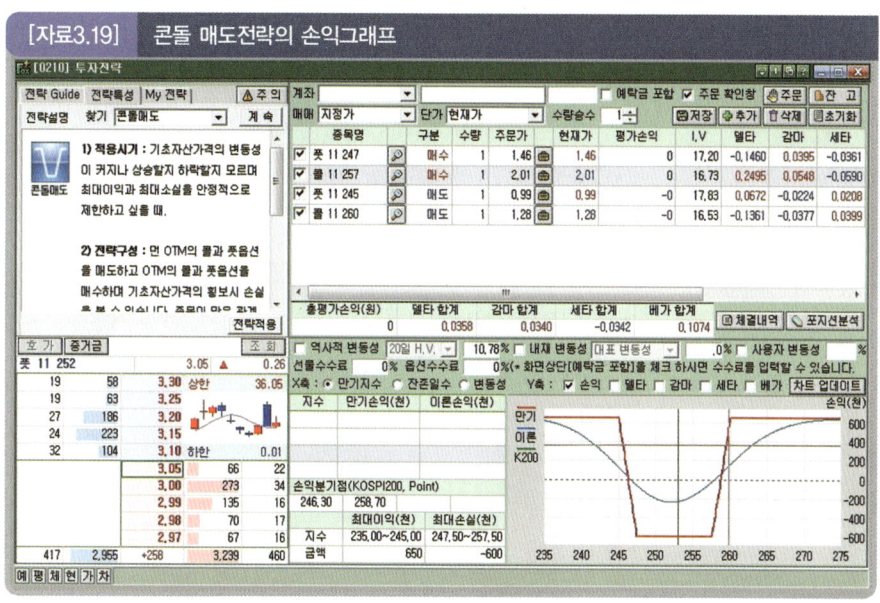

[자료3.19] 콘돌 매도전략의 손익그래프

【자료3.19】는 콘돌 매도전략의 손익그래프입니다. 콜257.5와 풋247.5를 매수하고 콜260.0과 풋245.0를 매도합니다. 콘돌 매수전략은 많이 사용되는 전략이지만, 콘돌 매도전략은 많이 사용하지 않는 전략입니다. 손익그래프를 보면 알겠지만, 지금 지수대에서 손실이 크게 나고, 지수가 수익구간으로 움직여도 수익은 제한적

인 구조이기 때문입니다. 이럴 경우 차라리 스트래들 매수전략이나 스트랭글 매수 전략으로 포지션을 구축해서 수익을 무제한으로 늘리는 구조가 더 유리합니다.

제 IV 장

기본전략만
잘 활용해도 성공한다

1. 시가(始價)전략 · · · · · · · · · · · · · · · · · · 136
2. 30분봉차트의 5, 20이평선을 활용한 전략 · · · · 149
3. 고점전략 · 156
4. 저점전략 · 162
5. 장세전략 · 166

기본전략만 잘 활용해도 성공한다

이번 장에서는 일반적으로 선물·옵션매매에서 많이 사용하는 전략들을 정리해 놓았습니다. 기존에 알고 있었던 전략들도 있고, 기존 전략보다 조금 변형되어 있는 전략들도 있을 것입니다. Ⅲ장까지는 많이 알려져 있는 기법들을 한번 되짚어 보았고, Ⅳ장에서는 이러한 기법들이 NTS기법에서 어떻게 적용이 되는지 알아보도록 하겠습니다.

1. 시가(始價)전략

> "기준점이 전략이다."
> 당일매매의 기본은 시가.

먼저 큰 추세가 무엇인지 파악하고, 외국인의 의도를 파악해야 합니다. 개장 후 첫 5~30분은 시가로 기준을 잡으며, 당일 시장의 방향을 살핍니다.

> **일봉상 양봉이냐, 음봉이냐를 기준으로 상승, 하락 방향을 파악한다.**
> 일봉차트상 양봉일 경우 상방포지션을 우선적으로 고려.
> 일봉차트상 음봉일 경우 하방포지션을 우선적으로 고려.

시가는 일반적으로 주식매매를 하든, 선물·옵션 매매를 하든, 하루의 시작을 결정하는 가장 중요한 지표입니다. 그렇기 때문에 시가를 기준으로 하는 매매들은 많이 일반화되어 있습니다. 그렇지만 대부분의 개인들은 시가를 기준으로 매매를 하면서도, 실제로는 그 기준을 정확히 지키고 있지 않습니다.

필자는 시가가 갭하락을 하고 일봉이 음봉일 경우는 더 하락할 것을 생각해서 안전한 자리에서 하방 진입을 하려고 합니다. 그리고 시가가 갭으로 상승하고 양봉일 경우는 안전한 자리에서 상방 진입을 하려고 합니다. 그렇지만 제가 접해보았던 많은 개인투자자들은 갭하락을 하면 늘 바닥을 잡으려고 하였습니다. 지수가 내렸으니 언젠가는 반등할 것이라는 막연한 심리를 가지고 있는 것입니다. 그리고 가격이 떨어지면 저점 매수, 즉 싸게 살 타이밍이라고 생각을 합니다.

반대로 시가가 갭으로 상승을 하면 고점을 예측하려고 합니다. 그래서 한번은 떨어지겠지 하는 생각으로 매매를 하는 것입니다. 필자와는 정반대되는 생각을 가지고 있는 것에 매번 깜짝 놀라곤 했습니다. 필자는 떨어지면 더 떨어질 것을 생각하고, 오르면 더 오를 것을 생각하는데 말입니다.

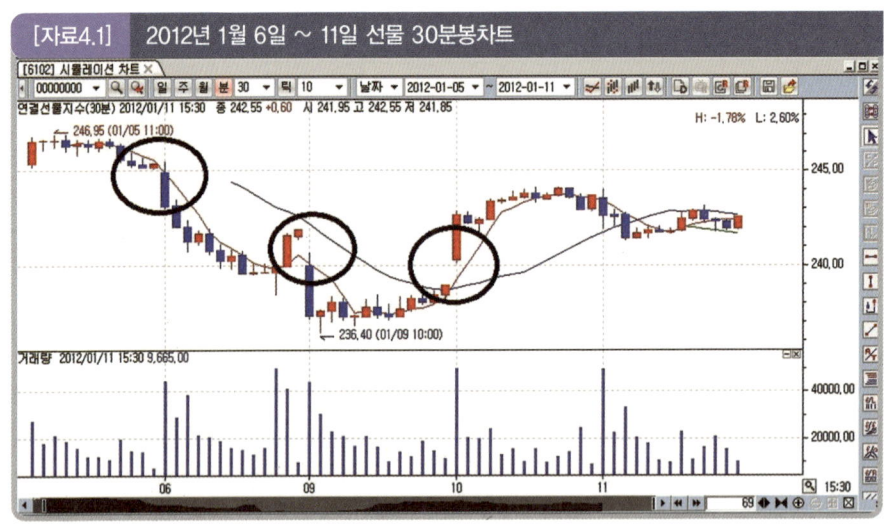

【자료4.1】은 2012년 1월 6일 ~ 11일까지의 선물 30분봉차트입니다. 1월 6일과 1월 9일은 지수가 시가 밑에서 음봉으로 하락을 지속해서 하루 종일 시가위로 상승을 하지 못하는 모습을 보여주고 있습니다. 1월 10일은 갭상승 후 장대 양봉으로 시작해서 시가 밑으로는 하루 종일 하락하지 않는 모습을 보여줍니다.

차트에서 보듯이 당일 시가를 기준으로 시가 첫 30분봉이 음봉인지 양봉인지에 따라서 그날의 지수의 상·하한선이 결정됩니다. 시가가 갭상승 후 양봉일 경우에는 일반적으로 하루 종일 지수가 시가 위에서 머무르는 경우가 많으며, 시가가 갭하락 후 음봉일 경우에는 일반적으로 하루 종일 지수가 시가 아래에서 머무르는 경우가 많습니다. 그렇기 때문에 당일 시가를 기준으로 공략할 방향을 정해도 일반적으로 수익을 낼 수 있습니다.

당일의 시가라는 기준점은 당일의 시작지점이고 그 시작지점이 갭으로 크게 하락일 경우에는, 위에서 누르는 힘이 세기 때문에, 대부분 하루 종일 상방공략 자리는 오지 않고 하방이 지속되는 경우가 많습니다. 그리고 시가가 갭으로 상승할 경우에는 밑에서 받치는 힘이 세기 때문에, 하루 종일 하방 공략자리는 오지 않고 상방 지속인 경우가 많습니다.

이런 기본적이고 간단한 '추세'라는 힘을 이용하여 매매를 하면 좀 더 안정적으로 수익을 낼 수 있습니다. 그런데 남들이 생각하지 못하는 역발상 매매라느니, 눌렸으니까 한번은 반등을 할 것이라니, 올랐으니 한번은 떨어질 것이라 하면서, 그냥 확연히 보이는 추세를 거스르는 '역추세 매매'는 올바르고 안정적인 매매 방법이라고 할 수 없습니다.

시가를 기준으로 하는 전략은 대부분의 매매를 하는 사람이라면 한번쯤은 다 들어보았고, 기준으로 시도해 보았을 매매전략입니다. 그럼에도 불구하고 이렇게 다시 한번 언급을 하는 것은, 그만큼 시가전략은 당일매매의 기준이 되는 중요한 수단이기 때문입니다.

시가만 가지고 매매를 하여도 NTS기법(다음 장에서 자세히 언급할 것입니다.)을 활용한 '물량조절 능력'이 있다면, 충분히 수익을 낼 수 있습니다. 기준이 많고 활용하는 보조지표가 많은 것 보다는, 한두 가지의 확실한 기준을 가지고 그 기준을 철저히 지키며 매매를 하는 것이, 더 쉽고 편하게 매매를 하고 수익을 낼 수 있는 방법입니다.

음봉영역에서 상방으로 진입하여 30분봉차트상 5이평선이 상승하게 되면 이평선마다 진입물량을 정리해주고, 시가 부근에서는 진입물량 전체를 정리하면서 매매를 하면 됩니다. 예를 들어, 시가가 240으로 시작하여 음봉으로 하락 중이라면, 239, 238, 237... 이런 식으로 지수가 하락할 경우 상방으로 진입하여서, 지수가 상승할 때마다 단계적으로 진입물량을 청산하면서 다시 시가 근처인 240대에서 진입물량을 모두 청산하는 식입니다.

 일봉차트상 음봉에 30분봉차트의 5이평선이 하향일 경우에는 매매를 쉬거나 단기 매도구간(단기 하방 공략구간)이라고 보면 됩니다. NTS기법상 위·아래로 사고 팔면서 수익을 내는 것이 가능하지만, 가끔씩 매매를 쉬면서 시장을 바라보는 것도 좋은 매매원칙 중 하나입니다. 잦은 매매보다는 일주일에 한번 매매해서 크게 수익을 내는 것이 더 바람직한 매매입니다. 한번 진입으로 50~100% 수익을 내거나, 아니면 20~30% 정도 수익만 내도 성공하는 매매입니다. 그렇게 되면 매달 2~3배 정도의 수익이 나기 때문입니다.

 매매원칙 중에서 가장 중요한 한가지는 **매매 횟수를 줄여야 한다**는 것입니다. 매매만 많이 하는 것은 전형적인 초보들의 특징입니다. 매매를 열심히 한다고 해서 수익이 늘어나는 것이 아니기 때문입니다. 매매를 계속하게 되면 더 자꾸 매매를 하게 되는 것이 사람 마음입니다. 매매중독에 빠지는 것을 조심해야 합니다.

 필자도 처음에는 하루 종일 모니터 앞에 앉아 있으며 계속 클릭을 하고 싶어했던 적이 있었습니다. 화장실을 갈 때도 노트북이나 핸드폰으로 시세를 확인하면서, 불안해 하면서 점심도 제대로 먹지 못했습니다. 매매할 자리가 아닌데도 억지로 매일매일 매매를 하다보면 결국 진입물량이 물리게 되고, 계속적으로 물타기를 해서 물량이 더 많아지거나, 계속적인 손절로 인해서 원금 자체에 손실이 가게 되고…. 매매에서 수익이 나는 것도 다 먹고 살자고 하는 짓인데 이래서는 안되겠다 싶어서, 매매횟수를 줄이고자 다짐하며 장중에는 HTS를 끄고 시가와 종가만 확인하면서 매매를 했던 적도 있었습니다.

아마 이 책을 읽고 있는 독자 여러분들도 이런 경험들이 다 있었을 겁니다. HTS를 하루 종일 보고 있으면 매매실력은 더 이상 늘지 않습니다. 매매횟수를 줄이고 자신의 내공을 쌓는 일에 더 집중해야 합니다.

> "벤저민 그레이엄이, 피터 린치가, 웨렌 버핏이 남보다 뛰어난 손기술 때문에 위대한 거장이 됐다는 소리는 한 번도 들어보지 못했다. 주식의 승부는 손기술에 있지 않다. 그랬다면 프로게이머들은 죄다 주식 부자가 됐을 것이다.
>
> 진정 주식시장을 이기고 싶다면 10, 20원에 목숨 걸면서 남들보다 1초라도 먼저 사려고 애를 쓰기보다 과연 내가 제대로 된 기업의 주식을 사고 있는 지, 내가 분석한 기업의 가치가 제대로 됐는지에 대해 훨씬 더 많은 비중과 시간을 투자해야 함을 명심해야 한다.
>
> …
>
> 세상에 완벽한 분석은 없다. 작전세력들은 '이번에는 다르다'는 것, 바로 그것을 노린다. 늘 세계 최초, 최고의 기술, 전혀 새로운 것이라고 외쳐대는 것이다. 새로운 것에 대한 '막연한 기대감'을 품는 사람들의 심리를 악용하는 것이다. 주식공부를 하고 싶다면, 시장을 읽는 정보 해석력을 높이고 싶다면, 정보중독에서 벗어나는 것부터 시작해야 한다. 때로는 늦게 HTS를 켜고, 며칠씩 HTS를 꺼놓기도 하고, 일부러 종가를 확인하지 않는 습관을 기르도록 권하고 싶다. 그보다는 책을 읽고, 운동을 하고, 사람을 만나면서 세상이 어떻게 돌아가는지 이야기를 나누어야 한다. 마트에도 가보고, 여행도 다녀보고, 좋은 식당에도 가보고, 아이들과 놀아도 보고, 해야지 정보를 읽는 안목이 길러진다. 왜냐하면 그곳이 바로 시장이기 때문이다. 당신이 입고, 먹고, 살고, 즐기는 것들이 바로 우리가 투자하는 기업들의 시장이기 때문이다.
>
> …
>
> …

> 시장을 읽는 눈은, 정보를 해석하는 능력은, 책상 앞에만 앉아 있어서는 절대로 생기지는 않는다.
>
> 김정환의 〈한국의 작전세력들〉중에서…

시가 이후 여러 유형에 대해서 살펴보겠습니다.

1) 시가 갭상승 후 상승지속형

2011년 11월 4일 선물 5분봉차트를 살펴보면 시가가 250.30으로 5포인트 갭상승한 후 시가 근처에서 한번 반등을 주고 전일 대비 8포인트 상승한 252.50p에 마감

을 한 모습입니다. 전일 콜옵션에 진입하여 오버나이트를 하지 않았더라도, 당일 시가가 갭상승함을 기준으로 시가 근처에서 상방 진입을 하여 매매를 하였다면, 충분히 수익을 실현할 수 있는 날입니다. 이런 경우 필자는 시가대비 1~2포인트까지 물량을 모아서 종가까지 일부 물량을 홀딩하고, 수익을 극대화하는 전략을 많이 사용합니다.

시가가 거의 5포인트를 상승하였으니, '5포인트의 상승분'이 매수를 해서 수익을 청산할 수 있는 '쿠션' 역할을 하는 것입니다. 쿠션 역할을 한다는 의미는 갭으로 시가에서 5포인트나 지수를 상승시켜 출발했기 때문에, 시가 근처에서 조금 밀리더라도 오히려 추가 진입을 할 수 있는 근거가 된다는 말입니다. 물론 아닌 경우도 발생하지만 뒤에 설명하는 NTS기법에 의해 물량조절과 리스크관리를 수반하면 오히려 시가 근처에서 밀리는 자리가 추가로 진입할 수 있는 좋은 자리가 되고, 이런 눌림에 다시 반등할 수 있는 있다는 믿음을 갖고 매매할 수 있는 근거를 제공한다는 말입니다. 시가는 당일매매의 가장 강력한 기준 중 하나입니다. 시가가 오르면 더 오를 것이라고 생각하고, 시가가 내리면 더 내릴 것이라고 생각하여, 당일 추세를 거스르지 않고 매매를 쉽게 할 수 있습니다.

2) 시가 갭하락 후 하락지속형

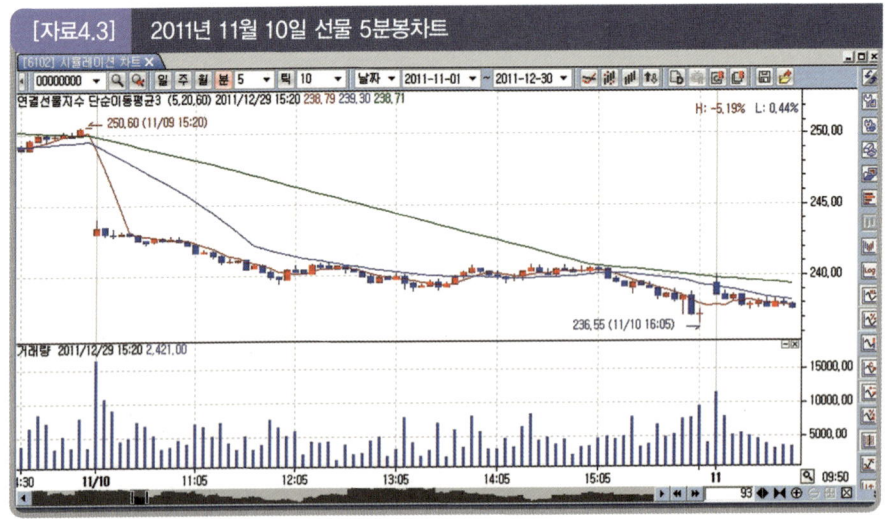

[자료4.3] 2011년 11월 10일 선물 5분봉차트

2011년 11월 10일 선물 5분봉차트는 시가가 갭하락한 후에 지수가 지속적으로 하락을 하는 모습을 보여주고 있습니다. 전일 대비 7포인트 갭하락 출발하여, 종가 237.80p까지 하락한 날입니다. 이같은 하락장의 경우에도 시가가 갭하락하였기 때문에 당연히 더 하락할 수 있다고 생각하고 하방마인드로 진입을 하여야 합니다.

하루 종일 시가 위로 올라오지 못하는 모습인데, 전일에 비해 너무 내렸기 때문에 한번은 오르겠지 반등을 예상하고 매매를 하게 된다면 큰 손해를 입게 됩니다. 장중 시가 위로 올라오는 기미가 없는 날에 콜옵션 매수나 선물 매수로 진입을 한다면 당일추세를 거스르는 역추세매매가 되는 것입니다.

당일 추세에서 시가를 살리느냐 못 살리느냐는 늘 중요한 기준이 되기 때문에,

시가를 기준점으로 삼고 매매를 해야 안정적으로 수익을 낼 수 있습니다. 개인들은 갭하락을 할 때 바닥을 잡고자 하는 경우가, 일봉차트상 양봉일 때 하방 진입를 하는 경우보다 더 많은 것 같습니다. 일봉차트상 양봉일 때 많이 올랐으니 변곡이 올거야 하는 심정으로 하방 진입을 하는 경우도 위험하지만, 많이 떨어졌으니 변곡을 찾아 상방 진입하는 것이 더 위험한 것입니다. 두 경우 다 최적의 변곡점을 잡아서 급반등(V자)이나 급락(역V자)을 노리는 것입니다.

그렇지만 일반적으로 V자 반등(역V자 급락도 마찬가지입니다.)은 그렇게 많이 나오지 않습니다. V자 반등보다는 천천히 바닥을 잡고 지수가 횡보하다가 올라가는 넓은 U자형 반등이 일반적입니다. 그런데 확률적으로 적은 V자 반등을 노린 결과, 지수가 아닌 자기자신의 계좌로 바닥을 계속적으로 뚫으려고 합니다. 그렇게 되면 지하 5층~6층으로 계속 내려갈 수 있으니 완전히 바닥이 잡히기 전까지는 시가를 기준으로 들어올릴 때마다 하방 진입을 하십시오. 이 방법이 훨씬 쉽고 맘 편히 돈을 버는 방법입니다.

3) 시가 갭하락 후 반전형

2011년 11월 2일 차트는 시가 갭하락 후 반전형의 모습을 보여주고 있습니다. 시가에 갭하락을 할 경우에 시가는 강력한 저항선의 모습을 보이지만, 그 시가가 뚫리게 되면 다시 강력한 지지선의 역할을 하는 모습입니다.

장 초반에는 갭하락을 보고 하방 진입을 했더라도, 시가를 돌파하고 나면 하방 진입을 멈추고 상방 진입을 고려하여야 합니다. 2011년 11월 2일 실전 매매에서는 풋옵션을 매수 진입하여 지수가 하락할 때마다 진입물량을 청산하였습니다. 그리고 물량이 청산되면 풋옵션 매수 진입을 이전 매수 진입 시점보다 1포인트씩 올려서 진입하면서 수익을 냈습니다. 예를 들어 246.0포인트에 하방 진입을 해서 245.0에 청산(익절)이 되었다면 다음 하방 진입시점은 246.0에서 1포인트 위인 247.0에 진입을 해서 물량이 청산이 되면, 다시 248.0포인트에 진입하는 식으로 보수적이면서 안전하게 진입을 하는 방식입니다.

이렇게 하방 진입을 해서 수익을 내는 방법도 있지만, 그보다는 시가를 돌파하는 시점에서 풋옵션 매수 진입물량이 있다면 콜옵션을 1:1로 채워서 헤징을 한 뒤에, 상승방향을 고려하여 콜옵션을 매수하는 방법으로 매매를 하면 쉽게 수익을 낼 수 있습니다.

오전의 진입방향에서 추세가 반전되었을 경우, 일반적으로는 처음 진입한 방향 쪽으로 계속 진입하려는 경향이 있습니다. 손실이 난 진입 물량을 어떻게든 단가를 낮추어서 청산을 하려고 계속 추가 진입을 하기 때문입니다. 그러한 방법보다는 지수가 시가 위로 상승하는 모습을 보일 경우, 헤징포지션을 구축하고 버티면서 매매를 하는 것이 좋습니다. 지금 이해가 안되면 일단 넘어가길 바랍니다. 뒷 장에서 자세히 언급될 것입니다.

4) 시가 갭상승후 반전형

【자료4.5】는 2012년 2월 6일 선물 5분봉차트입니다. 시가 263.35로 시작한 지수가 첫 5분봉부터 음봉으로 시작하여서 종가에 260.35로 3포인트 하락 마감한 모습을 보여줍니다. 이렇게 시가 갭상승 후 음봉으로 시작하여서 시가를 깨뜨리고 하락을 하게 되면 장중에 시가까지 반등할 여지도 없이 장중 내내 하락을 하게 되는 상황이 연출됩니다. 이럴 경우 첫 30분봉에서 음봉을 확인하고 시가를 지키지 못했으니, 시가를 기준으로 하방 진입을 생각하고 당일매매에 임하여야 합니다.

시가를 기준으로 하는 매매는 선물·옵션매매에서 실제로 많이 사용되고 있는 전략입니다. 그만큼 시가의 중요성은 크다고 할 수 있다. 시가를 기준으로 시가 밑으로 하락을 하게 되면 시가 위로 상승을 하는 경우가 많지 않고, 시가 위로 상승을 하는 경우 시가 밑으로 하락을 하는 경우가 많지 않은 것이 시장의 통계이자 흐름입니다. 그렇기 때문에 시가가 무너졌을 경우에는 하락 방향 쪽으로, 시가보다 상승했을 경우에는 상승 방향쪽을 노려서 매매를 하는 기준을 정확하게 정해놓아야 합니다.

지나간 차트를 보고 시가전략에 대해서 설명을 해드렸지만, 실제 매매를 하는 경우에는 실시간으로 어떤 유형인지를 판단을 해야 하고 매매를 결정해야 하기 때문에, 대응하기가 쉽지만은 않습니다. 위의 유형들도 독자 여러분들의 이해를 돕기 위해서 나누어 놓았을 뿐이지, 절대적인 것은 아닙니다. 그리고 나누어 놓은 유형에 대한 매매방법도 각자의 판단이나 경험에 따라서 대응방법이 모두 다를 것입니다. 필자가 여러분들에게 시가전략 부분에서 말하고 싶은 것은 그만큼 시가가 당일매매를 하는데 중요한 지표가 된다는 것이지, 절대적으로 현재가가 시가 위에 있으면 상방 진입으로만 매매를 하고, 현재가가 시가 아래에 있으면 하방 진입으로만 매매를 하라는 뜻이 아닙니다.

세상에 100% 확실히 맞는 기법은 존재하지 않지만, 기준으로 삼아서 매매에 활용을 할 수 있는 지표들은 존재한다고 생각합니다. 그런 의미에서 시가는 당일매매의 방향을 결정하는 가장 중요한 지표 중 하나입니다.

> "가장 좋은 시장지표를 세 개만 나열한다면 다음과 같다."
>
> ①가격 ②가격 ③가격
>
> - 〈Trend Following〉중에서 -

2. 30분봉차트의 5, 20이평선을 활용한 전략

1) 매매의 기준은 30분봉차트상 5이평선으로

당일매매는 기본적으로 30분봉차트상 5이평선의 방향으로 결정합니다.
30분봉차트상 5이평선이 상향일 때 기본적으로 상방 진입만을 고려.
30분봉차트상 5이평선이 하향일 때 기본적으로 하방 진입만을 고려.

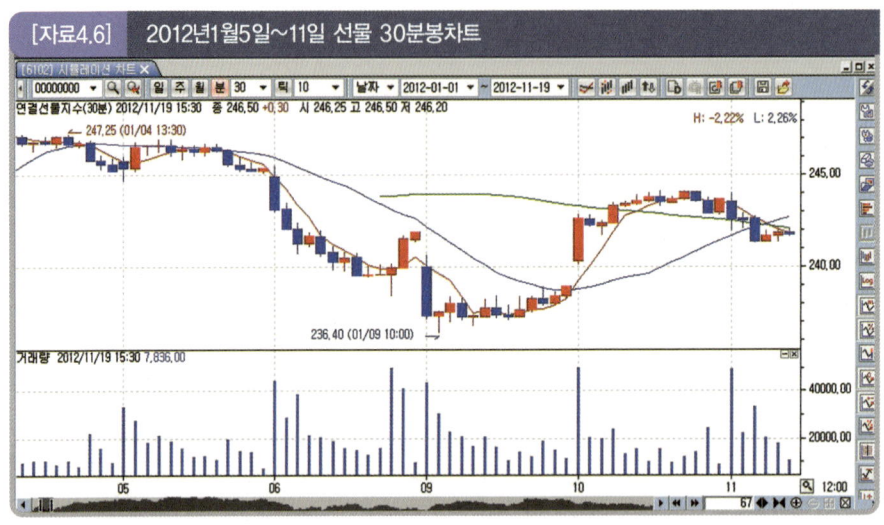
[자료4.6] 2012년1월5일~11일 선물 30분봉차트

 2012년 1월 5일에서 11일까지의 30분봉차트를 보면 5이평선의 방향이 어떤식으로 바닥을 잡고 올라오는지 나와 있습니다. 1월 5일 선물지수 246 포인트 부근에서 횡보하던 5이평선이 1월 6일 긴 장대 음봉가 함께 하락을 하다가 종가에 반등하며 끝났습니다. 주말이 지나고 1월 9일, 236 포인트대까지 추가 하락을 하게 되고 하루종일 236~237대를 왔다갔다 하다가 30분봉차트의 5이평선이 바닥을 잡고 상승을 하는 모습을 보여주고 있습니다.

 일반적으로 하락 시에 30분봉차트상 5이평선의 모양은 이런 식으로 바닥을 잡고 돌리게 됩니다. 이평선의 기울기는 시장의 추세를 나타냅니다. 이평선의 기울기가 우하향이면 하락추세, 이평선의 기울기가 우상향이면 상승추세, 이평선이 횡보하고 있다면 시장의 추세도 횡보장이라고 보면 됩니다.

 사람들마다 활용하는 차트들이 다양하겠지만, 필자는 30분봉차트를 기본으로 하여 당일매매에 임합니다. 혹자는 1분봉차트가 중요하다, 5분봉차트가 중요하다,

10분봉차트나 20분봉차트가 잘 맞는다, 30분봉차트 보다는 15분봉차트가 좋다, 60분봉차트를 봐야한다, 각자가 활용하는 차트들이 다양하겠지만, 필자의 견해로는 어떤 분봉의 차트를 사용하든 자신의 매매스타일과 성향에 맞는 차트를 찾는 게 중요한 것이지. 절대적으로 어느 분봉의 차트가 변곡점을 잘 찾을 수 있는지, 매매신호를 잘 알려주는지에 대한 논의는 의미가 없다고 생각합니다.

자신이 매매하는 기법에 맞는 차트를 찾는 것이 중요하고, 그리고 같은 차트라도 어떻게 적용하느냐가 중요한 것이기 때문입니다. 그렇지만 필자는 기본적으로 30분봉차트를 기본으로 해서 매매를 하고 틱차트, 1분봉, 5분봉, 10분봉, 30분봉, 일봉차트를 다 참고하며 매매를 합니다.

30분봉 차트에서 가장 중요하게 여기는 점은 5이평선의 방향입니다. 기본적으로 30분봉 5이평선이 상향일 경우에는 상방 진입을 고려하고, 30분봉 5이평선이 하향일 경우에는 하방 진입을 고려하여 매매에 임합니다. 당일매매의 기본을 시가랑 30분봉차트상 5이평선으로 하는 이유는 잦은매매를 하지 않게 하는 효과도 있습니다. 파생상품에서 잦은 매매는 결국 큰 수익을 얻지 못하게 되는 경우가 많이 있습니다.

NTS기법은 과도한 물량을 진입하여 수익을 내는 매매가 아닌, 적은 물량을 홀딩해서 그 물량의 수익을 극대화하거나, 진입포인트마다 같은 수익구간을 두어서 안정적인 수익을 얻는 기법입니다. 예를 들어 1포인트마다 추가진입을 한다면 청산시점도 1포인트 단위로 청산을 하고, 0.5포인트마다 추가진입을 한다면 청산도 0.5포인트 단위로 하는 것입니다. 그렇기 때문에 매매횟수를 줄이고 하루에 1~2번 확실한 진입포인트를 잡기 위해서는 분봉의 움직임이 너무 많은 차트보다는 30분봉차트를 보는 것이 좋습니다.

2~3일 물량을 모아서 청산하는 스윙매매의 경우, 일봉차트상 5일선의 기울기가 가장 중요합니다. 5일선의 기울기가 상방이냐, 횡보냐, 하방이냐를 결정하는 지수대가 있고, 그 자리 위나 아래로 끝나느냐에 따라 당일 5일선의 방향이 결정 됩니다. 5일선의 기울기는 (이전 4일 종가의 평균 + 당일종가)/5 로 결정이 되기 때문에, 당일의 종가가 어디에서 끝나는지에 따라서 기울기의 방향이 결정됩니다.

이러한 기울기의 방향이 결정되는 종가들에서는 상방과 하방세력의 싸움이 치열하게 벌어집니다. 그리고 다음날 시가자리에 따라서 싸움이 시작되기 때문입니다. 매물도 쌓이고 그동안의 가격이 맞춰진 구간이니까 5일선의 모양이 결정이 되는 것입니다.

스윙매매에서 상방 진입포지션을 며칠씩 보유해서 수익을 낼 경우에는 5일선의 기울기가 결정 되는 구간에서 보유물량의 절반 정도를 청산하고, 청산시점에서 지수가 하락할 경우에 청산했던 물량을 다시 진입하여 채워나가면서 자금과 보유물량 조절을 할 수 있습니다. 상방 진입을 하여서 지수가 며칠을 두고 상승을 하더라도 하루하루 장중에 지수가 횡보를 하게 된다면, 옵션매수의 경우에는 프리미엄의 하락으로 옵션가격이 하락하게 되니 진입물량을 계속적으로 보유하기 보다는 사고 팔고를 반복하면서 보유단가를 낮추면서 물량조절을 하는 것이 더 좋습니다. 지수가 상승하여 일봉차트상 5일선 위로 완전히 올라오게 될 경우에는 줄였던 물량을 다시 진입하여 상방 진입포지션으로 수익을 내면 됩니다.

시가와 30분봉차트상 5이평선의 방향은 NTS기법에서 차트를 보는 가장 확실한 방법입니다. 그리고 많은 차트 유형들과 기술적분석에 대한 이론들이 있지만 시가와 30분봉차트상 5이평선만 알고 있어도 매매를 하는데 지장이 없을 정도입니다. 즉, NTS기법에서는 차트를 보는 더 이상의 기법들은, 많이 필요로 하지 않습니다. 매매에서 중요한 것은 얼마나 많은 지식과 이론들을 아느냐가 아니라, 어느 시점에 어느 전략을 어떻게 사용할줄 아느냐가 중요한 것입니다. 수백가지 이상의 차트패턴 등을 외워서 매매를 하기 보다는, 기본이 되는 한두 가지의 패턴들의 원리를 이해하고 적용하는 연습을 꾸준히 하기 바랍니다.

> "미래의 가격은 어느 누구도 예측할 수 없다. 특히 투자자는 지속적인 변화를 예측할 수 없다. 투자자가 아니라 가격이 미래를 예측한다. 그럼에도 불구하고 투자자는 자신이 미래를 예측하거나 아니면 다른 누군가가 예측할 수 있다고 믿는다. 그들은 누군가가 다음 거시경제 사이클이 어떨 것인지 예측해주기를 기대하고 있다. 우리는 다른 투자자들이 미래를 예측할 수 있다고 확신하고 있다는 사실에 의존하고 있으며, 바로 거기에서 우리의 수익이 발생한다. 세상은 이처럼 단순한 것이다."
>
> - 존 W. 헨리 -

2) 지수의 흐름파악은 30분봉차트상 20이평선으로

당일매매는 30분봉 5이평선을 기준으로 매매를 하지만 5이평선만을 기준으로 매매를 하면서 당일의 지수의 흐름을 다 잡아내기는 쉽지 않습니다. 그렇기 때문에 필자가 당일매매의 기준선으로 참고하는 선은 30분봉차트의 20이평선입니다. 30분봉 5이평선이 하락추세일지라도 30분봉 20이평선이 밑에서 받쳐주고 있으면 우선은 반등을 예상하여 상승방향으로 진입을 고려합니다.

그리고 한번의 반등이 있을 시에 상방 진입물량을 청산한 후 시장의 상황이 어떻게 변하는지 잠시 관찰하면서 30분봉차트상 5이평선 20이평선이 만나서 캔들이 반등을 하는지 확인을 해야 합니다. 아니면 데드크로스가 나서 30분봉차트상 5이평선이 20이평선을 더 뚫고 하락을 하는지 확인을 한 뒤에, 반등이 있다면 다시 상방 진입을 고려하고, 20이평선을 뚫고 하락을 한다면 당연히 30분봉 20이평선을 기준으로 정하여 하방 공략을 합니다.

실전매매에서도 30분봉차트상 5이평선과 20이평선은 어느 정도 매매시점을 잡아내는데 유용하게 활용할 수 있습니다. 당일 차트속에서 이동평균선이 나타내고 있는 방향만 잘 파악하여 매매를 한다면 어느 정도 성공적으로 수익을 낼 수 있습니다.

실제 NTS기법에서는 매매 포인트를 잡는 정말 뭔가 특별하면서도 공개되지 않는, 그런 시스템이나 비결이 있는 것은 아닙니다. 차트에서 가장 기본이 되는 이평선을 기준으로 매매를 합니다. 그렇지만 개인들이랑 다른 점은, NTS기법은 이평선이 주는 신호를 철저하게 지킨다는 것입니다. 그리고 지지나 저항선이 돌파될 때에는 진입을 하지 않고 관망을 더 많이 합니다. 실제로 NTS기법은 하루에 1~2번 매매신호밖에 나오지 않습니다. 그리고 매매신호가 나왔다고 하더라도 지수가 그 신호에 오지 않으면 매매를 하지 않습니다.

가장 간단하고 기본적인 사항은 이평선을 어떻게 활용을 하고 자금을 어떻게 관리를 하느냐에 따라서 수익을 낼 수 있느냐 없느냐의 차이가 난다는 것입니다. 대부분의 개인들은 뭔가 새로운 방법이 있지 않을까 찾아 헤맵니다. 기관들만이, 외국인들만이, 헤지펀드만이 가지고 있는 무언가 새로운 것이 있을 것이라고 생각해서 그것들을 찾고 찾으려고 노력합니다. 그렇지만 특별히 다른 비결은 없습니다.

기관들은 월 손실액을 정해놓고 월 손실액 이상이 되면 매매를 하지 못하게 합니다. 사규로 정해져 있는 것입니다. 그리고 그 이상의 손실이 나게 되면 기관트레이더들은 일자리를 잃게 됩니다. 개인들은 자신의 계좌가 깡통이 날 때까지 매매를 합니다. 개인들은 자기자신이 멈추지 않으면 브레이크가 없기 때문입니다. 이 차이만이 있을 뿐입니다. 새로운, 특별한 기법은 없습니다. 일반적인 기법들을 어떻게 적용하고 자신의 소중한 자금을 어떻게 관리하며 매매하는가의 차이만 있을 뿐입니다.

기억하자!!! 당일 매매는 30분봉 50이평선으로!!!
매매에서 100%의 승률을 자랑하는 특별한 기법은 없다.
기본적인 기법들을 잘 활용하고 그것들을 지키느냐, 못 지키느냐의 차이만 있을 뿐이다.

"나는 사람들에게 강세장인지 약세장인지 이야기하는 것을 주저하지 않는다. 하지만 어떤 주식을 사거나 팔라고 조언하지는 않는다. 약세장에서는 모든 주식이 하락하고, 강세장에서는 모든 주식이 올라간다. 물론 전쟁으로 인한 약세장에서는 군수품주가 올라간다고 말할 수 있다. 다만 일반적인 의미로 말하는 것이다. 일반인들은 강세장인지 약세장인지에 대해서는 알고 싶어 하지 않는다. 생각조차 하지 않으려고 한다. 땅에서 주운 돈을 세는 것도 귀찮아한다.

> 나는 그 정도로 게으르지 않았지만, 전반적인 시장보다 개별주식에 대해 생각하는 것이 더 쉬웠기 때문에 개별적인 등락에 대해 주로 생각했다. 나는 이런 습관을 바꿔야만 했고, 실제로 바꿨다."
>
> - 제시 리버모어 -

3. 고점전략

> 상방 세력이 강한 날 사용하는 전략.
> 선물 매수 or 콜옵션 매수나 풋옵션 매도 사용.
> 당일 고점대비 0.5P ~ 1P 눌릴 때 상방 공략.
> 1~3% 물량은 종가까지 홀딩.
> 시가 양봉, 이평선이 정배열 : 눌릴 때 상방 진입만. 하방 공략 없음.

고점전략은 시가가 갭으로 상승하고 이평선이 정배열되어 있는 지수의 상승세가 강한날 사용하는 전략입니다. 시가전략에서도 언급했듯이 시가가 갭으로 상승할 때에는 상방 세력이 그만큼 강하다고 판단을 하고, 우선은 상방 진입만을 고려하는 것이 기본입니다.

개인들은 올랐으니 한번은 눌러주겠지 생각을 해서 하방으로 진입하는 경우도 있지만, 이평선이 정배열인 상태에서는 지속적으로 상승하는 것이 일반적인 패턴입니다. 그렇기 때문에 한번은 떨어지겠지 하면서 매매를 하게 되면 역추세매매를 하게 되고, 역추세를 탄 물량이 당일에 청산이 안되면 엄청난 손실을 입게 됩니다. 그렇기 때문에 우선은 눌림목이 없더라도 이런 날은 상방 진입만을 고려해야 합니다.

확실한 상방진입을 위한 조건들은 간단합니다.
1. 시가 갭 출발 or 시가 장대 양봉.
2. 이평선이 정배열 구간.
3. 외국인이 현·선물을 동반 매수.

이 정도의 조건들이 충족이 된다면 우선은 고점전략으로 진입을 해봐도 무난합니다. 물량이 설령 물리더라도 NTS기법에 따라서 물량조절을 해서 청산을 하게 되면, 우선은 수월하게 수익을 청산할 수 있습니다. 시가가 갭상승으로 출발하고 이평선이 정배열 구간이더라도 외국인 현·선물 매수세가 받쳐주지 않으면, 바로 고점전략을 펼치기 보다는 밑으로 현·선물 매수세가 있는지 30분봉차트상 1~2개의 봉은 확인을 하고 진입하는 것이 안전합니다.

시가가 갭상승했더라도 외국인이 선물을 고점부근에서 지속적으로 매도를 한다면, 우선은 눌릴 가능성이 있기 때문에 조금 늦게 진입하는 편이 낫습니다. 다소 늦게 들어가더라도, 확인을 하고 진입하는 것이 손실을 입지 않는 방법이며 마음 편한 매매가 되는 것입니다.

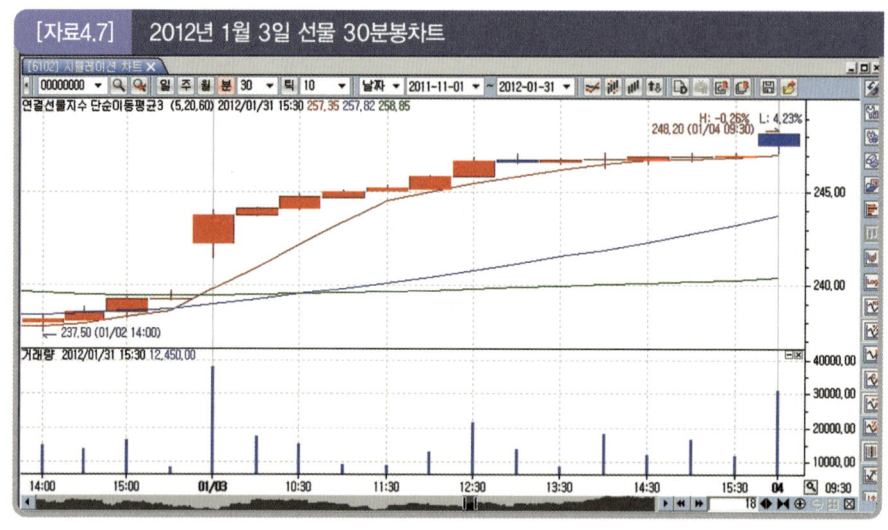

【자료4.7】은 2012년 1월 3일 선물 30분봉 차트입니다. 시가가 갭상승을 하고 당일 고가 247.15까지 장중에 6포인트 가까이 상승한 날입니다. 이렇게 상승세가 강한 날은 상방 진입으로만 포지션을 몰아갑니다. 지수가 눌릴 때마다 고점대비 0.5P ~1P 밑에서 상방 진입하여 수익청산을 하면 됩니다.

> 고점전략의 키포인트는 당일 고점대비 0.5P ~ 1P기준.

고점전략을 펼칠 때에 장중 고점대비 0.5P에서 1P 기준으로 상방진입을 하여서 진입물량 중 일부는 수익청산하고, 소량은 종가에 청산을 합니다. 지수가 상승할 때 장중 고점 또한 실시간으로 변하기 때문에 고점을 기준으로 진입을 한다면, 정확한 기준이 될 수 없다고 생각할 수도 있습니다. 네, 맞습니다. 실시간으로 고점이 바뀐다면 바뀐 고점을 기준으로 1포인트 밑에서부터 진입을 하면 됩니다.

 지수가 계속 상승을 해서 현재 지수의 고점이 242라면 1포인트 밑인 241부터 진입을 하면 되고, 242.30을 찍고 지수가 내려왔다면 장중 고점은 242.30으로 갱신이 되고, 1포인트 밑인 241.30부터 진입을 하면 됩니다.

```
장중 고점    242.00 일 때 → 241.00부터 진입
            242.30 일 때 → 241.30부터 진입
            243.00 일 때 → 242.00부터 진입
            245.75 일 때 → 244.75부터 진입
```

 이런식으로 실시간으로 고점이 바뀔 때마다 그 고점을 기준으로 진입자리도 높혀 가면서 상방 진입을 하는 식입니다. 고점전략을 응용해서 좀 더 공격적으로 진입을 한다면 현재 지수대부터 진입을 해서 1계약을 종가까지 홀딩을 해서 청산을 하고, 지수가 눌릴 경우에만 1포인트 단위로 진입하는 전략도 있습니다.

 실제로 고점전략을 구사하는 날에는 매수세가 강하고 종가가 거의 장중 고점 근처이기 때문에, 일부 물량을 홀딩하게 되면 장중의 상승분을 다 수익으로 얻을 수 있습니다. 대부분의 투자자들이 장중에 시장방향과 맞는 방향으로 진입을 하더라도, 너무 일찍 청산해서 후회를 하게 되는 경우가 많고, 이미 청산한 물량을 더 불리한 가격에 다시 진입하는 것은 부담을 느끼기 때문에, 진입한 물량 중 자신이 감당할 정도의 물량은 이미 수익권의 상태에서 종가까지 홀딩을 해보는 것도 좋은 전략이 됩니다. 필자는 종가 홀딩을 할 때는, 옵션의 경우 1~5% 정도의 물량은 종

가까지 홀딩을 하거나, 몰아가면서 계속적으로 상방포지션을 유지하는 편입니다.

그리고 이런 상황에서는 실제로 매수세가 강하기 때문에 고점이 장중에 계속 뚫리는 경우가 많고, 눌림목이 없어서 장중의 0.5P 정도의 상방 진입선에서도 추가 진입을 하기가 쉽지는 않습니다. 그러므로 한번 진입한 물량을 일찍 청산하기 보다는 몰아가기를 하면서 포지션을 계속 유지하는게 좋습니다. 몰아가기 기법은 다음장에 자세히 언급을 하도록 하겠습니다.

일반적으로 선물이나 옵션을 매수쪽으로 매매를 하는 사람들은 이런 고점전략인 날에만 매매를 하는 것도 좋은 방법입니다. 지수가 시가 위에 있고 30분봉차트상 첫번째 캔들이 5이평선 위에 있으면 계속적으로 상승방향으로 보고, 이럴 때만 매매를 하는 것입니다. 일주일에 1~2번만 매매를 하더라도 이렇게 확실한 자리에서 과감한 베팅으로 진입하는 것이 매일 매매를 하는 것보다 훨씬 수익이 많이 납니다.

NTS기법상 선물지수를 보고 콜옵션을 사는 자리에서, 선물지수가 같이 올라가면, 대형주들의 움직임을 지켜보면서 현물매매도 쉽게 접근할 수 있습니다. 외국인과 기관이 사는 대형주 중 중요 주식들을 항상 HTS 관심종목에 등록을 해놓고 살펴보면 많은 도움이 됩니다. 이렇게 선물지수와 연계해서 현물매매를 하게 되면 현물매매도 더불어 수익을 내게 됩니다. 선물이나 옵션보다 움직임이 둔해서 선물·옵션매매를 하는 투자자들에게는 지루하게 느껴질 수도 있지만, 마음 편히 쉽게 투자를 할 수도 있는 것입니다. 파생매매와 현물매매를 동시에 할 수도 있는 것입니다.

처음에 차트들로만 세팅한 화면에서, 프로그램 매매현황과 중요 대형주들을 추가하는 것이 다음단계입니다. 그리고 일본, 중국 등의 아시아 증시동향을 실시간으로 지켜보고, 환율변화를 보면서 매매하는데, 필요한 모니터는 2개 정도면 충분하고 이런 정도의 환경을 구비하는 것이 내 실력이라고 보면 됩니다. 그 다음에 좀 더 추가하면서 옵션 자체의 변동성이나 변화를 보면, 모니터 3개 정도가 필요하고 그 정도가 자신의 실력이라고 생각하면 됩니다.

이런식으로 자기가 파악할 수 있는 정보들이 늘어나고 그 정보들을 종합적으로 분석해서 매매에 적용할 수 있는 실력을 점차적으로 늘려 나가는게 중요합니다. 항상 큰 그림을 보려하고, 시장 전체의 흐름을 보려고 하면서 매매에 임하도록 합니다.

매매에서는 자잘한 기술들 보다는 기본기를 익히는게 더 중요합니다. 매일매일 매매패턴은 똑같으니, 차츰 익숙해지면서 기초공부를 꾸준히 하는 것이 매매로 성공하는 길입니다. 장중에 모니터만 하루 종일 쳐다보기 보다는 여유를 가지고 관련서적들을 계속적으로 보면서 자신의 내공을 쌓아 나가길 바랍니다.

> 매매 결정을 위한 르제폰진스키의 단순한 발견적 교육법이라고? 그것은 바로 가격이다. 진실은 트레이더가 복잡한 분석에 덜 말려들수록, 즉 그들이 매매 결정을 덜 할수록, 더 부자가 된다는 것이다.
>
> 〈Trend Following〉중에서 -
> (설명 : 매매 결정을 위한 르제폰진스키의 단순한 발견적 교육법이라고 → 매매결정을 위해서 르제폰진스키가 발견한 단순한 교육법은 무엇이다는 의미)

4. 저점전략

> "트레이더는 돈을 잃고 상품을 평균할 때 당황할 것이 아니라 진절머리를 쳐야 한다. 돈을 잃고 있는 포지션을 가지고 있을 때는 무언가 잘못되었다는 것을 의미한다. 새내기 투자자는 믿기 어렵겠지만, 시장은 오래 하락할수록 계속적으로 하락할 가능성이 높다. 하락하는 시장을 싸게 살 수 있는 곳으로 여겨서는 안 된다."
>
> 〈Trend Following〉 중에서 -
>
> (설명: 돈을 잃고 상품을 평균할 때 → 진입물량이 손실이 난 상태에서 계속적으로 물타기를 하여서 진입단가의 평균가격을 낮춘다는 의미.)

지수의 하락세가 강한 날 사용.
선물 매도, 풋옵션 매수, 콜옵션 매도에 사용.
물량에 따라 저점대비 0.5P ~ 1P 오를 때 하방 공략.
1~3% 물량은 종가까지 홀딩.
시가 갭하락 후 음봉, 이평선이 역배열일 때 반등 시마다 하방 공략.

저점전략은 시가가 갭으로 하락하고 이평선들이 역배열되어 있는 지수의 하락세가 강한 날 사용하는 전략입니다. 앞에서 언급했던 고점전략과 반대되는 전략이라고 생각하면 쉽게 이해할 수 있습니다. 우선, 시가가 갭으로 하락하면 하방 세력이 강한것으로 판단되는 것이니 하방 진입을 고려하는 것이 기본입니다.

NTS기법으로는 장중 저점대비 0.5P ~ 1P 정도 지점을 기준삼아 하방 공략을 합니다. 이런날은 대부분 장중 저점이 계속적으로 깨지면서 하락하는 경우가 많고, 바닥에서 버텨주더라도 기준선으로 삼는 30분봉차트상 5이평선이 하락추세에서 돌아서기까지는 시간이 걸리기 때문에, 반등시 마다 하방 공략을 하면 안정적으로 수익을 얻을 수 있습니다.

저점전략을 구사하는 경우, 밑으로 기간이 긴 이평선이 있을 경우에는 반등의 여지가 있으니 저점전략을 신중히 펴는 것이 좋습니다. 그렇지만 이평선이 모두 역배열이고 특히 일봉차트상 60일선 밑에서 지수가 하락하는 경우는 추가 하락의 가능성이 높으니, 다음 이평선의 지지대가 올 때까지는 지수가 반등할 때마다 하방 공략을 하면서 수익을 몰아갈 수 있습니다.

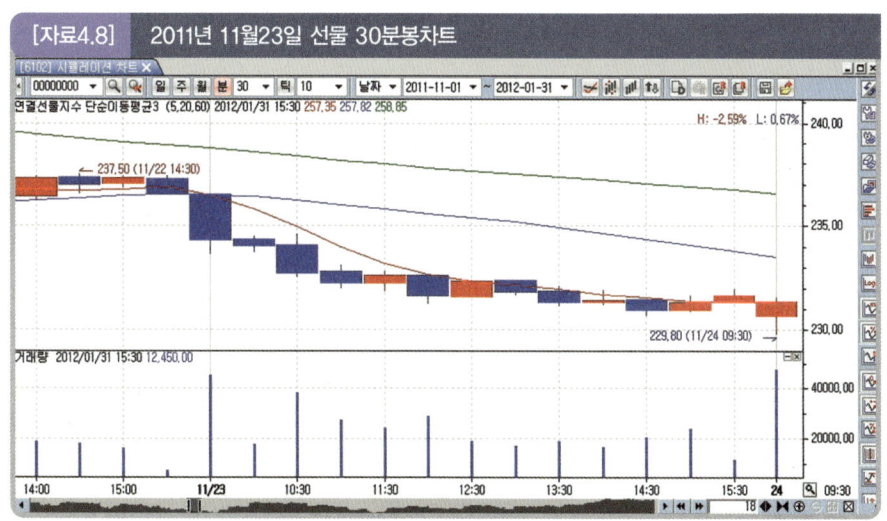

2011년 11월 23일 선물 30분봉차트입니다. 시가 236대에서 시작해서 저가

230.65까지 장중에 6포인트 하락하는 모습을 보여줍니다. 이럴 경우는 당연히 하락 방향쪽으로만 매매를 하는 것이 정석입니다. 쉽사리 반등을 예상하지 말고 저점대비 0.5P ~ 1P, 지수가 반등 때마다 하방 공략을 하는 것이 좋습니다.

> 저점전략의 키포인트는 당일 저점대비 0.5P ~ 1P 기준

저점전략도 고점전략과 마찬가지로 장중 저점을 기준으로 저점대비 1포인트 위에서 하방 진입을 하면 됩니다. 2011년 11월 23일 차트를 예로 든다면 첫 30분봉에 지수가 236에서 234까지 내려가는 동안 장중 저점도 지속적으로 하락을 하기 때문에, 저점전략 진입포인트도 237~235로 지속적으로 내려가게 됩니다. 반등할 구간마다 진입자리를 기다리면서 지수가 하락하게 되면 하락하는대로 진입할 포인트를 낮춰가는 것입니다.

> 장중 저점이 235.00일 때 → 236.00부터 진입
> 　　　　　　 234.00일 때 → 235.00부터 진입
> 　　　　　　 233.55일 때 → 234.55부터 진입
> 　　　　　　 232.90일 때 → 233.90부터 진입

이런식으로 저점에 맞추어서 진입을 하면 됩니다. 저점전략을 구사하는 날에는 일반적으로 시가에 음봉이 크게 나타나고 장중 움직임은 횡보를 이루는 경우가 있

습니다. 이럴 때는 저점대비 반등이 많지 않기 때문에 물량진입을 안하게 되는 날도 있습니다. 그렇다고 하방 공략은 힘드니 조금의 반등을 예상하고 상방 공략으로 진입하는 것은 매우 위험합니다. 차라리 진입을 하지 않고 장을 지켜보며 이익이 없더라도 손실을 보지 않는 것이 현명한 것이지, 추세의 반대방향으로 진입하여 손실을 본다는 것은 훨씬 어리석은 것이기 때문입니다.

매매를 할 때는 자신이 기준으로 하는 자리가 오기 전까지는 기다릴 줄 아는 인내가 필요합니다. 많은 개인투자자들이 이 부분에서 마음을 추스리지 못하고 섣불리 진입하는 경우가 많은데, 평정심을 지키며 여유있게 매매에 임해야 합니다. 매매포인트가 아닌 곳에서 원칙을 어기며 매매를 해서 수익을 냈다고 하더라도 그것은 자신의 실력이 아닙니다. 그리고 그건 운이 좋았던 것도 아니고 오히려 운이 나빴던 것입니다. 그렇게 수익을 내다 보면 다음번에는 금액이 더 커질 것이고 그때는 더 큰 손실을 입게 될 것이기 때문입니다.

> "월 스트리트에서 수백만 달러를 벌기도 하고, 잃기도 하면서
> 오랜 세월을 보낸 지금, 하고 싶은 말이 있다.
> 나에게 큰 돈을 벌게 해준 것은 나의 머리가 아니었다는 것이다.
> 그것은 엉덩이를 붙이고 앉아 있었기 때문이었다.
> 이해하겠는가?
> 자리를 지키라는 것이다!
> 시장을 올바로 판단하는 것은 기술이 아니다."
>
> -제시 리버모어-

5. 장세전략

> "시장의 본성은 추세를 형성하는 것이다. 삶의 본성도 추세를 형성하는 것이다."
> - 존 W. 헨리 -

선물·옵션 매매의 기본은 방향성 매매입니다. 방향성 매매를 할 때 가장 중요한 것은 추세를 어떻게 파악하느냐 하는 것입니다. 대부분의 개인투자자들은 이 추세를 어떻게 잘 파악하는 지를 고민하고, 자신의 포지션이 추세와 맞기를 바랍니다. 그래서 여러 보조지표나 차트분석 등 자신만의 방법으로 어떻게든 추세를 제대로 파악하려고 연구를 하며, 추세를 잘 파악하는 것이 매매를 잘하는 실력으로 평가받고 있습니다. 그래서 더욱 추세를 알고자 하는 것입니다. 필자가 생각하기에 추세라는 것은 그렇게 어려운 것이 아닙니다. 추세를 파악하는 방법을 단 한 마디로 표현하자면, 다음과 같습니다.

> "보이는 그대로가 추세다."

간단하게 30분봉차트나 일봉차트를 볼 때 차트의 기울기가 우상형이면 당연히 상승추세이고, 우하향이면 하락추세인 것입니다. 보조지표들이 어떻게 되고 있고, 과매도 구간이니, 과매수 구간이니 하는 것들은 부수적인 것들일 뿐입니다.

그런데 개인들은 이런 간단한 추세라는 것을 여러 보조지표로 어렵게 파악을 하려고 합니다. **단순하게 생각하는 것이 더 정확한 것입니다.** 추세란 것은 시장에 참여하는 투자자들이 인정하는 시장의 방향이기 때문에 누가 보더라도 알 수 있는 것입니다. 나 혼자만 알고 있고 다른 사람들이 모른다면, 그것은 추세가 아닙니다. **모두가 확실히 알 수 있는 그것이 바로 추세입니다.** 추세를 파악하는 법을 간단히 정리하자면 다음과 같습니다.

추세 = 시장참여자들이 인정하는 시장의 방향.
　　　모두가 알 수 있는 것.

【추세를 파악하는 법】
보이는 그대로가 추세다.
우상향 → 상승추세, 우하향 → 하락추세.
당일 추세는 30분봉차트상 50이평선의 방향으로 파악.
일봉상 추세는 5일선의 방향으로 장세 파악.
저점이나 고점이 버텨주거나 뚫리는 지가 중요함.
차트상으로 쌍바닥, 쌍봉의 그림도 중요한 시그널.

다만, 추세를 파악할 경우 혼란스러울 때가 있습니다. 일봉차트상 추세는 상승추세인데 30분봉차트상 추세는 하락추세일 경우와 같이, 상위차트와 하위차트에서의 추세가 다를 경우가 있습니다. 이럴 경우 NTS기법상으로는 일봉상 추세를 기준으로 판단을 합니다. 일봉상 추세는 상승추세인데 30분봉 차트에서는 하락추세

라면, 상승추세속에 단기하락구간으로 보고, 하방진입을 할 기회가 있는 것으로 판단을 합니다.

> "사람들은 추세 추종을 너무 복잡하게 생각한다. 추세추종은 본래 매우 단순하지만, 아무도 특히 투자자들은 그렇게 단순한 방법으로 돈을 벌수 있다고 생각하지 않는다. 우리가 잘해온 이유는 계속 집중할 수 있었고, 매우 규율있게 행동했기 때문이다. 우리는 게임 계획을 실행할 뿐이며 그것이 우리의 진정한 힘이다."
>
> - 다니엘 P. 코린스 -

1) 상승장 전략

【상승장 판단기준】
* 일봉상 쌍바닥.
* 일봉차트상 5일선, 20일선이 상향.
* 이평선이 데드크로스가 날 때까지 포지션 홀딩, 분할로 청산 (60일선, 20일선 등).

2011년 1월부터 5월까지의 일봉차트입니다. 3월 내내 일봉상 쌍바닥의 모습을 만들고 나서, 선물지수 250부터 296까지 40포인트가 넘게 상승하는 모습을 보여주고 있습니다. 이렇게 일봉상 상승추세가 강한 구간에서는 종가에 콜:풋 비율을 2:1로 만들어서 오버나이트를 하면서 상승방향으로 포지션을 몰아갑니다.

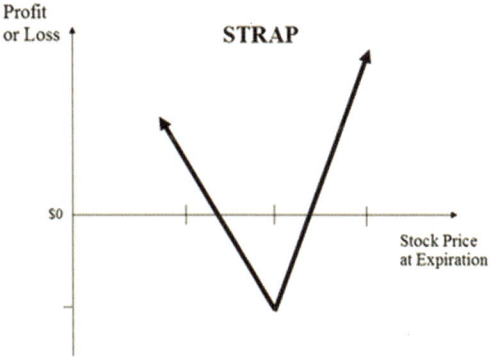

> 기본적으로 콜·풋 비율을 2:1로 유지, 수익을 극대화 할 수 있을 때까지 포지션을 유지한다. 콜옵션쪽의 델타값이 커졌을 경우에는 행사가를 조절한다.

기본적으로 2:1 물량을 홀딩하면서 상승 방향쪽으로 포지션을 몰아갈 경우, 처음에 3.00짜리의 옵션가격이 7~10 정도가 넘어가게 되면 델타 값이 커져서 추가상승을 하여도 옵션의 가격이 탄력적으로 변하지 않습니다. 이럴 경우는 내가격이 된 콜옵션을 청산하고 2.0~3.0대 옵션으로 행사가를 조절해서 2:1포지션을 맞추어, 상승추세가 끝날 때까지 포지션을 유지합니다. 아무리 상승장이어도 옵션은 세타값의 영향을 받기 때문에 무조건 홀딩을 하는 것이 아니라, 유연하게 포지션을 유지하고 관리하여야 합니다.

2) 하락장 전략

> 【하락장 판단기준】
> - 일봉상 쌍봉.
> - 일봉차트상 5일선, 20일선이 하향.
> - 개인들이 가장 손실이 많이 나는 구간.
> - 고점에서 갑자기 크게 하락을 하기 때문에 헷징을 포함한 1:1, 2:1, 1:2, 모두 수익.

2011년 6월~11월의 일봉차트입니다. 2011년 7월에 역사적인 고점을 찍고 8~9월, 유로존 위기의 여파로 글로벌증시가 급락을 하는 기간의 차트입니다. 선물지수가 고점 290대에서 저점 210대로 거의 80포인트가 하락을 했었습니다.

이런 구간에서는 일반적으로 개인들이 가장 손실을 많이 보게 되고, 기관투자가들도 많은 손실을 봅니다. 엘리어트 파동이론에 따라, 상승 5파동 뒤에 전형적인 하락 파동의 모습을 보여주고 있습니다. 고점을 갱신하고 이렇게 한번에 급락을 할 경우에는, 콜옵션 포지션 한쪽에만 물려있지 않고 조금이라도 풋옵션을 헤지하였으면, 어떻게든 수익청산을 할 수 있습니다. 그만큼 변동성이 커져서 풋옵션의 가격이 상상도 할 수 없을 정도로 상승을 했던 기간이었습니다.

필자가 아는 지인 중에서는 첫 하락을 하는 날에 풋옵션 매수포지션을 홀딩해서 2배 이상의 수익을 냈다고 합니다. 문제는 다음 날, 이렇게 급락했으니 한번은 반등하겠지 하는 생각으로 바로 콜옵션 매수포지션으로 갈아타서, 어제의 수익을 다

반납하고 도리어 손실이 났습니다. 필자는 NTS기법으로 이렇게 하락을 하고 변동성이 커지는 날은 한쪽 방향으로 매매를 하기 보다는, 변동성이 더 커지겠구나 생각을 해서, 1:1포지션이나 하락 방향쪽에 무게를 둔 1:2포지션을 맞추어 수익을 냈었습니다. 방향을 예상하기 보다는 크게 반등을 하거나, 아니면 더 큰 하락을 기대해서 변동성 확대에 촛점을 둔 매매를 했던 것입니다.

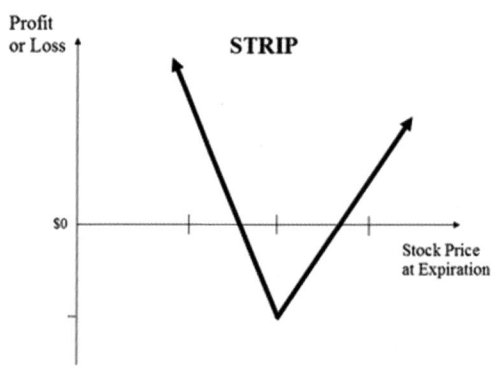

> 기본적으로 콜·풋 비율을 1:2로 한다.
> 수익을 극대화할 수 있을 때까지 최대한 홀딩.
> 풋옵션의 델타값이 커졌을 경우 행사가 조정.

2011년 8~9월의 하락장에서는 풋옵션의 가격이 상상할 수 없을 정도로 프리미엄이 많이 붙어서, 옵션가격의 괴리가 있었을 정도로 콜·풋 델타값의 균형을 맞추기가 쉽지 않았습니다. 실제로 그 당시에는 마지막 극외가 풋옵션의 가격이 10.00이 넘어갔었기 때문에, 개인들은 가격이 너무 비싸서 풋옵션을 살 수 없다고 했었을 정도입니다.

NTS기법으로는 이럴 때 1:1포지션을 맞추게 된다면 1.00짜리 콜옵션 10계약과 2.00짜리 콜옵션 5계약이나 10.00짜리 풋옵션 1계약을 매수해서 1:1 포지션을 맞춥니다. 수량은 10:1이나 5:1이지만 금액상으로는 10.00:10.00이기 때문에 상승을 해서 풋옵션의 프리미엄이 많이 빠지더라도 갯수가 많은 콜포지션으로 수익이 발생하게 되고, 더 하락을 하게 되면 풋옵션의 델타값과 콜옵션의 델타값의 차이로 또 수익이 나게 되는 포지션을 만들 수 있습니다.

선물·옵션 매매에서 가장 중요한 부분 중 하나는 '추세' 입니다. 추세를 이용하게 되면 날개짓 한두 번만 하게 되어도 추세에 올라타서 많은 수익을 얻게 됩니다. 자신의 포지션이 추세를 타고 있는지, 추세를 거스르고 있는지에 대해서 가장 쉽게 파악할 수 있는 것은 현재 자신의 포지션이 수익인지 손실인지로 판단하는 것입니다.

현재 자신의 포지션이 수익이라면 추세에 맞추어 최대한 포지션을 몰아가면서 추세의 바람을 이용하십시오. 시장의 추세를 맞게 탔다면 저절로 수익이 납니다. 시장의 바람을 99.99% 이용하는 것입니다.

반대로 추세를 거스르게 된다면 그 결과는 예상하는 바와 똑같습니다. 과거 미국의 유명한 헤지펀드였던 LTCM은 거래하던 파생상품의 규모가 1조 2,500억달러 이상이었지만 결국에는 파산을 하게 되었습니다. 아무리 돈이 많아도 시장을 거슬러서는 이길 수 없기 때문입니다. 추세를 거슬러서 50억대 1로 싸우는, 100% 지는 싸움은 하지 말도록 합시다.

> 가장 쉽게 매매하는 법 → 추세
> 추세!! 추세!! 시장의 바람을 이용하십시오!
> 추세는 우리의 친구!!

제 Ⅴ 장

절대수익이 창출되는 NTS기법을 공개하다

1. NTS기법이란? · · · · · · · · · · · · 176
2. 복리의 수익 창출법을 믿어라 · · · · · · · · 184
3. 기법, 심법보다 중요한 자금관리 방법 · · · · · 188
4. 베팅하는 나만의 방법을 정립하라 · · · · · · 196
5. NTS 운영 대원칙 · · · · · · · · · · · · 212
6. 진입 방법도 전략이다 · · · · · · · · · · · 224
7. 진입 보다 더 중요한 청산 전략 · · · · · · · 250

제 V 장

절대수익이 창출되는 NTS기법을 공개하다

1. NTS기법이란?

NTS는 Neutral Trading System의 약자로 시장중립적인 안정적인 수익을 복리로 쌓아가는 시스템 매매입니다. 변동성매매와 방향성매매를 바탕으로 상승장에서든, 하락장에서든 절대적인 수익을 추구합니다. 이렇게 시장상황에 상관없이 시장독립적으로 안정적인 수익을 쌓아감으로써, 투자에서의 최고의 기법이자 원리인 복리의 마법적 효과를 누릴 수 있는 기법입니다. 외국 기관에서 5~6년의 실전매매를 통해서 검증되었으며, 요즘과 같은 변동성이 큰 장에서는 더 큰 수익을 얻을 수 있습니다.

1) 시스템 평가의 중요한 기준은 승률보다 MDD이다

【자료5.1】 NTS시스템 매매 Back Test Result

	2012	2011
Total Profit(pt)	377.84	292.8
Total Transactions	582	911
Winning Ratio	66.67%	64.65%

【자료5.1】은 NTS 시스템 중 가장 기본적이고 간단한 조건만을 구현해서 만든 시스템의 매매결과입니다. 개인들은 대부분 승률이 높거나 완벽한 승률을 자랑하는 시스템을 만들려고 하지만, 자료에서 보는 바와 같이 50~60%의 승률만 유지해도 실전 매매에서는 수익을 낼 수 있습니다. 시스템은 승률이 중요한 것이 아니라 얼마만큼의 자금을 운용할 수 있는지와 MDD가 어떻게 되는가가 평가의 기준입니다.

MDD는 Maximal Drawdown의 약자로 『최대연속 손실폭』을 뜻합니다. 테스트 기간의 【최대평가이익금액 - 최대평가손실금액】으로 표시됩니다. 예를들어 어떤 사람이 3천만원을 가지고 투자를 하여서 5천만원까지 수익이 났다가 손실을 보아서 2천만원이 되었다면, 이 사람은 원금대비 1천만원의 손실을 본 것이지만, MDD로 계산하면 5천만원(최대평가이익금액) (-) 2천만원(최대평가손실금액) = 3천만원이 되어서 3천만원의 MDD를 가지고 매매를 한 것으로 평가합니다.

실제 매매에서도, 시스템을 평가하는 것과 같은 기준으로 평가가 된다고 생각하면 됩니다. 승률 20~30%의 기법으로도 수익을 내는 사람이 있는 반면, 90% 이상의 승률을 가진 기법으로도 손실을 보는 사람이 있습니다. 대부분의 개인들은 어떻게

든 승률을 높이는 것이 수익을 낼 수 있는 방법이라고 생각을 합니다. 하지만 실전 매매에서는 승률이 중요한 것이 아니라, 어떻게 자금관리를 해나가면서 어떻게 손실을 입지 않는가가, 실전에서 성공하고 살아남는 방법입니다.

NTS기법을 통한 시스템매매는 기본적으로 시스템매매에 대한 규칙을 세우고 실시간으로 실전 매매에 적용을 하면서 끊임없는 보완과 수정을 통해서 현재의 기법으로 만들어졌습니다. 그리고 앞으로 시장상황이 새로이 변화하더라도 안정적으로 수익이 날 수 있는 매매를 하기 위해서 지금도 계속적으로 발전시켜 나가고 있습니다.

옵션 매수 기준으로 진입 시, 전체자금 중 10~20%의 포지션으로 손익폭 0.5~5%, 월 10~30% 이상의 통계적인 변동성을 가지는 금융공학적 기법을 바탕으로 매매시스템이 수학화, 정형화, 체계화되어 있어, 투자자의 심리상태에 흔들리지 않고 원칙대로 매매할 수 있도록 합니다. 그리고 철저한 자금관리와 위험관리를 통해 진입상태에서 손절 보다는 헤지포지션을 구축하여 손실을 수익으로 전환할 수 있는 매매기법입니다. 이 책에서 소개하고 있는 기법들은 NTS기법 중에서 개인매매에 적용하기 쉽게 설명이 되어 있는 내용들입니다. 이 기법들을 토대로 안정적이고 꾸준한 수익을 얻을 수 있습니다.

2) 위험관리와 자금관리가 해답

주식시장, 파생상품시장에서 어떻게 하면 수익을 얻을 수 있을까? 하는 고민들과 그 해결책을 찾고자 하는 노력들은 지금까지 계속되고 있습니다. 기본적 분석을 토대로 기업가치를 평가하여 저평가된 종목들을 발굴해서 수익을 내려는 노력이라든지, 지금까지의 가격이나 거래량의 흐름들을 연구하여 차트를 분석하고 여러 가지 보조지표를 분석해서 매매타이밍을 잡고자 하는 노력을 수행하고 있습니다. 그렇게 매매전문가들이 자신만의 기법대로 시장에서 수익을 낼 수 있다고, 시장을 이길 수 있다고 하면서 수많은 기법들을 개발하였고, 지금도 개발하고 있습니다.

기법대로 매매를 해도 결국에는 그 기법이 맞지 않는 시장 상황이 오게 되거나, 기법을 믿지 못하고 마음이 무너져서 손실이 나는 경우들이 생기게 됩니다. 그렇게 기법들을 연구하고 개발하고 자신만의 투자전략을 개발하는 노력을 넘어서, 이제는 트레이더들의 마음가짐에 대한 연구들을 하게 됩니다. 일명 '심법'이라고 불리는 것입니다. 매매는 사람이 하는 것이기 때문에 매매로 인한 중압감, 심적 고통을(자신이 감당하기 힘든 손실이나 아니면 수익) 이겨내는 것이 더 중요하다는 관점에서 매매에 임하는 트레이더들의 유형이나 태도, 심리상태들을 연구한 분야입니다. 이와 관련된 내용은 엘렉산더 엘더의 〈심리투자 법칙〉이나 반 K. 타프의 〈슈퍼 트레이더〉를 추천합니다.

NTS기법은 안정된 리스크 관리와 시장중립적인 절대 수익률을 추구하려는 목적에서 개발된 기법입니다. 기존의 매매시점을 잡으려고 하는 기법에 대한 연구나 심리에 대한 연구에서, 어떻게 하면 위험을 최소화하고 안정적으로 수익을 낼 수 있을까 하는 고민을 하게 되었고, 그 **고민에 대한 해답을 위험 관리와 자금관리**에서 찾게 되었습니다. NTS기법은 자신의 예상이 시장과 맞아 떨어졌을 때 수익이 나는 것 뿐만 아니라, 예상이 맞지 않았을 때 손실을 최소화하고 어떻게 수익으로 전환할 수 있는지에 대해서 더 초점이 맞추어져 있습니다.

일반적인 매매기법이 기술적분석을 통해서 차트나 보조지표를 이용하거나, 옵션자체의 가격변동성을 통해서 매매신호를 찾고자 하는 쪽으로 접근했다면, **NTS기법은 기존의 차트기법에 자금관리를 특화하여 개발된 기법입니다.** 매매에서 수익을 내기 위해서는 방향성과 변동성 중 한가지는 맞춰야 수익이 날 수 있습니다. NTS기법은 시장의 상황을 예측하여 방향성과 변동성이 자신의 예측과 맞아서 수익이 나는 매매뿐만 아니라, 예측이 맞지 않았을 경우에 손실을 어떠한 방법으로 수익으로 전환할 수 있는지에 대해서 자세히 설명되어 있습니다.

일반적인 매매기법에서는 손절매를 통해서 손실을 제한하지만, 잦은 손절매는 매매에 대한 자신감이 줄어들게 할 뿐만 아니라 계좌 자체도 줄어들게 만듭니다. 그리고 손절의 기준도 명확하지 않습니다. 전문가라는 사람들이 일반 개인들을 꾸짖는 수단으로 손절을 강조하지만, 손절에 대한 방법이 체계적으로 정리된 것이 없는 것이 현실입니다. 그래서 생각해낸 것이 어떻게 손절을 하지 않고 계좌를 지킬 수 있을까 하는 방법이었고, 헤징 포지션을 구축해서 손실을 제한하고 프리미엄싸움을 이길 수 있도록 매수·매도 기법을 개발하고, 자금관리와 베팅법 등을 연구하여 NTS기법을 완성하였습니다. NTS기법은 기존의 차트분석을 통한 매매에 **자금관리법을 추가하여 시장상황에 맞게 유연하게 매매를 할 수 있도록** 도와줍니다.

기존 헤지펀드들의 운용기법은 공개가 많이 되어 있지 않았습니다. 헤지펀드들은 일반적으로 롱&숏 전략을 사용한다거나, 높은 레버리지를 사용하여 수익을 낸다는 정도의 피상적인 정보들만을 접할 수 있었습니다. 헤지펀드 매니저들의 인터뷰를 토대로 어떤 상품에 어떻게 투자를 하고 있는지 정도의 정보들만 나열하고 있습니다. 이 책에서는 실제 사용된 전략의 일부를 구체적으로 공개하고 실전 매매에 대한 내용들을 좀 더 자세히 다루려 노력하였습니다.

이 책에서는 기존의 독자들이 알고 싶어하는, "도대체 그럼 어떻게 진입해서 어떻게 청산을 해야 하는가?" 하는 'HOW' 에 대해서 집필을 해놓았습니다. NTS기법이 무조건적으로 수익을 가져다 주지는 않을 것입니다. 기법자체는 몇 년 동안 안정적으로 수익이 나고 있지만, 각자 개인의 매매성향이 달라서 이 NTS기법을 잘 활용하는 사람도 있을 것이고, 잘 활용하지 못하는 사람도 있을 것입니다.

우선은 기법을 제대로 이해를 하고 자신에게 맞게끔 응용을 하는 것이 중요합니다. 어떤 기법이든지 절대적인 기법은 없습니다. 확률이 높고 수익이 잘 나는 기법을 자신의 매매스타일에 맞게끔 잘 활용해 나가는 것이 중요합니다. NTS기법이 완벽한 전략이라고 할 수는 없지만 일반 개인들이 실전매매를 하는데 쉽게 응용할 수 있는 우수한 전략이라는 것은 자부하는 바입니다. 열악한 환경에 처해 있는 파생투자자들에게 도움이 되었으면 하는 바람입니다.

3) NTS신호차트

NH선물을 통해서 개발된 NTS차트입니다. 상방 진입신호가 발생할 경우에는 차트 마지막 분봉에 진입하는 포인트와 상방 진입신호(빨간색 화살표)가 표시됩니다. 하방 진입신호가 발생했을 시에도 하방 진입지점과 하방 진입신호(파란색 화살표)가 표시됩니다. NTS차트는 NTS시스템에서 발생하는 진입신호를 실시간으로 표시됩니다.

4) 시스템매매에 대한 이해

시스템매매의 사전적인 의미는 컴퓨터의 지시에 따라 주식을 사고파는 것을 말합니다. 선물·옵션매매에서 시스템 매매는 진입과 청산에 대한 일정한 규칙을 만들고, 그 규칙을 컴퓨터에 입력하여 나오는 매매신호에 따라서 기계적으로 매매를 하거나, 컴퓨터 자체가 신호에 따라 매매를 하는 일련의 모든 과정을 뜻합니다. 시스템 매매는 확률적 승산이 높은 매매전략을 개발하는데 용이하며, 개발된 전략을 일관성 있게 적용할 수 있는 장점이 있어서, 기관투자자가들의 운용자금 대형화와 더불어 점차 활성화되고 있는 추세에 있습니다.

실전 매매에서는 아무리 수익이 나는 기법을 알고 있더라도 투자자 본인이 실시간으로 기법을 적용해서 매매를 수행해야 합니다. 이 과정에서 투자자는 사람이기 때문에 자신의 감정과 경험이 매매에 반영되어, 알고 있는 기법을 그대로 실행하지 못하는 경우가 대부분입니다. 실전 매매에서 자신을 제어하면서 매매를 한다는 것은 그만큼 어려운 것입니다. 특히 개인의 경우는 투자에 대한 훈련을 받을 기회가 거의 없기 때문에 조금만 심리적인 압박이 오더라도 매매를 하는 원칙이 흔들려서 지속적으로 수익이 나는 매매를 할 수 없게 됩니다.

이런 단점을 보완하기 위해서 수익이 나는 매매 기법을 컴퓨터에 입력을 해놓고 기법에 맞는 시장상황이 발생하였을 시에, 자동적(기계적)으로 거래를 하게끔 하는 매매가 시스템매매입니다. 이렇게 시스템매매를 하게 되면 투자자 개인의 감정을 배제하고, 정해놓은 규칙대로만 매매를 할 수 있습니다. 시스템 매매의 가장 큰 장점은 이러한 객관성과 일관성이라고 할 수 있습니다.

하지만 이러한 장점이 있다고 해서 시스템매매가 무조건 수익이 나는 매매라고 할 수는 없습니다. 시스템매매도 결국에는 과거의 데이터를 가지고 매매규칙을 정하여 매매를 하는 것이기 때문에, 미래에도 시장에서 무조건적으로 수익이 나는 매매를 할 수는 없는 것입니다. 특히 과거의 데이터에는 존재하지 않는 새로운 시장환경에서는, 데이터에 의존한 매매로는 빠르게 적응을 할 수 없을 뿐만 아니라 안정적이지 못하다는 단점이 있습니다. 이 경우에는 경험을 바탕으로 한 투자자의 직관이 더 뛰어난 위기관리능력을 발휘하기도 합니다.

그렇기 때문에 시스템매매를 통한 현명한 매매란 무조건적으로 시스템을 믿고 의존하는 '100% 시스템을 통한 매매' 보다는 **적절히 시스템매매를 활용하면서 새로운 시장상황에 시스템이 잘 적응할 수 있도록 수정,보완해가면서 각자의 매매에 지혜롭게 활용을 하는 매매**를 말합니다.

2. 복리의 수익 창출법을 믿어라

> "대부분의 투자자들이 저지르는 가장 큰 잘못 중 하나는 항상 무언가를 해야 한다고 믿는 것이다. … 투자의 기술은 돈을 잃지 않는 것이다. … 손실은 당신을 죽일 것이다. 그것은 당신의 복리 이자를 무너뜨린다. 복리야말로 투자의 마법이다."
>
> - 짐 로저스 -

1) 수익률보다는 안정적이고 꾸준한 수익을

NTS기법은 각 매매마다 감당할만한 리스크로 적은 수익을 꾸준히 쌓아가는 것을 목표로 하는 기법입니다. 그런데 이렇게 적은 수익을 안정적으로 얻는 기법은 일반 개인들은 성에 안 찬다고 생각해서 별로 선호하지 않는 경향이 있습니다. 실제로 파생상품시장에서는 하루에 100~200% 이상의 수익을 올리기도 하고, 9.11테러라든지, 리먼브라더스 사태라든지, 2011년의 유로존의 위기 등 역사적인 특정이벤트가 있었던 날에는 몇천%의 수익이 나는 날도 있었습니다.

그렇기 때문에 대부분의 개인투자자들은 그러한 환상에 사로 잡혀, 안정적인 수익에 대해서는 '뭐 그 정도는 하루에도 벌 수 있는데' 하면서 대박만을 꿈꾸는 듯합니다. 필자의 경험에 비추어 생각을 해보면 대박은 신문이나 TV에서만 보도가 될 뿐, 주변에서 그런 사람들을 거의 본 적이 없습니다. 대부분 그런 특정이벤트가 있었던 날에 손실을 보았다는 사람들만 있을 뿐입니다. 그리고 언론에서 발표하는 몇백배의 수익규모는 이론적으로 가능했던 수치에 불과한 경우가 많습니다.

대박은 내 것이 아닌 다른 사람의 것입니다. 대박을 쫓다 보면 자신의 계좌만 쪽박을 차게 됩니다. 반대로 안정적으로 수익을 내다 보면, 저절로 계좌는 늘어나게 됩니다. 그것이 투자의 최고의 마법인 '복리'의 힘입니다. 투자를 해본 사람이라면 한번쯤은 다 들어보았을 복리의 개념, 이 복리의 개념을 정확히 이해해야 투자 세계에서 살아남을 수 있습니다. 그렇지만 실제로 복리의 위력을 제대로 알고 있는 사람은 그렇게 많지 않은 것 같습니다.

투자의 거인이라고 불리는 워렌 버핏은 매년 안정적인 수익이 나게 되면 10년, 20년 뒤에 자신이 백만장자가 될 것이라는 것을 9살 때 이미 깨달았다고 합니다.(매경출판, 백만장자가 되는 1,000가지의 비밀의 서문 참고하세요.) 그리고 매년 24.9% 정도의 수익을 계속 쌓아나가서 결국에는 세계 2번째 부자가 되었습니다. 역사상 가장 위대한 트레이더 중의 한사람이라고 하는 마젤란펀드의 피터 린치의 연평균수익률은 29.2%였습니다. 워렌 버핏의 스승이라고 하는 기본적 분석의 대가인 벤자임 그레이엄의 연평균수익률은 20% 정도입니다. 투자의 거인들이라고 하는 사람들의 연평균 수익률은 20% 정도입니다. 이 사람들은 몇십 년에 걸쳐 꾸준히 수익을 냄으로써 투자의 거인들이 되었습니다.

그런데 시중에 나온 선물·옵션에 대한 책들을 보면 대부분 엄청난 수익률을 가지고 독자들을 유혹합니다. 몇 백%, 몇 천%의 수익률을 냈다느니, 십년 동안 연속해서 몇 %의 수익률을 안정적으로 냈다느니, 하는 책들이 많습니다. 정말로 그렇게 연 몇 백 %의 엄청난 수익률을 몇 년 동안 내면, 얼마나 큰 수익이 되는지 엑셀 프로그램을 활용해서 복리로 수익률을 계산해 보았습니다. 그랬더니 생전 보지도 못한 천문학적인 숫자들의 수익률이 나왔습니다. 그런 엄청난 수익률을 몇 십년 동안 낼 수 있다면, 그 사람은 이미 워렌 버핏이나 피터 린치보다 더 유명한 투자의 거인이 되어 있을 것입니다. 그런데 아직까지 한국에서 그런 투자의 거인이 나왔다는 이야기는 들어보지 못했습니다.

1년의 거래일수를 200일로 가정하고 매일 원금의 1%를 벌 수 있다면, $(1.01)^{200} = 7.31$, 즉 7배가 넘는 수익이 달성됩니다. 100만원으로 하루에 만원씩만 벌게 된다면, 1년 뒤에는 7배, 2년 뒤에는 50배가 넘게 됩니다. 무리하게 베팅을 하여 하루에 20~30%, 한달에 100~200% 수익 나는 게 중요한 것이 아니라, 하루에 만원을 벌더라도 잃지 않고 매일 벌면 자신도 모르게 계좌는 불어나게 되어 있습니다.

매일이 아닌 매월 원금의 6% 수익이 난다고 가정하면, 복리의 법칙 중 하나인 『72의 법칙』에 의해 1년에 원금이 두 배가 됩니다. 『72의 법칙』은 복리에 의해 투자원금이 2배가 되는 기간을 산출하는 간단한 방법을 말합니다. 72를 복리기준의 금리로 나누면, 원금이 2배가 되는데 소용되는 대략적인 기간이 산출됩니다. 예를 들어, 복리로 12%의 이자를 받는 투자의 원금이 2배가 되는데 소요되는 기간은 72를 12로 나누어 6년이 걸림을 대략적으로 알 수 있다는 법칙입니다. 복리 계산방법을 간략하게 만든 법칙입니다.

필자가 알고 있는 상식으로는 투자세계에서 원금의 두 배가 되는 그 순간이 투자인생의 시작이라고 합니다. 처음에는 원금을 까먹고, 그리고 원금을 회복하는 단계가 지나서, 원금의 두 배를 버는 그 단계가 되어야, 어느 정도 투자만 가지고도 안정적으로 수익을 내고 생활이 되는 단계가 된다는 것입니다. 안정적으로 수익을 낼 수 있다면 그 기간이 저절로 오게 되는 것입니다. 너무 조바심을 가지지 마십시오. 잃지 않고 조금이라도 벌면서 수익을 내게 되면, 저절로 복리라는 마법이 여러분을 부자로 만들어 줄 것입니다.

이렇게 복리라는 것에 대해 자세히 이야기를 하는 이유는, 투자로써 수익을 내는 가장 효율적이면서, 가장 확실한 방법이기 때문입니다. 그리고 다들 복리가 중요하다는 것을 여기저기에서 들어서 머리로는 알고 있지만, 그것이 얼마나 대단한 것이라는 것은 몸이나 마음으로 새기고 있는 사람들이 많지 않습니다. 실제로 전문가라고 하는 사람들조차도 복리에 개념에 대해서는 정확히 알지 못하는 것이 현실입니다.

2) 지루한 돈벌기의 의미

일반적인 개인들은 복리라는 가장 확실한 방법보다는 대박이라는 환상을 쫓고 있습니다. 1~2년을 안정적으로 수익을 올리면 될 것을, 그 기간을 하루, 일주일, 한달, 3개월 등 짧게 설정하고 대박을 노리기 때문에 실패하는 것입니다. 늘 말하지만 주식시장에서 대박은 없습니다. 무리한 베팅으로 인한 쪽박만이 있을 뿐입니다. 투자의 대박은 단 한가지, 복리만이 대박일 뿐입니다. 여유를 가지고 기간을 길게 설정해서 매매를 하십시오. 계좌는 내 자신의 노력이 아니라 시간이 벌어줄 것입니다.

지루하게 돈벌기라는 말을 이해하는 사람이라면 이미 매매로 성공할 수 있는 사람입니다. 아닌 사람은 욕심쟁이입니다. 매매에서 욕심쟁이가 아닌, 지루하게 돈 버는 사람이 되십시오. 그러면 어느 순간엔가 저절로 부자가 되어 있을 것입니다.

> 계좌는 자신의 노력이 아닌 시간의 힘으로!!!
> 지루하게 돈 벌기!!!

NTS 기법은 이러한 복리의 마법을 최대한 누리고자 하는 기법입니다. 본사에서 운영되는 한 헤지펀드의 경우 연 20~40%의 수익이 지난 5년간 났습니다. 매매 손익 비중을 -0.3~0.3%로 조절하여, 각 매매마다 0.1~0.3%의 수익을 복리로 쌓아가며, 통계적으로 월 2-5%의 손익 범위를 갖게 됩니다. 단순하게 생각해서 일 0.1~0.2%의 수익을 내면 됩니다(3% 수익 ÷ 20 거래일 = 0.15%). 그렇다면 하루의 0.1% 수익을 안정적으로 계속 낼 수 있다면 월 3% 수익, 연 복리로 계산하면 연 40% 이상의 수익($1.03 \times 12 = 1.42\cdots$)을 안정적으로 낼 수 있는 것입니다.

이런 식으로 접근을 해서 하루 수익을 쌓아나가는 방법으로 운용이 됩니다. 0.1%의 수익이면 1억원을 가지고 10만원의 수익을 내는 것입니다. 아마 이 정도의 수익은 파생상품 매매를 하는 사람들이라면 누구나 쉽게 낼 수 있는 수익일 것입니다. 이 수익을 욕심부리지 않고 손실을 제한하면서, 안정적으로 자금을 운용하는 것입니다. 여기에 자금관리와 위험을 조절해서 수익을 내는 기법이라고 생각을 하면 됩니다.

3. 기법, 심법보다 중요한 자금관리 방법

기존의 기법들은 어느 시점에 어떤 자리에서 진입을 해야 하는지를 중점적으로 다룬 것들이 많습니다. 그 기법을 차트를 분석해서 잡아내든, 옵션 가격 자체의 변동성을 분석해서 잡아내든, 결국에는 매매 타이밍에 관한 내용들입니다. **NTS기법은 매매타이밍에 관한 내용 + 자금관리에 대한 부분을 특화해서 만들어진 기법입니다.**

앞에서 언급했던 월 수익률을 자금관리 부분을 더해서 설명하면 훨씬 쉽게 이해가 될 것입니다. NTS기법은 하루의 목표 수익률을 달성하기 위해서 100%의 자금을 투입하여 수익을 내는 것이 아니라, 자금 자체를 나누어 진입을 하게 됩니다.

월 3%의 수익률을 목표로 하게 된다면, 하루 0.1~0.2%의 수익을 내면 달성을 할 수 있습니다. 이 수익률을 100% 자금이 아닌 10%의 자금을 투입해서 10% 자금의 1%의 수익이 난다면, 전체 100% 자금의 0.1%의 수익을 달성하게 됩니다. 전체자금의 10%만 투입을 해서 원하는 목표 수익률을 얻게 됩니다. 전체 자금의 10%만이 위험에 노출이 되는 것입니다.

일반적으로 개인들이 매매를 하게 될 때, 300만원이 물려서 손실이 나게 된 경우, 300만원의 손실분을 털고 나오기 위해서 1,000만원, 3,000만원을 물타기하는 게 보통입니다. 필자의 매매원칙은 그냥 300만원의 손실만을 확정짓는 것입니다. 300만원의 물량을 사고팔고 하면서 어떻게든 손실분을 커버하려고 하지, 더 금액을 투입하여서 손실을 키우지는 않습니다.

자신이 입게 될 손실분을 확정짓고 매매를 하는 것이 중요합니다. 목표수익률을 정하고, 이 목표수익률을 달성하기 위해서 하루에 얼마의 수익률을 달성해야 하는지, 그리고 자기의 자금을 어느 정도의 비율로 베팅을 하고 청산을 할 것인지, 자신만의 계획이 있어야 합니다.

1) 켈리의 공식

수익률을 달성하기 위한 적정한 베팅 금액에 대한 근거가 있습니다. 수학적인 공식으로 켈리의 공식이 있습니다. 켈리의 공식에 대한 자세한 내용을 알고 싶은 분들은 시중에 나와있는 〈머니사이언스〉 라는 책을 읽어보기 바랍니다. 켈리의 공식을 간단히 설명하자면 다음과 같습니다.

> $F = P - (1 - P)/R$
> F = 전체 투자 자금 중 1회 투자자금의 비율
> P = 투자에 성공할 확률
> R = 수익 / 손실 비율(payoff ratio)
>
> 가정 : 승률 60%
> 　　　 이익일 때 40%의 수익
> 　　　 손실일 때 20%의 손해
>
> R은 40 / 20 = 2
> $F = 0.6 - (1 - 0.6) / 2 = 0.4$
>
> 전체 자금의 40%를 1번 매매할 때 진입하라는 의미

자신의 매매에서 승률대비 수익률을 정확히 수치화하여 한번 진입하는 자금의 규모를 결정해서 운용을 하는 것이 자금관리의 핵심입니다. 자신이 얼마의 승률로 이기고 지는가를 계산하지도 못하고, 그 수치를 알고 있지도 못하고, 단순히 감각적으로만 매매를 한다면, 결국에는 자금관리에 실패해서 계좌가 깡통을 면하기 어려울 것입니다. 아무리 수익률이 좋다고 하더라도 계좌를 지키기 위해서 중요한 것은 얼마를 버느냐가 아니라, 얼마를 잃느냐는 것이기 때문입니다.

개인들은 대부분 수익률이 얼마인가를 더 중요하게 생각을 하는 경향이 있습니

다. 아무리 수익률이 100%가 되었다고 하더라도 한번 손실을 보게 된다면 다시 원금을 회복하는 데는 더 많은 시간이 걸리게 됩니다. 왜냐하면 손실은 커져있는 금액에서 (-)가 되기 때문입니다.

예를 들어서 쉽게 설명을 해보겠습니다. 어떤 사람이 1억원을 가지고 매매를 하고 있습니다. 이 사람이 100% 수익을 내었다가 70%의 손실을 보았다고 가정해보죠. 단순하게 생각해보면 100% - 70% = 30% 라고 생각해서, 현재 원금이 1억 3천만원일 거라고 생각을 하게 됩니다. 그렇지만 실제 수익률을 비교해보면 그렇지 않습니다.

1억원으로 100%의 수익이 났다면 1억원이 더해져서 투자금이 2억원으로 늘어나게 됩니다. 2억원으로 투자금이 늘어난 상태에서 70%의 손실을 보았다면 2억원 ×70% = 1억 4천만원의 손실을 보게 됩니다. 그래서 투자금은 처음의 투자금 1억원보다 4천만원이 줄어든 6,000만원이 되게 됩니다. 처음에 100% 수익을 보았더라도, 그 다음 투자의 결과가 100% 미만의 손실로도 최초의 투자원금보다 손해를 보게 되는 것입니다.

원금 1억원
if 100% 수익 → 1억원 + 1억원 = 2억원
if 70% 손실 → 2억원 - 1억 4천만원(2억원×70%) = 6천만원

이렇기 때문에 수익률보다는 손실을 입지 말아야 하는지가 중요하다는 것입니다. 얼마를 벌든 상관이 없습니다. 더구나 먼저 손실을 보게 되면 다시 원금을 회복하기에는 더 많은 수익률이 필요하게 됩니다. 예를 들어 1억원을 가지고 처음에 50%의 손실을 보게 되었다면, 다시 50%의 수익만 달성하면 원금 1억원이 될 거라고 생각을 하는데 그렇지 않습니다. 처음 금액에서 50%의 손실이 있었다면 100%의 수익이 나야 최초의 원금 1억원이 되는 것입니다.

> 원금 1억원
> if 50% 손실 → 1억원 - 5천만원(1억원×50%) = 5천만원
> if 50% 수익 → 5천만원 + 2천5백만원(5천만원×50%) = 7천5백만원
> if 100% 수익 → 5천만원 + 5천만원(5천만원×100%) = 1억원

이렇게 먼저 원금을 잃고 시작을 하게 되면, 그 원금을 다시 회복하기는 잃기 전보다 몇 배는 더 힘든 것입니다.

> 10%를 잃었을 때 손실을 회복하려면 11%의 수익을 올려야 함.
> 20%을 잃었을 때 손실을 회복하려면 25%의 수익을 올려야 함.
> 40%를 잃으면 무려 67%의 수익을 올려야 함.
> 50%의 손실을 만회하려면 100%의 수익을 올려야 본전이 됨.
> 손실은 산술급수적으로 증가하지만,
> 손실을 복구하려면 수익은 기하급수적으로 증가해야 함.
> 　　　　　　　　　　　　-알렉산더 엘더의 〈심리투자 법칙〉인용-

손실의 속성이 이렇기 때문에 투자의 거인들이 철저히 원금을 보존하고 지키라고 강조하는 것입니다. 잃은 것을 복구하는 것보다, 차라리 거래를 하지 않아 잃지 않고 지키는 것이 훨씬 쉽습니다.

대부분의 개인들은 초반에는 대개 운으로 돈을 버는 경우가 많습니다. 그 이유가 시장의 상황이 좋아서 벌었던 것인데 자신의 실력이 좋아서 벌었던 것으로 착각하고, 무리하게 베팅을 해서 원금 이상을 잃게 됩니다. 여러 포털사이트의 주식 게시판을 살펴보면 개인들이 주식투자를 그만두지 못하는 이유가 원금회복에 있다고 넋두리를 늘어 놓습니다. 다들 원금만 회복하면 그만두겠다고 하지만 처음의 원금을 복구하기 위해서 더 많은 자금을 가져오게 되고, 그리고 또 잃게 되고, 그렇게 되면 또 잃은 원금은 늘어나게 되고, 또 자금을 투입하고,… 악순환이 반복되는 것입니다.

이렇게 되면 손실을 복구할 수 없을 정도로 커지게 되고 자신이 감당할 수 없는 수준이 됩니다. 차라리 처음에 원금을 투자하지 않고 두었다면 이렇게 계속 손실이 늘어나는 일은 없었을 것입니다. 이런 악순환 때문에 주변에서 주식을 한다거나 파생상품 매매를 한다고 하면 도시락을 싸들고 다니면서 말리는 것입니다.

2) 2%의 법칙 & 6%의 법칙

세계적인 트레이더들에게는 2%의 법칙과 6%의 법칙이 있습니다. 전문적인 트레이더인 알렉산더 엘더의 〈진입과 청산전략〉에는 이 2%의 법칙과 6%의 법칙에 대해서 자세히 설명이 되어 있습니다. 간략히 이 법칙들에 대해서 소개를 하겠습니다.

먼저 2%의 법칙은 거래에서 자본의 2% 이상의 리스크를 감수하는 것은 위험하다는 것입니다. 2%의 법칙에 따르면 1억원을 가지고 있는 사람은 200만원만 거래를 해야 합니다. 필자가 트레이더들을 교육할 때 물량을 적게 진입해야 한다고 이야기하면, 사람들은 왜 그렇게 적게 매매해야 하는지 의문을 품습니다. 그렇다면 나머지 9,800만원은 어떻게 하느냐고 반문합니다. 이것이 일반적인 개인들과 세계적인 트레이더들의 위험을 관리하는 차이입니다.

개인들은 '얼마를 벌 것인가'를 먼저 생각해서 더 많은 금액을 투입하길 원하지만, 전문적인 트레이더들은 원금을 지키고 잃지 않는 것을 먼저 생각하기 때문에, 자기자본의 리스크 제한 폭을 정확하게 두는 것입니다. 그리고 6%의 법칙은 자본의 6% 이상을 손실 위험에 노출시키지 말아야 한다는 것입니다. 6%의 법칙은 자신의 계좌를 지킬 수 있는 역할을 합니다.

1억원 계좌가 잃을 경우 6%의 법칙에 따르면, 내가 감당할 수 있는 최대의 손실폭은 6%인 600만원입니다. 내가 처음의 거래로 300만원의 손실을 입었다면 다음 거래에서 내가 감당할 수 있는 손실액은 300만원이라는 이야기입니다. 물론 내가 처음의 거래로 500만원의 수익이 났다면 내가 감당할 수 있는 손실 한계는 500만원 + 600만원인 1,100만원이 되는 것입니다. 이 2%의 법칙과 6%의 법칙을 철저히 지키는 매매를 한다면 자신의 계좌가 단시간에 깡통이 나는 경우는 없을 것입니다. 세계적인 트레이더들도 이렇게 매매를 하는데, 아무런 교육도 받지 않고 경험도 없는 개인들이 제대로 된 준비도 없이 막무가내로 매매를 합니다. 결국에는 잃을 수 밖에 없는 것입니다.

NTS기법은 앞에서 언급했던 것처럼 이러한 자금관리에 초점을 맞추었기 때문에, 한번의 진입에 자기 물량의 1~3%만 베팅하도록 훈련하고 있습니다. 자신이 감당할 수 있는 리스크와 손실폭을 제한하여 자신의 계좌가 최소한의 손실에 노출이 되도록 사전에 베팅 금액을 제한하는 것입니다. 물량을 적게 매매할 수 있는 훈련이 되어 있지 않거나, 모니터를 보고 있으면 저절로 마우스를 클릭하는 사람이 있다면, 먼저 매매를 하지 않는 훈련부터 시작해서 궁극적으로 기다리는 법을 배워야 합니다.

그런 다음에 1계약씩 매매하는 연습, 그리고 수익이 나면 2계약씩 매매하는 연습, 이런 식으로 훈련을 통해 자금관리와 물량 조절을 익혀나가야 합니다. 자신은 한번에 물량조절을 할 수 있다고, 적게 매매하는 것이 무엇이 힘드냐고, 묻는 사람들도 있을 것입니다. 그렇게 물량조절과 자금 관리를 잘 하였다면, 분명 여러분의 계좌는 (+)가 되어 있어야 할 것입니다. 그렇지 못하고 지금 손실이 나고 있는 사람이라면, 분명 그렇게 못하는 투자자입니다.

혹자는 그렇게 조금씩 베팅해서 손절로 잃으나, 한번에 진입해서 몽땅 잃으나, 똑 같다고 말을 합니다. 필자의 생각은 다릅니다. 한번에 진입해서 확 잃는 것은 미래가 없습니다. 결국에는 또 그렇게 한번에 확 잃게 되는 것입니다. 그렇지만 자금관리를 해서 조금씩 손실을 제한하는 것은 의미가 있습니다. 자금관리로 손실을 제한하게 되면 자신의 계좌를 지킬 수 있게 됩니다.

필자가 이 책에서 계속 강조하는 것은 다음과 같습니다. 지키지 못하는 사람은 절대로 벌 수 없습니다. 한번에 확 벌겠다고 하는 사람들 중에서, 현재 잔고가 확 불어나 있는 사람들이 과연 얼마나 있을까요? 여러분이 투자의 거인들이나 전문적인 트레이더가 아니라면, 그 사람들처럼 하기 위해서 그 사람들이 하는 말을 귀담아

듣고 뼈에 새기고 마음에 새겨서 매매에 임해야 합니다. "뭐 다 아는 이야기인데… 그거 모르는 사람이 누가 있어?" 이렇게 생각하고 대충 넘어 간다면 여러분은 절대로 마이너스 계좌에서 헤어날 수 없습니다. 그러니까 제 말대로 해보길 바랍니다.

> 수익을 내는 가장 쉬운 법 → 자신의 계좌를 지켜라!!!
> 자신의 계좌를 지키는 가장 쉬운 법 → 철저한 자금관리와 리스크 관리

4. 베팅하는 나만의 방법을 정립하라

> "어떻게 하면 딸 수 있는지 좀 가르쳐 주십시오."
> 매우 공손하고 부드럽게 물어보지만, 실상 그들의 가슴은 타 들어가고 있음에 틀림없다. 100명 중 99명이 카지노에서 거의 모든 돈을 날렸거나, 날리고 있거나, 앞으로 날릴 사람들이기 때문이다. 그래서 그들의 물음은 간절하다 못해 처연하기조차 하다. 물론 건방을 떠는 사람이라면 필자는 두말 없이 돌아서지만, 그러한 간절함이 담긴 목소리를 대하면 필자도 인간인지라 어쩔 수 없이 대답을 주곤 한다. 그들에게 필자가 주는 비결은 언제나 똑같다. 유럽에서건, 미국에서건, 중국에서건, 한국에서건, 마찬가지다. 필자는 되묻는다.
> "혹시 100만원을 가지고 만원은 이길 수 있으십니까?"
> 그러면 그들은 모두 피식 웃는다.
> "아, 그럼요. 100만원 가지고 만원을 못 딸 사람이 도대체 어디 있습니까?"
> 그러면 필자는 고개를 끄덕이며 웃으며 돌아선다. 그것이 바로 해답이기 때문이다.
>
> 진 킴의 〈카지노 시크릿〉중에서…

1) 카지노에서 돈을 버는 베팅기술

라스베가스와 마카오 카지노에서 일명 '바카라 진'으로 불리는 진 킴이란 사람이 쓴 〈카지노시크릿〉이란 책에 나오는 이야기입니다. 이 책에서 100만원으로 기대수익률 30%인 30만원을 벌기 위해서는 100만원으로 1만원씩을 30번 벌면 된다고 합니다. 만원씩 서른 번을 이기면 되는 것입니다.

필자도 여행 중에 1~2번, 카지노를 가본 적이 있습니다. 돈을 벌기 보다는 제가 베팅을 잘 할 수 있는지 베팅 시스템을 점검하고 실험해보기를 좋아합니다. 그래서 1,000달러 정도를 가지고 카지노에서 게임을 했었습니다. 결과를 우선 말하자면 5~6시간을 재미있게 놀면서 1,000달러 정도를 벌어서 왔습니다. 앞에서 인용한 글처럼 비슷하게 베팅을 해서 돈을 땄습니다. 1,000달러를 원금으로 생각하지 않고 우선 100달러를 원금으로 생각을 해서 게임을 했었습니다. 여러 게임 중 룰렛을 주로 했었는데 우선은 테이블 머니가 가장 낮은 곳을 찾습니다. 100달러의 자금을 100번 정도 베팅 할 수 있는 곳을 찾는 것입니다.

필자의 생각에 카지노에서 돈을 버는 방법은 단 한가지 밖에 없는 것 같습니다. 그것은 적게 베팅하기 입니다. '도박사의 오류'라는 것이 있습니다. 룰렛 게임을 예로 들면 1/8의 확률인 자리가 있다고 하겠습니다. 그렇다면 일반적으로 사람들은 1/8의 확률이니 8번 중에 1번은 당첨이 될 거라고 생각을 합니다. 8번째 숫자가 나오지 않으면 9, 10번째는 그 숫자가 나올 확률이 높을 거라고 생각을 합니다. 한 판한판 자신이 원하는 숫자가 나오지 않을수록 다음 판에는 원하는 숫자가 나올 것이라고 믿는 것입니다. 그렇지만 룰렛 기계는 이전 판에 어떤 숫자가 나왔는지 기억하지 못합니다. 처음에 배팅했던 판이나 여덟번째 판이나 늘 확률은 1/8인 것입니다. 이것이 도박사의 오류입니다.

베팅을 할 때는 확률이 아닌 수열로 이겨야 합니다. 자신의 자금이 100달러이고 1/8의 확률에 베팅을 한다면 8번이 아니라 20번, 50번, 베팅을 하더라도 베팅금액이 없어지지 않도록 베팅액을 쪼개고 쪼개야 합니다. 그래야 이길 수 있습니다. 그래서 필자는 처음에 1달러씩 베팅을 하다가 8번째 판부터는 2달러씩 베팅을 해나갑니다. 1, 1, 1, 1, 1, 1, 1, 2, 2, 2, 2, 3, 3 …

1/8의 확률이라면 처음 7번은 1달러를 베팅해도 한번만 맞으면 8배의 금액을 주기 때문에 처음의 원금보다 많아지게 됩니다. 그리고 8번째판에서 1달러를 베팅하게 되면 원금이 되기 때문에 원금보다 수익이 많게 하려면 2달러를 베팅하게 되는 것입니다. 2달러를 베팅하는 판은 16달러의 베팅 금액이 들어가기 전까지인 11번째 판까지이고 그 다음에는 3달러 … 이런 식으로 베팅 금액을 수열로 짜서 베팅을 하는 것입니다.

이런 계획을 가지고 한판만 맞아도 앞의 손실을 다 상쇄시키고 남을 만큼, 금액을 차차 늘려서 베팅합니다. 자금을 쪼개서 지루하게 베팅을 하는 것입니다. 그리고 가장 중요한 것은 베팅이 맞았을 때입니다. 연속으로 베팅 금액이 맞거나 8번중에 1번이 아닌 2~3번중에 1번을 맞게 되면, 번 금액이 많아져서 크게 베팅을 하는 게, 일반적인 사람들의 베팅법일 것입니다. 이 부분에서 가장 중요한 것은 베팅이 맞았을 때, 바로 최초의 베팅액으로 돌아가서 처음부터 다시 시작을 해야 한다는 것입니다.

우리가 원하는 것은 운으로 한번에 돈을 버는 것이 아닌, 베팅 금액을 조절해서 시스템안에서 돈을 벌고자 하는 것입니다. 그렇다면 운으로 번 것은 운으로 챙겨두고, 다시 시스템으로 돌아가서 지루하게 돈을 벌어야 하는 것입니다. 대부분의 사람들은 이것을 이해하지 못하고 100달러로 100달러를 벌면, 한번에 100, 200달러를 베팅해서 200달러, 400달러를 만들려고 합니다. 이미 벌었는데 왜 그 돈을 더 큰 위험에 노출시킵니까? 리스크관리와 자금관리를 제대로 이해하지 못했기 때문입니다.

필자는 1,000달러로 200~300달러를 벌었을 경우, 원금 1,000달러를 현금으로 빼고 번 돈 200~300달러만 가지고 다시 처음처럼 베팅을 합니다. 철저히 자금 관리를 하고 칩으로 바꿨던 현금을 다시 현금으로 바꾸기 위해서는 환전소에 가야 하기 때문에 저절로 완급을 조절할 수 있는 것입니다. 그러면서 바람도 쐬고 사람들도 구경하고 음료수도 마시면서 카지노에서의 게임을 즐깁니다. 한번에 대박만을 노리고 카지노에 미친 듯이 게임을 하는 것이 아닌, 정말 관광과 오락의 의미로 게임을 하는 것입니다.

이렇게 게임을 하게 되면 같이 온 일행들은 30분, 1시간도 안 되어서 가져온 돈을 다 잃고 현금을 더 찾는다면서 우왕좌왕하거나 단지 다른 사람이 하는 것을 구경만 하게 됩니다. 저는 5~6시간을 재미있게 게임하면서 놀고, 카지노에 처음 들어왔을 때보다 돈도 두 배 정도 벌어서 나옵니다. 다른 일행들과 결정적인 차이는 어디에 있는 것일까요? 단지 필자가 운이 좋아서 돈을 따오는 것일까요?

잘 생각해 보세요. 운의 차이라면 매번 가서 돈을 벌 수는 없습니다. 사람의 운에는 한계가 있고, 운이 좋은 날도 있고 나쁜 날도 있습니다. 운만으로는 게임에서 이길 수 없습니다. 베팅 시스템으로 이겨야 합니다. 앞서 이야기 했던 것처럼 맞고 틀리고의 문제가 아닌, 50대 50의 확률이 아닌, 수열로 이겨야 합니다.

> 확률이 아닌 수열로 이겨라!!!

2) 카지노 베팅법과 유사한 NTS 베팅방법

카지노에서 베팅하는 법이랑 NTS기법에서 베팅하는 방법은 유사합니다. NTS기법에서 활용하는 베팅법을 가지고 카지노에서 응용을 한 것이기 때문입니다. NTS기법도 적게 매매하려고 하고, 자기의 자금에서 첫 베팅을 1~2%만으로 제한해서 베팅을 하는 것입니다. 그리고 수익이 났을 경우는 베팅액을 처음으로 돌아가서 베팅을 하거나, 처음 베팅금액의 절반이나 1/3로 베팅을 해서 위험을 최소화하려고 합니다.

필자는 도대체 왜 사람들이 한번에 확 벌려는 생각만 하는지, 한번에 확 잃을 수도 있다는 생각은 안 하는지, 이해할 수가 없습니다. 필자도 처음에 매매를 할 때는 '한번에 확'이라는 생각이 있었지만 NTS기법을 가지고 매매를 하고부터는 그 '한번에 확'이라는 생각을 버리게 되었습니다. 한번에 확 버는 경우보다 한번에 확 잃는 경우가 더 많습니다. 물론 한번에 확 버는 것도 중요하다고 생각하는 입장입니다. 이렇게 수익을 극대화하는 전략에 대해서는 뒤에 다시 언급하겠습니다.

실제로 이러한 베팅법은 카지노에 관한 내용을 다룬 책에 언급이 되어 있습니다. 하지만 중요한 것은 이것을 실천할 수 있느냐 없느냐 하는 것입니다. 아직도 왜 1억원이 있는데, 100 ~ 200만원만 매매하는지 이해하지 못하겠나요? 왜 적게 매매해야 하는지, 왜 나누어 매매해야 하는지, 베팅이나 물량조절에 대한 자신만의 원칙이 왜 그렇게 중요한지 모르겠나요?

그렇다면 아직 덜 잃어 본 것입니다. 더 잃어야 필자의 이야기가 마음에 와 닿고 뼈에 새겨질 것입니다. 적게 벌려고 해야 하고, 잃지 않으려고 해야 합니다. 1,000달러를 가지고 왔다면 1달러를 베팅해서 1달러를 이기려고 해야 합니다. 1,000달러로 2천달러, 3천달러, 5천달러, 만달러를 벌려고 하기 때문에 잃게 되는 것입니다.

매매에서도 똑같습니다. 1,000만원을 가지고 2,000만원, 5,000만원, 1억원을 한번에 벌려고 하기 때문에, 가지고 있는 1,000만원 마저 다 잃고 마는 것입니다. 우선 1,000만원으로 만원, 10만원을 이기려고 하십시오. 그러다 보면 저절로 100만원, 200만원을 벌게 되고 그것이 모아져서 2,000만원, 5,000만원으로 늘어나는 것입니다.

처음부터 크게 이기려고 하지 마십시오. 적게 베팅하고 적게 이기십시오. 그것이 결국에는 이기는 법입니다. 처음에 인용했던 글을 기억하십시오.

> "100만원으로 만원은 이길 수 있습니까?"
> 이것이 이기는 법입니다.

그렇다면 실제 어떤 베팅법들이 있고, 어떻게 매매에서 활용을 하는지 알아보기로 하겠습니다.

3) 단순베팅법

단순 베팅법은 말 그대로 단순하게 베팅하는 것을 말합니다. 1포인트당 진입물량을 정하고 같은 물량을 계속적으로 진입하는 것입니다. 예를 들어 245포인트에서 1포인트씩 4포인트를 1계약씩 진입한다고 하면,

> 245 → 1계약, 244 → 1계약, 243 → 1계약, 242 → 1계약
> 2계약씩 진입한다면
> 245 → 2계약, 244 → 2계약, 243 → 2계약, 242 → 2계약

이런 식으로 단순히 같은 물량을 진입하는 것입니다. 이 때의 단가를 계산하면 다음과 같습니다.

> 245 → 1계약　단가 245.00　1계약
> 244 → 1 계약　단가 (245.00 + 244.00)/2 = 244.50　2계약
> 243 → 1 계약　단가 (245.00+ 244.00+ 243.00)/3 = 244.00　3계약
> 242 → 1 계약　단가 (245.00+244.00+243.00+242.00)/4 = 243.50　4계약

NTS기법의 베팅법도 기본적으로 단순 베팅법으로 시작됩니다. 단순베팅법으로 수익을 내는 것이 가장 기본입니다. 정확한 자리에서 정확하게 물량을 진입하는 훈련이 되지 않은 상태에서 다른 베팅법을 아무리 배워서 응용을 하더라도, 수익으로 이어지기 보다는 물량이 많아져서 손실이 커지는 결과를 초래할 수 있습니다. 그렇기 때문에 가장 기본이 되는 단순베팅법으로 충분히 훈련이 된 상태에서 다른 배팅법을 응용하기 바랍니다. 세상 모든 것이 다 똑같지만 매매에서도 기본

이 가장 중요한 것입니다. 기본만 지킬 수 있어도 시장에서 살아남을 수 있습니다.

4) 마틴게일베팅법

베팅법 중에서도 가장 잘 알려진 베팅법은 마틴게일(Martingale)법입니다. 마틴게일법은 첫 진입금액이 손실이면 진입금액을 늘려서 손실 이상의 수익을 본 후에 다시 투자금액을 줄이는 방법으로, 이런 거래를 반복하는 베팅법입니다. 일반적인 마틴게일 베팅법의 예는 아래와 같습니다.

245포인트부터 4포인트 진입시

245 → 1계약 단가 245.00 1계약

244 → 2계약 단가 (245.00 + 244.00 + 244.00)/3 = 244.33 3계약

243 → 4계약 단가 (245.00 + 244.00×2 + 243.00×4)/7 = 243.57 7계약

242 → 8계약 단가 (245.00 + 244.00×2 + 243.00×4 + 242.00×8)/15 = 242.73 15계약

이런 식으로 물량을 베팅하는 것이 일반적인 마틴게일법이라고 볼 수 있습니다. 첫 진입포인트에서 손실이 발생했을 시에 다음 진입포인트에서는 2배의 물량을 진입하기 때문에 평균단가는 낮아지고, 물량은 많아지기 때문에 작은 반등에도 수익이 납니다. 하지만 밑으로 물량을 배수로 진입하는 것이기 때문에 많은 자금을 가지고 있는 경우가 아니면 쉽게 마틴게일로 물량을 진입할 수가 없으며, 추세를 반대로 역행해서 매매를 할 경우 한번의 반등도 없이 계속적으로 손실을 보게 되어 자본금을 다 날릴 수도 있습니다.

미국의 유명한 LTCM도 이러한 방법으로 베팅을 해서 처음에는 수익을 낼 수 있

었지만, 시장의 추세와 반대로 베팅을 했다가 엄청난 손실을 입게 되었습니다. 손실을 빨리 복구하고 수익을 낼 수 있는 장점이 있는 대신, 손실을 한번에 크게 입을 수도 있는 단점도 가지고 있습니다. 그렇기 때문에 적은 자본금을 가지고 매매를 하는 개인의 경우 마틴게일법으로 베팅을 하는 것을 추천하지는 않습니다.

베팅에 대한 훈련이 되어 있지 않은 상태에서 매매를 할 경우 자신의 베팅을 제어할 수 없어, 금새 한 방향으로 풀베팅이 된 상태가 되기 때문입니다. 1~4포인트를 나눠서 베팅을 했을 뿐이지, 결국에는 한방향에 풀베팅이 된 상태가 된 것이라면, 자금관리를 제대로 하지 못한 결과가 되어, 결국에는 투자금을 다 잃어버리게 됩니다.

NTS기법에서는 1 - 2 - 4 - 8 … 베팅보다는 마틴게일을 응용한 1 - 2 - 3 - 4 … 나 1 - 3 - 5 - 10 … 과 같은 방식으로 응용을 해서 진입에 활용을 합니다. 그리고 4포인트를 다 진입을 하게 되면 반대방향으로 헤징을 하는 것이 기본 전략이기 때문에, 무조건적으로 물량을 계속 밑으로 모으지는 않습니다.

5) 반 마틴게일베팅법

반 마틴게일베팅법은 마틴게일법과는 반대로 진입한 물량이 손실일 시에는 물량을 줄여서 베팅을 하고, 수익일 때에는 그 수익을 바탕으로 물량을 늘려서 베팅하는 베팅법입니다. 반 마틴게일베팅법의 가장 중요한 포인트는 진입물량이 손실이 난 경우에는, 물량을 줄여서 베팅을 하거나 추가진입을 하지 않는 것입니다. 그러다가 수익이 발생할 시에 베팅을 늘리는 것입니다.

245포인트부터 4포인트 진입시(1포인트 1계약 진입)
245 → 1계약   단가 245.00   1계약
246 → 1계약   단가 245.00 + 246.00 = 245.50   2계약
247 → 1계약   단가 245.00 + 246.00 + 247.00 = 246.00   3계약
248 → 1계약   단가 245.00 + 246.00 + 247.00 + 248.00 = 246.50   4계약

위의 베팅법이 상방으로 베팅을 하는 단순한 베팅법이라면 반 마틴게일을 이용한 베팅법은 아래와 같습니다.

245포인트부터 4포인트 진입시
245 → 1계약   단가 245.00   1계약
246 → 2계약   단가 (245.00 + 246.00×2)/3 = 245.67   3계약
247 → 4계약   단가 (245.00 + 246.00×2 + 247.00×4)/7 = 246.43   7계약
248 → 8계약   단가 (245.00 + 246.00×2 + 247.00×4 + 248.00×8)/15 = 247.27   15계약

이런 식으로 단가와 수량이 결정이 됩니다. 이렇게 물량을 진입하게 되었을 때, 수익을 확정 짓는 방법은 마지막 진입물량이 조금이라도 손실이 낫을 경우에, 진입물량을 모두 청산하는 것입니다. 그리고 다시 진입조건이 오기 전까지는 진입을 하지 않는 것입니다. 248에서 마지막 물량을 진입했다면, 248에서의 진입물량이 손실이 나는 구간인 247.95~247.50 정도의 구간에서 그 동안의 진입물량을 전부 청산을 하는 것입니다. 2포인트단위로 진입을 하게 된다면 첫 진입물량의 수익포인트가 2포인트이기 때문에 청산시점을 정하는 것도 훨씬 쉽습니다.

245포인트부터 4포인트 진입시(2포인트 단위로 진입)
245 → 1계약   단가 245.00   1계약
247 → 2계약   단가 (245.00 + 247.00×2)/3 = 246.33   3계약
249 → 4계약   단가 (245.00 + 247.00×2 + 249.00×4)/7 = 247.86   7계약
251 → 8계약   단가 (245.00 + 246.00×2 + 247.00×4+ 251.00×8)/15 = 249.53   15계약

　이렇게 진입을 하게 되면 2포인트의 수익을 확보한 상태이기 때문에 마지막 진입포인트에서 0.5포인트 마이너스가 되는 시점에서 수익청산을 다 해도, 전체 계좌는 수익을 많이 낸 상태가 됩니다. 당일에 긴 장대 양봉이나 음봉이 난 경우에, 아니면 스윙매매를 할 경우에, 수익을 극대화할 수 있는 장점이 있습니다. 대부분의 프로 트레이더들은 이렇게 수익이 났을 경우, 물량을 더 진입하여서 수익을 극대화하는 방법을 주로 사용합니다. 하지만 물량조절을 하지 못하는 개인들이 따라하기에는 쉽지 않은 베팅법 중의 하나입니다. 일반적으로 포지션이 수익인 상태에서 물량을 더 진입한다는 것이 쉽지 않기 때문입니다.

　대부분의 개인들은 포지션이 마이너스일 경우에는 오기로 버티거나 추가물량을 진입(일명 물타기)할 수는 있지만, 계좌가 플러스인 경우에는 청산을 해서 이익을 확정짓고자 하지, 추가물량을 진입하지는 않기 때문입니다. 이 방법은 개인들이 흔히 하는 '아래로 물타기'의 반대되는 '위로 물타기'의 개념입니다. 더 자세한 진입 방법에 대해서는 뒤에서 따로 언급하겠습니다.

6) 정액법

정액법은 진입포인트마다 같은 금액을 진입하는 방법입니다. 선물매매의 경우, 1포인트 단위로 진입을 한다면 각 포인트마다 50만원 정도의 차이가 있지만, 전체 진입금액에 비해서 큰 차이가 생기는 것이 아니기 때문에, 정확하게 적용하기 애매한 면이 있습니다. 하지만 옵션매매의 경우에는 각 포인트마다 옵션 가격이 많이 차이가 나기 때문에 활용하기 유용한 베팅법입니다.

설명하기 쉽게 지수가 245일 때 델타값이 1.0인 내가격 콜옵션을 4.00부터 매수한다고 했을 때를 예로 설명하겠습니다.

245포인트부터 4포인트 진입시(델타값 1.0, 4.00부터 1계약씩 진입)
245 → 4.00 1계약   단가 4.00 1계약   금액 : 200만원
244 → 3.00 1계약   단가 (4.00+3.00)/2 = 3.50 2계약 금액 : 350만원
243 → 2.00 1계약   단가 (4.00+3.00+2.00)/3 = 3.00 3계약 금액 : 450만원
242 → 1.00 1계약   단가 (4.00+3.00+2.00+1.00)/4 = 2.50 4계약 금액 : 500만원

이런 방식으로 진입을 하는 것이 단순베팅의 방법입니다. 이렇게 베팅을 했을 경우, 포인트별 옵션의 가격이 델타값의 영향으로 1.00씩 감소되어 같은 물량을 진입하게 되었을 때, 진입금액은 첫 포인트 200만원에서 150만원, 100만원, 마지막 포인트에는 50만원으로 줄어들게 됩니다. 전체 진입금액도 500만원으로 첫 포인트에서 2계약을 진입한 금액인 400만원과 100만원 밖에 차이가 나지 않아 진입금액에 대한 부담은 작습니다. 하지만 지수 242.00에 4번째 진입이 되었을 때에는 평균단가가 243.50이 되어, 242.00에서 1.5포인트가 상승하면 수익이 나기 시작합니다.

단순베팅을 정액법으로 진입하게 되면 다음과 같이 됩니다.

> 245포인트부터 4포인트 진입 시(델타값 1.0, 4.00부터 약200만원씩)
> 245 → 4.00 1계약   단가 4.00 1계약 금액 : 200만원
> 244 → 3.00 1계약   단가 (4.00+3.00)/ 2 = 3.50 2계약 금액 : 350만원
> 243 → 2.00 1계약   단가 (4.00+3.00+2.00×2)/4 = 2.75   4계약
>   금액 : 550만원
>   cf) 2.00×50만원×2계약 = 200만원
> 242 → 1.00 1계약   단가 (4.00+3.00+2.00×2+1.00×4)/8 = 1.88 8계약
>   금액 : 750만원
>   cf) 2.00×50만원×2계약 = 200만원

같은 금액을 진입한 것만으로도 진입물량은 1-1-2-4와 같이 마틴게일법으로 진입을 하게 되어, 평균단가도 단순베팅에 비해서 낮아지면서 수량도 늘어나고, 1~2포인트 반등으로도 효과적인 수익청산을 할 수 있습니다.

NTS기법에서는 옵션매매의 경우, 정액법을 이용한 베팅을 기본으로 합니다. 실제 매매에서는 예를 든 것처럼 정확하게 금액이 떨어지지 않지만 금액은 대충 맞추어도 2~3번째 진입되는 시점에서는, 같은 금액을 진입하게 되어도 더 많은 물량이 확보하게 되니, 정액법의 효과를 볼 수 있습니다.

특히 이 정액법은 굳이 선물·옵션 매매에 활용을 하지 않더라도, 인덱스펀드 같은 상품에 투자를 하는 경우에도 활용을 하게 되면 좋은 투자기법이 될 수 있습니다. 필자의 견해로는 개인들이 주식투자로 가장 확실하게 수익을 낼 수 있는 방법은 단 한가지, KOSPI인덱스펀드에 정액법을 활용하여서 매월 같은 금액을 투자

하는 것입니다.

이렇게 되면 지수가 하락하게 되어도 같은 금액을 투자하게 되어서 계좌수가 늘어나게 되고 지수가 상승하게 되었을 때에는 늘어난 계좌수가 쉽게 수익으로 전환되기 때문에, 장기적으로 투자하는데 바람직한 방법이라고 생각합니다. 이 부분에 대한 자세한 설명은 매경출판에서 나온 〈잃지 않는 투자〉라는 책을 참고하길 바랍니다. 일반인도 알 수 있게 잘 설명되어 있습니다.

일반적으로 개인들의 펀드환매가 지수가 바닥권에 왔을 경우에 더 늘어나게 됩니다. 반대로 이때를 기회라고 생각을 하고 매월 같은 금액을 인덱스펀드에 맘 편히 투자를 하게 된다면, 장기적으로는 시중은행의 금리보다 더 높은 수익을 얻을 수 있습니다. 주식이나 지수와 관련된 상품은 공포에 진입할 수 있는 배짱도 필요합니다. 단순한 무대포가 아니라 과학적인 투자의 원리를 근간으로, 배짱 있는 투자를 할 줄 알아야 합니다.

7) 정률법

정률법은 자본대비 같은 비율의 금액을 진입하는 방법입니다. 정률법은 같은 비율의 금액을 진입하는 방식이기 때문에 현재의 포지션이 수익일 경우와 손실일 경우에 진입금액에 차이가 생기게 됩니다. 수익인 경우에는 그 수익을 바탕으로 같은 비율을 진입한 경우에도 더 많은 금액이 진입되게 되는 효과가 있습니다. 예를 들어 자본금이 5천만원 대비 10% 진입을 하게 된다면 500만원을 진입하게 되지만, 7천만원 대비 10% 진입을 하게 된다면 700만원을 진입하게 되는 것입니다.

반대로 포지션이 손실구간이 되었을 시에는 진입금액이 줄어들기 때문에 저절로 위험관리와 자금관리를 하게 되는 효과를 거둘 수 있습니다. 자신이 손실구간에 있을 경우 대부분 무리하게 베팅을 하게 되어서 손실을 키우는 경향이 있는데, 정률법을 사용하여 베팅을 하는 경우에는 자금에 맞추어서 베팅을 하기 때문에 무리한 진입을 하지 않을 수 있습니다.

8) 무리한 베팅 보다는 원칙을 지키는 것이 중요

이상에서 여러 가지 베팅법에 대해서 알아보았습니다. 이러한 베팅법이 NTS기법에 어떻게 활용이 되는지는 진입방법에서 자세히 다루도록 하겠습니다. 여러 가지 베팅법을 알고 있더라도 중요한 것은 실전 매매를 할 때 정해진 베팅법대로 진입을 할 수 있느냐는 것입니다. 특히 손실 구간에서 무리하게 베팅을 하지 않고, 원칙을 지키면서 베팅을 하는 것이 무엇보다 중요합니다.

아무리 많은 기법을 알고 있더라도 실제 매매에서 자신을 컨트롤하지 못하고 원칙을 지키지 못하면 아무 소용이 없기 때문입니다. 매매에서 중요한 것은 기법을 많이 아는 지식이 중요한 것이 아니라, 한두 가지의 기법을 가지고 정확히 적용하고 지켜서 수익을 내는 것이 중요합니다. 아무리 완벽한 기법이고 베팅법이라도 실제로 매매를 하는 당사자가 그 기법을 활용할 실력이 되지 않으면 아무 소용이 없습니다. 기법보다 먼저 자기자신이 기법을 활용할 수 있는 실력을 갖추는 것이 무엇보다도 중요합니다.

정말 얼마를 버느냐가 중요한 것이 아니라 매일 버는 것이 무서운 것입니다.
여러분도 이렇게 잃지 않는 매매!!! 매일 버는 매매!!! 하기 바랍니다.
벤저민 그레이엄, 웨런버핏과 같은 투자의 거인들이 말하는 법칙1, 법칙2가 괜히 그렇게 이야기를 하는 것이 아닙니다. 원금만 지키고 손실을 내지 않으면 됩니다.

1. 원금 지키기
2. 제1법칙을 절대로 잊지 않기

이것만 지키면 됩니다.
이 원칙을 몸과 가슴으로 이해해야 합니다.
머리로만이 아닌…
결국에는 비싼 수업료를 내고 깨닫게 되는 것이지만…
수업료를 내지 않고 깨달을 수 있다면 너무나 좋은 일일 것입니다.
그러기 위해서는 절대절대 원금을 지키십시오!!
돈 버는 투자 = 원금 지키기 입니다!!

> "당신이 빨리 부자가 되는 투자 전략을 원한다면 이 책은 도움이 되지 못한다. 그런 것은 만병통치약을 파는 약장수에게나 알아보기 바란다. 빨리 될 수 있는 것은 가난뱅이밖에 없다. 부자가 되기 위해서는 천천히 해야만 하며, 지금 시작해야 한다."
>
> 버튼 G. 맬킬의 〈시장 변화를 이기는 투자〉중에서……

5. NTS운영 대원칙

1) 4포인트 분할진입의 원칙

NTS기법은 다른 기법들과는 달리 어느 한 지점을 진입포인트로 보고 진입하는 것이 아니라, 그 지점을 범위로 나눠서 공략을 합니다. 어느 한 지점을 꼭 잡아서 진입을 한다면, 그 진입자리를 정확히 찍고 변곡이 와야 하는데, 그런 경우는 거의 없습니다. 진입 포인트보다 더 불리하게 진행되다가 다시 원하는 방향으로 가거나, 진입 포인트가 오지 않고 그냥 가버리거나, 이런 경우들이 대부분일 것입니다. 인간이 신이 아닌 이상, 정확하게 매수·매도 포인트를 잡을 수는 없기 때문입니다.

NTS기법은 이런 문제점을 보완하기 위해서 어느 한 점이 아닌 『범위』로 진입포인트를 잡습니다. 그것이 4포인트 분할 진입입니다(현재 지수 기준). 진입 포인트를 4포인트로 나누어 설정하여, 1포인트 단위로 적은 물량을 진입하는 것입니다. 이렇게 4포인트 단위로 물량을 진입하게 되면, 진입 시점에서 선물지수 1포인트 단위로 4포인트 분할로 진입함으로써, 진입 포인트와 수익포지션을 정확하게 계산할 수 있도록 매매를 도와줍니다.

현재 선물지수가 200포인트라고 가정할 때 200포인트부터 매수진입 시 200, 199, 198, 197 포인트, 이렇게 진입함으로써 정확한 매수 단가와 청산 시점을 알 수 있습니다.

200 포인트 매수 시 매수단가 200
200, 199 포인트 매수 시 매수단가 199.50
200, 199, 198 포인트 매수 시 매수단가 199
200, 199, 198, 197 포인트 매수 시 매수단가 198.50

4포인트 기법에 대해서 자세히 살펴보기로 하겠습니다. 여러 가지 경우의 수를 예를 들어 설명하겠습니다.

2) 1포인트 진입 시 매매방법

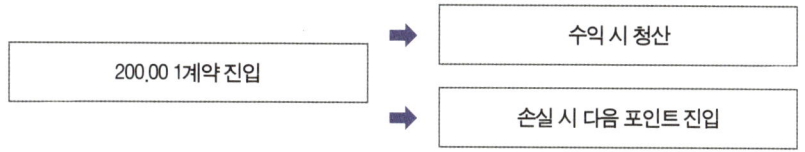

200.00 포인트에서 1포인트만 진입을 한 상태에서 원하던 방향대로 수익이 발생한다면 1포인트 구간에서의 진입물량만 수익청산을 하면 됩니다. 그리고 200.00포인트에서 진입을 한 상태에서 지수가 거꾸로 간다면 다음 포인트에서 추가진입을 하면 됩니다. 지수가 다시 제자리로 돌아오면, 수익 청산 후 다시 200.00포인트에서 다시 진입을 해서 포지션을 구축하고, 수익이 나면 또 청산하면 되고, 손실일 경우에는 다음 진입포인트에서 다시 진입,… 이 과정을 반복하면서 매매를 합니다.

3) 2포인트 진입 시 매매방법

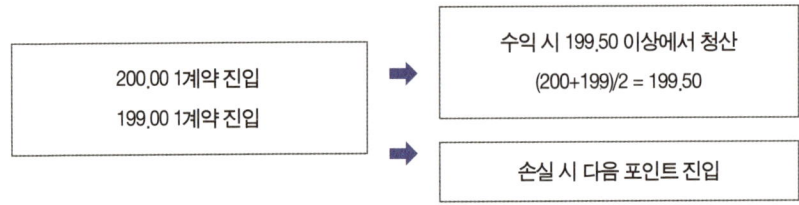

2포인트째 진입을 한 경우도 1포인트에서 진입을 한 경우와 동일하게 매매하면 됩니다. 수익일 경우에는 수익권에서 청산하고, 손실인 구간에서는 다음 진입포인트까지 기다렸다고 진입을 하면 됩니다. 2포인트째부터는 진입물량이 2계약이기 때문에 본전이 되는 시점에서 1계약은 0.5포인트 ~ 1포인트 수익구간에 청산을 하고(1포인트는 수익을 확보해 놓은 상태에서), 추가 수익을 낼 수 있도록 홀딩을 하고 종전의 방식대로 사고 팔고를 반복하는 방법으로 응용을 해서 수익을 더 낼 수 있습니다.

4) 2포인트 진입물량 청산하는 방법

① 평균단가로 청산하는 방법

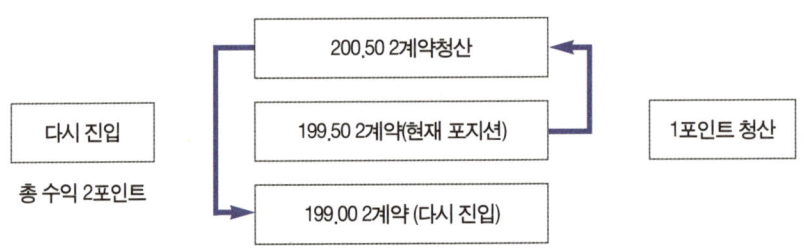

2포인트 진입물량 청산의 첫번째 방법은 매수포인트가 200.00일 경우에 200.00에서 1계약을 진입하고 199.00에서 1계약을 진입할 시 진입단가는 (200.00 + 199.00)/2 = 199.50포인트가 됩니다. 이 경우 1포인트 수익청산을 원칙으로 한다면, 평균단가가 199.50이기 때문에 200.50에 2계약을 전부 청산하고, 다시 진입포인트가 오게 되면 원래의 200.00대부터 다시 진입을 해서 199.00대까지 2계약이 진입하게 매매를 하는 방법입니다. 이렇게 평균단가로 청산을 하게 되면 한번에 물량이 다 청산이 되고 일찍 물량을 청산할 수 있는 장점이 있습니다.

② 진입단가로 청산하는 방법

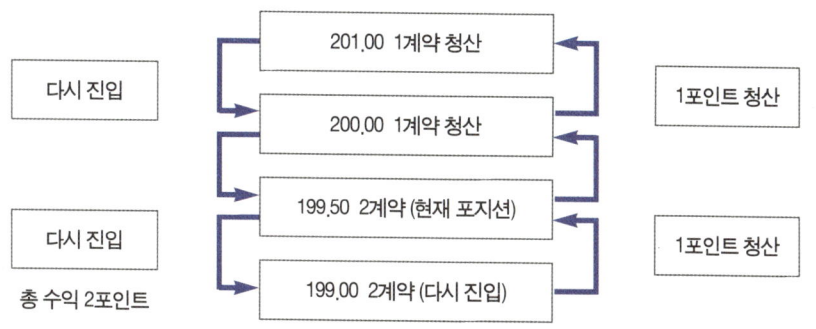

두번째 방법은 진입단가로 청산을 하는 것입니다. 199.00에 진입한 물량은 200.00에, 200.00에 진입한 물량은 201.00에 청산을 합니다. 200.00에 진입물량이 청산이 되지 않은 상태로 200.00으로 되돌아온다면 추가진입을 하지 않고, 199.00까지 기다려서 진입포인트가 왔을 경우에 진입을 하게 됩니다.

이렇게 진입단가로 청산을 하게 되면 한번에 물량을 청산하는 것보다 일부 물량을 일찍 털어낼 수가 있고, 1계약을 홀딩한 상태에서 사고팔면서 수익을 낼 수 있는 장점이 있습니다. 그날의 선물 진폭이 1~2포인트 구간에서는 이 포지션으로 매매를 하는 경우 상관이 없지만, 3~4포인트구간에서는 계산이 복잡해 질 수 있습니다.

진입단가로 청산을 하게 되면 평균단가는 마이너스권이라 나중에 수익을 계산하는데 어려움이 생길 수 있습니다. 그렇기 때문에 진입단가로 청산을 하는 방법을 사용하기 위해서는 진입된 포인트와 현재 포지션을 정확히 파악하여야 하며, 현재 진입되어 있는 포지션이 플러스라고 하더라도, 전체 잔고가 플러스가 되어있는지 수시로 확인하면서 매매를 해야 합니다.

5) 3포인트 진입 시 매매방법

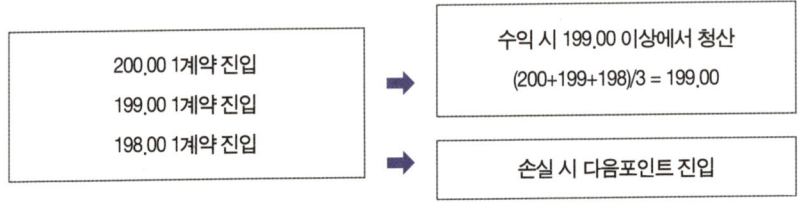

3포인트 진입 시에도 1~2포인트 진입의 경우와 동일하게 1포인트당 1계약씩 진입을 하면 됩니다. 200.00부터 진입을 하게 되면 200.00 1계약, 199.00 1계약, 198.00 1계약씩 차례로 진입을 합니다. 그렇게 진입을 하면 평균단가가 (200+199+198)/3 = 199.00 이기 때문에, 마지막 진입포인트에서 1포인트 이상의 반등이 있으면 수익청산을 할 수 있습니다. 3포인트 진입을 하게 되었을 시에는 현재 포지션으로 손실이 3포인트이기 때문에 추가로 진입하기에 부담이 될 수 있습니다.

NTS기법상으로는 4포인트를 10%의 물량으로 진입을 하는 것이 원칙이지만 선물기준으로 4포인트를 1포인트당 1계약씩 진입을 할 경우에 (-)300만원의 손해로 평가되기 때문에 손실이 부담스러울 수 있습니다. 그리고 매매자금의 규모가 크지 않아서 3~4포인트의 물량을 진입하기가 힘든 경우에는 1포인트 진입시 마다 손절을 예약하고 진입을 한 후, 손절 처리가 되면 다음 포인트를 기다리는 방법도 있습니다.

선물 1계약을 가지고 매매를 하는 경우 200에 상방 진입신호가 나왔다고 하면, 선물 1계약으로는 4포인트를 다 진입할 수가 없기 때문에 200에 1계약을 진입하고 0.5포인트 손절을 설정하여 지수가 199.5로 하락한다면 손절 처리를 합니다. 그리고 199에 다시 진입을 하고 지수가 오르면 1포인트 이상에서 수익청산하고 내리면 또 0.5포인트 손절,… 이런 식으로 NTS기법을 자신의 자금규모에 맞추어서 적용할 수도 있습니다.

6) 3포인트 진입물량 청산방법

① 평균단가로 청산하는 방법

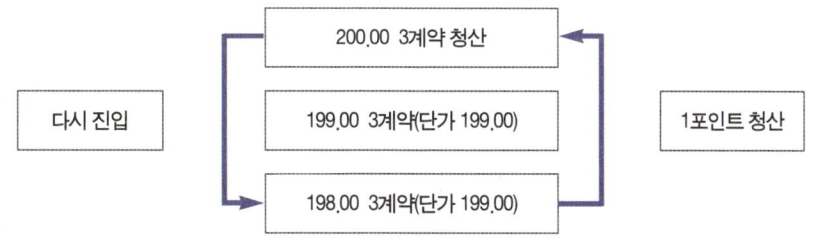

우선 3포인트 물량을 평균단가로 1포인트 수익청산을 하게 된다면 3포인트 물량의 평균단가가 (200+199+198)/3 = 199 이기 때문에 199.00에서 1포인트 위인

200.00에 3계약을 다 청산을 하게 됩니다. 평균단가로 청산을 하게 되면 3포인트의 물량을 들고, 마지막 진입포인트에서 2포인트 이상 반등이 와야 청산이 됩니다.

그렇기 때문에 3포인트 물량이 진입되었을 때에는 평균단가로 청산을 하더라도 199.00 부근 평균단가에서는 우선은 물량을 줄여놓고 198.00대에 재진입을 하는 방법을 추천합니다. 200대와 199대에 진입된 물량이 청산이 안되었더라도 198대에서 2~3번 정도만 반복매매를 하여 수익청산을 하게 되면, 진입포지션은 마이너스에서 플러스로 전환할 수 있습니다.

② 진입단가로 청산하는 방법

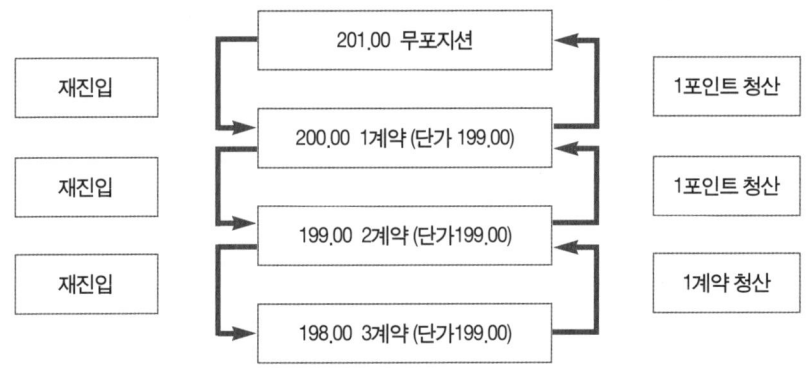

3포인트 포지션이 진입되었을 때, 청산을 수월하게 하는 방법은 1포인트 단위로 진입물량을 청산해 나가는 방법입니다. 200.00에 진입한 물량은 201.00에, 199.00에 진입한 물량은 200.00에, 198.00에 진입한 물량은 199.00에, 청산을 해나가면서 물량을 계속적으로 줄여나가는 것이 중요합니다. 대부분 지수가 역방향으로 가서 물량이 물려있을 때에는 바닥을 다지면서 횡보를 한 뒤에 원하는 쪽으로 방향을 틀면서 올라가는 것이 일반적인 모습입니다.

　그렇기 때문에 목표하는 단가까지 오지도 않은 상태에서 다시 되밀리는 경우가 많습니다. 즉 원하는 본절 수준까지 시원하게 오는 경우가 드뭅니다. 그런데 진입한 물량을 평균단가 위에서만 청산을 하려고 하면 단가근처에서 왔다갔다하면서 내가 가진 물량만 체결이 안되고, 되밀리는 경험을 많이 해봤을 것입니다. 그렇기 때문에 마지막 포인트에서 매입한 물량은 반등이 왔을 시 청산을 해서 안전하고 부담 없이 물량을 줄여놓은 상태에서, 추가진입을 하거나 수익청산을 기다리는 것이 현명합니다.

　마지막 포인트에서 2번만 진입을 해서 1포인트 청산을 하게 되면 198.00, 199.00에 진입한 물량은 수익청산이 된 셈이 되기 때문에 그 다음에는 물량을 들고 있어도 여유가 생깁니다. 이렇게 물량이 물려있게 되더라도 매매를 통해서 수익포지션을 만들어 내거나 빠져나올 수 있습니다. 당일청산한 수익으로 버티면서 수익이 나는 시점까지 버티면서 물량을 진입하면 됩니다.

7) 4포인트 진입물량 청산방법

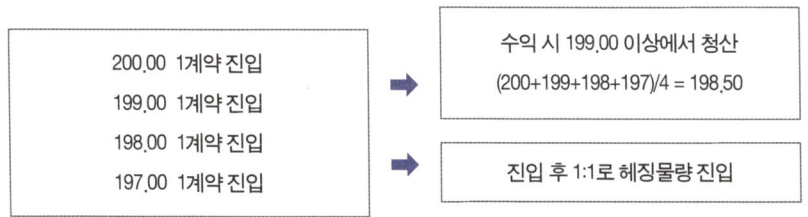

4포인트로 물량이 진입되었을 경우에는 10%의 물량이 다 진입되어 있는 상태가

됩니다. 변동폭이 4포인트 이상 되기 때문에 추세가 반전될 가능성이 높습니다. 그렇기 때문에 4포인트가 진입된 시점에서는 진입 후 1:1로 헤징 물량을 진입하고 1:1포지션에서 사고 팔고를 반복하여 포지션을 줄여 나가야 합니다.

4포인트 기본 10%의 물량으로 진입을 하였다면 기본 진입물량의 손실을 고정시키기 위해서 헤징을 하게 되고, 헤징을 한 후에는 당일 수익으로 1대1 물량을 줄여 나가면서 매매를 하는 것이 바람직합니다. 옵션 매매의 경우는 당일수익+변동성을 기대하면서 매매를 할 수 있습니다. 4포인트가 다 진입되었을 때에 지켜야 할 중요한 점은 4포인트가 모인 시점의 물량이 전체 자금의 10~20% 정도로 국한되어야 한다는 것입니다.

4포인트를 모았을 때의 물량이 전체자금의 30% 이상이 되게 되면, 반대방향으로 1:1 헤징을 한 결과, 30%:30%의 물량이 진입되기 때문에 포지션을 오버해서 넘어가기에는 부담이 있습니다. 그렇기 때문에 오버할 물량의 부담이 없도록 원칙을 잘 지켜서, 오버 물량이 전체 자금의 20~30%가 넘지 않도록 합니다. 특히 옵션매매의 경우 매수로 진입 할 때에는 세타 리스크의 영향으로 물량을 들고(보유하고) 있는 것만으로도 손실이 발생하기 때문에, 물량조절을 잘 하면서 매매를 해야 합니다.

① **평균단가로 청산하는 방법**

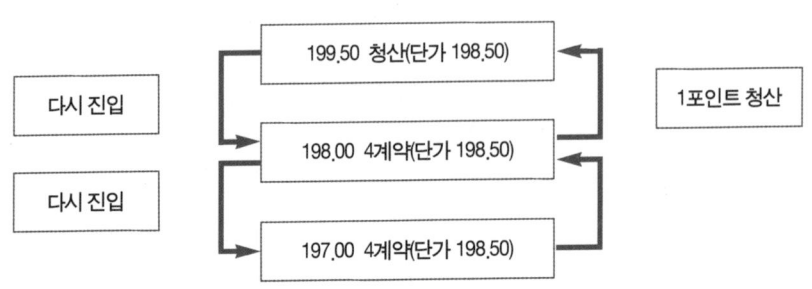

4포인트 진입을 했을 경우 헤징을 하지 않고 단순하게 평균단가를 계산해서 청산을 할 경우, 4포인트 물량의 평균단가는 (200+199+198+197)/4 = 198.50 이기 때문에, 198.50부터 1포인트 단위로 청산을 하게 되면, 199.50에 일괄청산을 하게 됩니다. 이렇게 청산을 하는 것이 평균단가로 청산을 하는 방법입니다. 197.00에서 2.5포인트가 올라와야 청산을 할 수 있지만, 물량을 한번에 청산을 할 수 있다는 장점이 있습니다.

② 진입단가로 청산하는 방법

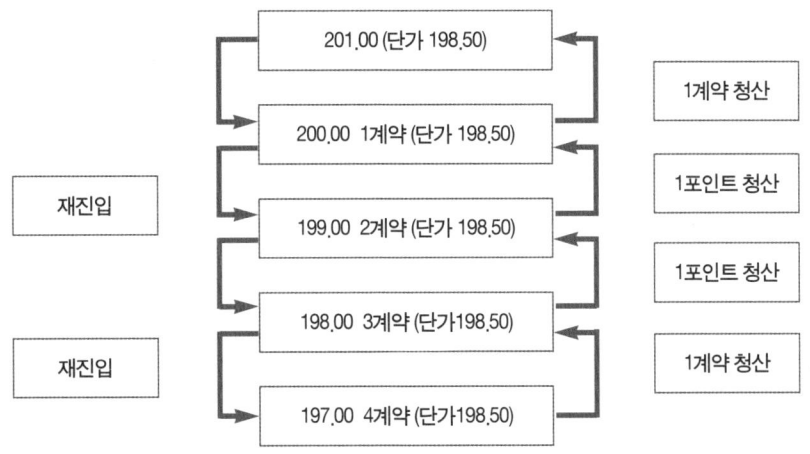

4포인트 진입물량을 진입단가로 청산을 하게 되면 마지막 포인트 진입물량인 197.00 진입물량은 198.00에 청산하고, 198.00에 진입한 물량은 199.00에 청산, 199.00에 진입한 물량은 200.00에 청산,… 이런 식으로 단계별 청산을 하면 됩니다. 3포인트 진입물량을 청산할 때에도 언급을 했지만, 이렇게 단계별로 청산을 하게 되면 1~2포인트의 진입물량은 지수가 오르지 않아서 청산을 못하게 되더라도, 3~4포인트대의 진입물량은 작은 반등으로도 청산을 할 수가 있어서 물량의 부담이 없

어지게 됩니다. 그리고 지수가 3~4포인트 구간에서 왔다 갔다 횡보를 할 경우, 진입물량을 더 이상 늘리지 않고 진입·청산을 반복하면서 손실을 메워나갈 수 있습니다.

반대로 지수가 한번에 반등을 하게 되면 단계별로 청산을 하는 것보다 평균단가를 기준으로 한번에 청산을 하는 것이 더 유리할 수 있습니다. 시장의 상황이나 당일의 지수의 흐름에 따라서 각각의 장·단점이 있습니다. NTS기법상으로는 진입단가를 기준으로 단계별로 청산하는 것이 더 유리합니다. 청산하는 방법에 대해서는 뒷장에 따로 다루기로 하겠습니다.

4포인트 분할진입은 NTS기법의 모든 것이라고 할 수 있습니다. 그렇기 때문에 NTS기법을 제대로 이해하고 활용하기 위해서는 왜 4포인트로 나누어 진입을 하는지를 이해하고, 분할로 진입하는 훈련을 하는 것이 중요합니다. 실제로 매매를 하는 경우 분할 진입에 대한 훈련이 되어 있지 않으면, NTS기법에 의한 분할진입을 하기가 쉽지 않습니다.

필자가 기법에 대한 훈련을 했을 때, 처음에는 모의투자로 계좌를 개설하고 1계약씩 매매하는 연습을 해서 어느 정도 1포인트 단위로 기다리는 훈련이 되고 나서, 실계좌로 매매를 했던 기억이 있습니다. 실계좌 매매의 경우 처음부터 무리하게 자금규모를 늘려서 매매를 하기 보다는 이 기법에 어느 정도 충분히 적응이 된 상태에서, 점차 자금규모를 늘려서 매매를 하는 것을 추천합니다. 이렇게 훈련을 한 뒤에 기법을 적용하라고 하는 것은 정말로 적게 진입해서 수익을 내는 것이, 훈련이 없으면 쉽지 않기 때문입니다.

1억원이 있는데 왜 100만원, 200만원만 매매해야 하는지, 이해하지 못한 사람은 NTS기법대로 4포인트 진입을 하기 힘들 것입니다. 1포인트당 10%씩, 4포인트에 40%를 진입하라는 것도 아니고, 4포인트 다 진입된 물량이 전체 자금의 10%가 넘지 않아야 된다고 말하면, 도대체 왜 그렇게 해야 하는지 의구심을 품습니다. 한번에 몰빵만 하다가 1계약씩 적게 매매하라고 하니 열불이 터지는 것입니다. 네, 열불이 터지기 바랍니다. 열불이 터지는 것이 계좌가 깡통이 되는 것보다 몇 만배는 더 낫습니다.

지금까지 물량조절을 하지 않고 막무가내로, 순간적인 감으로 매매를 하였다면 더 늦기 전에, 여러분의 계좌 그리고 여러분의 마음이 무너지기 전에, 바로 그만두어야 합니다. 계좌는 다시 돈을 채워 넣으면 되지만, 마음은 한번 무너지면 다시 회복하는데 많은 시간이 걸립니다. 그리고 영영 회복하지 못하는 경우도 있습니다.

아직도 분할로 진입해야 하고 적게 매매해야 수익을 안정적으로 낼 수 있다는 말의 의미를 이해하기 힘들다면, 더 고민해 보고 확실한 믿음이 갈 때 매매를 하십시오. 어설프고 확신이 없는 상태에서 매매를 하게 된다면, 장중의 흔들림에 원칙을 무너뜨리게 됩니다. 전문적인 트레이더도 장중에 자신의 원칙을 지키지 못할까, 모니터 여기 저기에 메모를 붙여놓으면서 매매를 하는데, 훈련이 부족하고 혼자 자의적으로 매매를 하는 개인들은 오죽하겠습니까? 조금만 흔들려도 무너지게 됩니다. 그렇기 때문에 뼈에 새기라고 말씀을 드리는 것입니다.

실시간으로 매매를 하다 보면 자신의 원칙보다 모니터속의 차트와 현재의 잔고에만 집중을 하게 되어, 자신의 매매 원칙 등은 기억하지 못하게 됩니다. 매매원칙을 가지고 있는데도 뇌동매매를 하게 되는데, 매매원칙도 없이 거래하는 사람들은 오죽 하겠습니까? 시장의 휩소(whipsaw : 속임수)에 절대로 버티지 못합니다. 우선은 원칙을 정하고 그 원칙을 지키는 연습을 먼저 하십시오. 돈은 그 뒤에 벌어도 충분합니다. 조급함 때문에 자신의 계좌에 손실을 입히기 보다는 차라리 매매를 하지 않고 계좌를 지키는 것이 돈을 버는 첫걸음입니다. 이점을 매매할 때 명심하기 바랍니다.

> "Markets are never wrong-opinions often are. The latter are of no value to the investor or speculator unless the market act in accordance with his idea".
>
> "시장이 틀리는 법이 없다. 사람들의 예상이 종종 틀릴 뿐이다. 투자자나 투기자에게는 그의 생각대로 움직여주지 않는 한 개인적인 예상은 아무런 가치가 없다."
>
> - 제시 리버모어 -

6. 진입 방법도 전략이다

NTS기법은 기본적인 기법들의 물량조절과 자금관리 부분을 핵심으로 해서 철저히 계좌를 관리하게끔 하는 기법입니다. 그만큼 실시간으로 물량을 진입하고 청산하는 매수법과 매도법은 NTS기법의 핵심이라고 할 수 있습니다.

"우선 진입하는게 중요합니다."

1) 옵션을 매매해도 기준은 선물

매매를 하면서 가장 기본적이고 중요한 것은 '어떻게 포지션을 진입하느냐' 입니다. NTS기법에 의해서 진입은 기본적으로 4포인트 분할로 상방진입을 하게 됩니다. 선물을 기준으로 1포인트 단위로 진입를 합니다. 자금규모에 맞추어서 1포인트 진입을 두번에 나누어서 0.5포인트마다 진입을 하거나, 옵션으로 진입할 경우에는 매매자금 규모에 맞추어 4포인트, 10%의 비율이 되도록 물량조절을 하면서 진입을 하면 됩니다.

4포인트 단위로 진입을 할 때 가장 중요하게 여겨야하는 점은 선물 포인트를 기준으로 삼아야 하며, 옵션 가격으로 기준 삼아 진입을 하지 말아야 한다는것입니다. 옵션 가격은 지수의 흐름, 변동성, 시간에 따라 불규칙적으로 변하기 때문에, 청산할 때 객관적인 지표로 사용되기가 힘들며, 가격을 기준으로 물량을 모으게 되면 정해진 비율보다 더 많은 물량을 진입하게 되어, 나중에 물량조절의 어려움과 평균단가를 조절하여 청산하기도 쉽지 않게 됩니다.

그렇기 때문에 물량을 진입할 때의 기준은 꼭 선물지수로 해야 합니다. 예를 들어 선물지수 240에 상승방향으로 매수진입을 하게 된다면, 매수는 기본적으로 지수가 눌릴 때 진입을 하는 것이니, 240, 239, 238, 237 이렇게 4포인트 진입을 하게 됩니다. 옵션으로 진입 시에는 0.5p 단위로 진입하게 되면, 240, 239.5, 239, 238.5. 238, 237.5, 237, 이렇게 진입을 하면 됩니다.

예) 240 에 매수신호시

   선물기준 1포인트 진입 → 240, 239, 238, 237, 4포인트 진입

   옵션기준 0.5포인트 진입 → 240, 239.5, 239, 238.5, 238, 237.5, 237

승수제 상향으로 옵션의 가격이 10만원에서 50만원으로 바뀌었기 때문에, 1억원 이상의 자금이 있지 않은 상태에서는, 0.5포인트 기준으로 진입을 하는 것은 물량에 부담이 있을 수 있습니다. NTS기법상으로는 물량을 많이 진입해서 수익을 내기 보다는, 적은 물량을 안전한 자리에서 진입해 오래 포지션을 유지함으로써 수익을 내는 것입니다. 그렇기 때문에 자금의 규모가 크지 않는데 너무 욕심을 부려, 무리하게 포지션을 진입하는 것은 자제해야 합니다. 어차피 포지션이 부담스러워지면, 심리적인 압박이 심해져서 오래 포지션을 유지하지 못하고, 일찍 청산하게 됩니다.

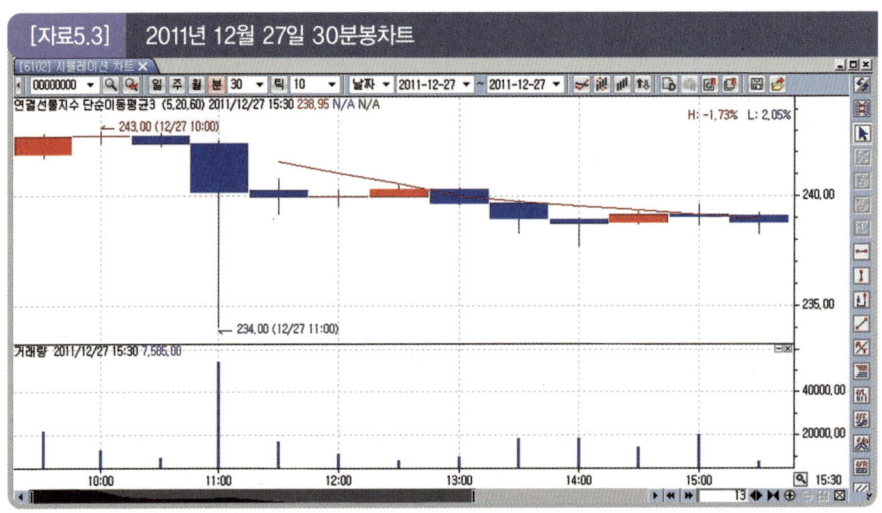

[자료5.3] 2011년 12월 27일 30분봉차트

【자료5.3】는 2011년 김정일 국방위원장 사망당시의 30분봉차트입니다. 차트를 보면 알겠지만 242정도선에서 출발한 증시가 장중 저점 234대를 찍고 다시 급격하게 반등하는 모습을 확인할 수 있습니다. 이러한 예측하기 힘든 급락, 급반등 장세에서도 NTS기법대로 4포인트를 매수하게 되면, 급락 후 반등시점에 물량들을 다 수익청산 할 수 있습니다. 실제로 당시 필자는 주문을 걸어놓은 채 점심을 먹고 왔었는데, 4포인트가 다 진입되고 반등이 와서 제법 많은 수익을 얻을 수 있었습니다.

4포인트를 진입한다는 것은 장중 변동성을 고려한 전략이기 때문에 4포인트 진입해서 원하는 방향으로 반등시에는 단계별로 청산을 하면 됩니다. 진입방향쪽 추세가 무너져 반대방향으로 시장이 밀리게 된다면, 1대1 헷징한 물량이 변동성 때문에 진입포지션의 손실을 만회할 정도로 수익이 나게 되어, 포지션을 청산할 수 있습니다. 그렇기 때문에 이 4포인트 진입법 안에는 이미 NTS기법의 기본인 방향성과 변동성매매가 다 포함되어 있다고 할 수 있습니다.

그렇다면 실제 진입시 어떻게 매매하는 지 다음 자료를 보면서 설명하겠습니다.

2) 1-1-1-1 진입 방법(1포인트당 옵션 2계약 진입방법)

[자료5.4] 2011년 12월 27일 매매일지

시간	전략	선물지수	포지션	매수/매도	수익
09:09	매수 240~237 매도 243~244				
09:16	매수 241 중~238 중				
10:35		241.80	245 콜 3.30 1계약	매수 콜 3.30 1계약	
10:35		241.20	245 콜 3.22 2계약	매수 콜 3.15 1계약	
10:35		240.80	245 콜 3.13 3계약	매수 콜 2.97 1계약	
10:36		240.20	245 콜 3.05 4계약	매수 콜 2.80 1계약	
10:36		239.80	245 콜 2.97 5계약	매수 콜 2.68 1계약	
10:36		239.20	245 콜 2.89 6계약	매수 콜 2.50 1계약	
10:38		238.80	245 콜 2.82 7계약	매수 콜 2.45 1계약	
10:37	매도 239~242				
10:38		238.20	245 콜 2.76 8계약	매수 콜 2.35 1계약	
10:40		238.80	232 풋 3.05 1계약 245 콜 2.76 8계약	매수 풋 3.05 1계약	
10:40		239.20	232 풋 2.96 2계약 245 콜 2.76 8계약	매수 풋 2.87 1계약	
10:40		239.80	232 풋 2.88 3계약 245 콜 2.76 7계약	매수 풋 2.72 1계약 청산 콜 2.70 1계약	-6,000
10:40		240.20	232 풋 2.79 4계약 245 콜 2.76 3계약	매수 풋 2.54 1계약 청산 콜 2.80 4계약	+16,000
10:41		239.60	232 풋 2.79 3계약 245 콜 2.76 3계약	청산 풋 2.85 1계약	+6,000
10:41		239.00	232 풋 2.79 1계약 245 콜 2.76 3계약	청산 풋 3.05 2계약	+52,000
10:42		238.00	245 콜 2.76 3계약	청산 풋 3.30 1계약	+52,000
10:57		240.20		청산 콜 2.92 3계약	+48,000
11:36	매도 241~244				
12:21	매도 240 중~243 중	240.40	232 풋 2.56 1계약	매수 풋 2.56 1계약	
12:37		239.80		청산 풋 2.79 1계약	+23,000
12:21	매도 240~243				
합계					+191,000

원금 1천만원 기준 매매시(1 포인트당 약 5%~7% 진입) : 자금대비 약 1.91% 수익률

3.22(241.50) 2계약 = 3.30(241.80) 1계약 + 3.15(241.20) 1계약

2.88(240.50) 2계약 = 2.97(240.80) 1계약 + 2.80(240.20) 1계약

위의 자료는 1-1-1-1 진입법으로 1포인트당 옵션 2계약을 매수할 경우를 나타내고 있습니다. 매수 자리가 241중반 ~ 238중반까지 4포인트 매수신호가 나왔을 때에 실제 매수포인트는 241중반, 240중반, 239중반, 238중반, 이렇게 매수를 하게 됩니다. 1포인트당 2계약을 진입하게 된다면 241중반 자리는 241초반 + 240후반 = 241중반, 이렇게 나눠서 진입을 할 수 있으니 실제 포인트를 241.80 1계약, 241.20 1계약, 이렇게 진입해서 매수단가를 241.50에 2계약으로 맞추는 것입니다.

이렇게 분할로 진입하는 경우의 이점은 실제로 매수 포인트는 안오게 되고 241 후반 자리만 찍고 올라가는 경우도 많기 때문에, 그럴 경우에는 241중반에 매수하게 되면 진입을 못하게 되어 진입의 기회를 놓쳐 수익이 안나게 되지만, 나눠서 진입을 하게 되면 매매횟수도 늘어나게 되고 진입시점도 많아져서 같은 자리에서 더 많은 수익을 낼 수 있게 됩니다.

이렇게 포인트별로 분할로 진입하는 것을 응용을 해서 정리를 한다면

1포인트당 1계약 진입 시 241.50 1계약 진입
1포인트당 2계약 진입 시 241.80 1계약 + 241.20 1계약 = 241.50 2계약
1포인트당 3계약 진입 시 241.80 1계약 + 241.50 1계약 + 241.20 1계약
= 241.50 3계약
1포인트당 4계약 진입 시 241.80 1계약 + 241.60 1계약 + 241.40 1계약
+ 241.20 1계약 = 241.50 4계약
241.80 2계약 + 241.20 2계약 = 241.50 4계약

1포인트당 1계약부터 4계약까지 진입하는 예를 보여 드렸습니다. 그렇지만 처

음 NTS기법으로 진입하는 사람들은, 우선은 1포인트당 1계약만 진입하기를 권합니다. 앞에서 이야기했듯이 물량조절이 되지 않는 상태에서는 물량을 많이 진입한다고 해도 오래 버틸 수 없습니다. 물량이 많다고 해도, 적은 물량을 진입하는 것과 비교해 수익이 그리 많이 나지는 않습니다. 그리고 물량조절을 못하면서 초기에 물량을 과도하게 진입을 하게되면, 자꾸 평균단가를 낮추어서 수익을 내려고 하는 본성 때문에, 어느순간 자신도 모르게 계획보다 훨씬 많은 물량을 진입하게 됩니다.

처음에는 1계약씩 진입을 해서 조바심도 없고 안정적으로 사고 파는 것이 훈련되었다면, 그 뒤에 2계약 ~ 3계약씩 진입물량을 늘리면 됩니다. 어차피 빨리 갈 필요는 없습니다. 빨리 가면 더 빨리 잃을 뿐입니다. 천천히 가십시오.

진입 포인트를 나눠서 정해진 포인트대로만 진입을 한다면 물량이 한번에 물릴 일도 없고, 진입포인트가 정해져 있으므로 자신의 기분에 따라 진입을 하지 않게 되어, 수익이 나게 됩니다. 이렇게 진입원칙과 진입포인트를 정확하게 지키는 것이 물량조절을 하는 핵심이라고 할 수 있습니다.

> 물량조절의 핵심!!!
> 진입포인트와 물량을 정확히 정해라!!!!
> 세게!풀베팅! = 10~ 20%
> 세게 베팅하는 고수는 없습니다.
> 물량조절의 핵심은 현금비중!!!

선물의 경우 15%의 증거금만으로도 거래를 할 수 있기 때문에 6배 정도의 레버리지 효과를 가지고 있습니다. 옵션인 경우는 현재 선물지수가 263이고 콜행사가 260인 상품이 3.00에 거래가 된다고 했을 때, 선물지수 263을 3.00에 거래를 하는 레버리지효과를 가지고 있는 것이라고 쉽게 생각을 하면 됩니다. 옵션의 행사가와 가격에 따라 차이는 있지만, 옵션 또한 선물과 같이 큰 레버리지를 사용하고 있는 것입니다.

레버리지가 크다는 것은 수익이 날 때 적은 금액으로 큰 수익을 낼 수 있지만, 손실이 났을 경우에는 레버리지 만큼의 큰 손실을 볼수 있다는 것을 의미합니다. 이렇게 레버리지가 큰 상품을 물량조절이나 위험관리 없이 매매를 하는 것 자체는 너무나 위험한 게임을 하는 것입니다. 그것은 투자가 아니라 도박입니다.

그런데 일반 개인 투자자들은 자신의 자금을 전부 아니면 어느 특정포인트에서 30~50% 이상 투입을 하고 수익이 나기를 기다립니다. 그렇게 하는 매매는 결국에는 자신의 계좌가 깡통이 나는 결과만을 가져오게 됩니다. 지는 게 뻔한 싸움을 개인들은 지금도 하고 있고, 그 싸움 방식이 잘못되었다는 것을 전혀 깨닫지 못하고 있는 듯합니다. 이렇게 매매를 하고 있기 때문에 파생상품매매는 어렵고 위험하다는 생각이 지배적인 것입니다. '잘되면 대박, 안되면 쪽박' 이런 마인드가 아닌 철저한 관리(자금, 위험 및 물량조절)를 통한 매매로, 수익을 내는 트레이더의 기법을 익히는 것이 중요합니다.

투자는 도박이 아닙니다. 운으로 낸 수익은 한번에 날아가게 됩니다. 적게 매매하십시오. 적은 베팅으로도 충분한 수익을 낼 수 있습니다. 수익의 크기가 중요한 것이 아니라 위험을 어떻게 관리하는 것이 중요합니다. 세게 베팅하는 고수는 없습니다. 10% 진입이면 이미 주식으로는 몰빵상태입니다. 레버리지의 차이를 잘 생각해보길 바랍니다.

전문적인 트레이더들은 며칠 동안 진입해서 모은 물량이 최고 베팅의 20~30% 내외입니다. 베팅이 세다고, 진입한 물량이 많다고 해서 수익이 많이 나는 것이 아닙니다. 물량이 많으면 그만큼 많이 잃을 뿐입니다. 1,000만원을 가지고 수익이 나지 않는 사람이 2,000만원, 5,000만원, 1억원 이상의 자금을 굴린다고 절대로 수익이 나지 않습니다. 돈이 적어서 잃는 게 아니라, 자신의 실력이 모자라기 때문에 잃는 것입니다.

수익을 내기 위해서는 먼저 자신의 계좌를 지키는 연습부터 하십시오. 지킬 수 있는 사람이 벌 수도 있는 것입니다. 자신의 계좌를 지킬 수 있다면 그 뒤에 수익을 내도 늦지 않습니다. 부자가 되는데 9년 10개월이 걸리느냐, 10년이 걸리느냐의 차이일 뿐입니다. 처음의 1~2달을 빠르게 가려다, 평생 힘든 길로 들어서게 됩니다. 자신의 계좌를 지킬 수 있는 사람은 자기 자신밖에 없습니다. 증권사 직원이, TV에 나오는 전문가, 미용실 직원이, 직장동료가, 아니면 친척이 계좌를 지켜주지 않습니다. 자신의 계좌를 지키십시오. 지키는 연습을 먼저 하십시오. 그것이 돈을 버는 가장 확실하고 빠른 방법입니다.

> 자신의 계좌를 지킬 수 있는 사람은 자기 자신 뿐!!!

3) 1-2-3-4 진입 방법

앞에서 설명했던 1-1-1-1 기법과 진입포인트는 같지만 물량을 밑으로 더 많이 진입하는 방법입니다. 일반적으로 마틴게일전략이라고 할 수 있습니다. 이렇게 피라미드식으로 물량을 많이 진입하게 되면 진입포인트마다 평균단가가 확실히 낮아지고, 청산되는 시점 또한 빨리 오기 때문에 조금의 반등만 있어도 수익권이 됩니다. 1-2-3-4 진입법은 수익시점이 빨리 도달할 수 있는 장점이 있지만, 물량을 너무 많이 진입할 수 있다는 단점이 있습니다. 그렇기 때문에 물량조절에 자신이 있거나, 여유있는 자금을 가지고 매매를 할 경우에 응용하는 것이 좋습니다.

이렇게 물량을 밀릴 때 더 많이 진입하는 마틴게일식의 진입법은 아마추어가 아닌, 자금의 여유도 있고 물량을 많이 보유할 수 있는 고수들에게만 추천을 합니다. 현재는 3.00짜리 옵션이 150만원이기 때문에, 20계약만 진입하게 되면 3천만원 정도가 필요합니다. 그런데 3천만원 ~ 5천만원 정도 있는 투자자가 1-2-3-4 기법으로 물량을 진입하게 된다면, 금방 계좌가 꽉차게 됩니다. 그렇게 매매하는 것은 물량조절을 하지 않는 것과 같습니다. 4포인트를 다 진입하더라도 전체 자금의 10~20%의 물량만이 진입되어야 하는 것입니다.

1포인트당 3, 4, 5, 6계약 진입하는 방법하는 방법을 통해 쉽게 설명해 보겠습니다.

[자료5.5] 2012년 1월 2일 매매일지

(1-2-3-4)

시간	전략	선물지수	포지션	매수/매도	수익
10:05	매수 238 중~235 중 매도 241 중~244 중				
10:33	매수 239~236				
10:54		239.20	240 콜 3.80 3계약	매수 콜 3.80 3계약	
10:56		238.80	240 콜 3.75 6계약	매수 콜 3.70 3계약	
11:29		238.20	240 콜 3.65 10계약	매수 콜 3.50 4계약	
11:30		237.80	240 콜 3.55 14계약	매수 콜 3.30 4계약	산 것만 청산
11:49		238.30	240 콜 3.55 10계약	청산 콜 3.50 4계약	-20,000
11:59		237.80	240 콜 3.47 14계약	매수 콜 3.30 4계약	다시 매수
12:02		237.20	240 콜 3.37 19계약	매수 콜 3.10 5계약	
12:36		237.80	240 콜 3.37 14계약	청산 콜 3.30 5계약	-35,000
12:54		237.20	240 콜 3.30 19계약	매수 콜 3.10 5계약	
13:03		237.80	240 콜 3.30 14계약	청산 콜 3.30 5계약	+0
13:13	매도 239~242				
13:38		238.20	240 콜 3.30 14계약	청산 콜 3.45 4계약	+60,000
14:13	매도는 중지 매수한 것 청산만	238.80	240 콜 3.30 14계약	청산 콜 3.65 7계약	+245,000
14:48		239.20		청산 콜 3.75 7계약	+315,000
합계					+565,000

원금 3천만원 기준 매매시 (첫 1 포인트 약 5%~7% 진입) : 자금대비 약 1.88% 수익률

【자료5.5】은 1포인트당 최소 진입포인트에서 6계약, 다음 포인트부터는 8계약, 10계약, 12계약, 이런식으로 포인트가 내려갈 때마다 더 많은 물량을 진입하는 피라미드형 진입법을 보여주고 있습니다.

3.75(239) 6계약 = 3.80(239.20) 3계약 + 3.70(238.80) 3계약
3.40(238) 8계약 = 3.50(238.20) 4계약 + 3.30(237.80) 4계약

자료에서 보듯이 매수신호가 239 ~ 236이기 때문에, 239.20 + 238.80에 진입을

하면 매수단가는 239.00가 된다는 것은 앞에 장에서 이미 언급했습니다. 239.20 3계약, 238.80 3계약, 이렇게 진입을 하고, 다음 포인트인 238대에서는 238.20 4계약, 237.80 4계약, 이렇게 물량을 늘려서 진입을 하면 됩니다. 그다음 진입권인 237대에서는 5계약씩, 236대에서는 6계약씩 진입하는 방식으로 진입포인트가 내려갈수록 더 많은 물량을 진입하게 되면, 단가도 떨어지고 물량도 많아지기 때문에, 약간의 반등에 물량을 1-1-1-1진입법보다 더 일찍 청산할 수 있습니다.

대신 이 진입법은 점점 많이 진입하기 때문에 자금부담이 있어, 물량조절에 어느정도 자신이 있거나 물량을 많이 살 수 있을 만큼의 자금이 있는 경우에만, 활용할 것을 추천합니다. 4포인트를 진입하게 되면 물량이 많아지는 만큼, 견디어야 하는 손실분도 큽니다. 이런 진입방법에 익숙하지 않은 경우에는, 일반적으로 거의 바닥권에서 손절하는 경우를 많이 보았습니다. 참고 조금만 버티거나, 종가에 헤징 포지션을 구축을 해 오버나이트를 해도 수익이 나는 구간인데, 애써 버티고 모은 포지션을 당일 손실이 많아져서 손절하게 되는 경우가 있으니, 이점을 꼭 유념하도록 하십시오.

또한 물량이 많아지는 만큼 수익권에서는 신속하고 빠른 청산이 중요합니다. 자신이 감당할 수 있도록 청산을 하는 것이 중요합니다. 진입포인트에 따라서 청산하는 방법에 관해서는 다음장에서 자세히 설명을 하도록 하겠습니다.

1-2-3-4 진입법은 응용을 다양하게 할 수 있습니다. 진입물량에 따라서 1-1-2-2, 1-3-5-7 과 같이 다양한 변형이 가능합니다. 중요한 것은 자기 자금의 맞게 매매를 하는 것입니다. 자금 규모가 큰 투자자라면 어려가지 변형으로 물량을 진입해 보면서 자신에게 맞는 진입법을 찾아가면 됩니다. 자금 규모가 적은 투자자라면, 우

선은 자금의 규모가 커질 때까지 1계약씩 매매하면서 안전하게 수익을 쌓아서, 자신의 계좌가 커지도록 만드십시오. 100억, 1,000억대의 주식고수들도 처음부터 100억, 1,000억대의 자금이 있었던 것은 아닙니다. 그들도 처음부터는 1주씩 시작해서 1주, 2주, 3주, 10주, 이런식으로 늘려나갔습니다.

> 4포인트 3,000만원으로 진입할 경우
> 10%(300만원) 2.00대 3계약 정도 = 1포인트당 1계약
> 20%(600만원) 2.00대 6계약 정도 = 1포인트당 1~2계약

진입 방법에서는 물량조절과 자금관리가 중요하기 때문에 옵션매매의 경우, 3천만원 기준으로 각 %별 옵션 매수의 계약수를 정리해 보았습니다. NTS기법상으로는 장중 10~20%의 베팅하는 것을 기본으로 매매를 하지만, 투자자들의 성향에 따라서 공격적인 진입을 하는 투자자들은 장중 30~50% 이상 베팅하기도 합니다. 그에 따른 옵션 계약수도 추가를 했습니다.

NTS기법에서는 물량조절과 자금관리가 가장 중요한 포인트이기 때문에 장중에 적은 물량으로 베팅해야 합니다. 베팅을 많이 한다고 해서 수익이 많이 나는 것이 아니라, 정확한 자리에서 절제된 물량을 베팅해야 안정적으로 수익을 낼 수 있습니다. 베팅이 커지게 되면 그만큼 감당해야 하는 위험이 커지기 때문에 손실의 위험도 그만큼 커집니다. 그렇기 때문에 너무 많은 수익을 바라고 무리하게 베팅을 하다가 증거금이 부족해서 다음 대응을 할 수 없게 되면, 손실을 입기 쉽습니다. 감당할 수 있을 만큼, 적당히 베팅하고 안정적인 수익을 낼 수 있도록 물량을 조절해야 합니다.

4) 척후병전략

　진입 방법에서 가장 중요한 포인트는 처음에 물량을 적게 진입하는 것입니다. 처음 진입하는 소량의 물량을 일반적으로 '척후병'이라고 부릅니다. 척후병은 그리 어려운 개념이 아닙니다. 그냥 1계약을 입질로 진입을 하는 것입니다. 퍼센트로 나눠서 진입을 하게 된다면, 1%, 9%, 20%, 20%, 50%, 이런식으로 나눠서 물량을 100% 채우는 것입니다. 맨 앞의 1%의 물량이 척후병이라고 보면 됩니다.

　차트상으로 지수가 내리다가 30분봉차트 20이평선근처에서 지지될 것 같을 때 1% 진입하고, 무너지면 1% 정도의 손실은 감당하면서 추가진입을 하지 않고, 다시 지지되는 것이 확인되면 9%, 지지되며 횡보하면(차트가 옆으로 눕는 모양) 20%, 방향을 상방으로 돌리면 20%, 전고점을 뚫고 올라서면 50%, 이런식으로 물량을 채워나간다고 생각하면 됩니다. 옵션 단타매매를 하는 투자자의 경우는 모니터 5개 정도에 1분봉차트, 30분봉 차트만 옵션행사가별로 수십개를 깔아놓고 한 행사가씩 진입을 합니다. 그러다 가격이 힘차게 오르는 행사가를 진입해서 수익을 내는 방식으로 매매를 하기도 합니다.

　이 척후병 전략은 어떤 종목을 매매하든 기본이 되는 전략입니다. NTS기법은 4포인트 분할 진입을 해서 물량조절을 하는 것이고, 실제로 '선수'라고 불리우는 트레이더들은 더 물량을 나눠서 진입을 하게 됩니다. 앞에서 소개한대로 1-3-6, 이런식으로 아래로 물량을 더 크게 진입할 수 있으면 더 많은 매매수익을 얻을 수 있습니다.

　일반적으로 개인들은 자기 자금 전부를 진입해서 한번에 수익을 내고자 하는 경향이 있습니다. 긴 장대 양봉이나 장대 음봉이 나왔을 시에, 짧게 치고 빠지는 식으로 매매를 합니다. 그렇게 매매를 하게 되면, 긴 상승이나 하락의 변동폭을 전부 수익으로 만들 수는 없습니다. 많은 물량을 진입하게 되면 잠시 잠깐의 지수의 흔들림에도 평정심을 잃게 되고, 너무 일찍 청산을 하고 후회하거나, 방향이 맞아도 잠깐의 흔들림에 손절을 하고 맙니다.

그렇게 한두 번 손절을 하게 되면, 다음 번에 진입할 때에는 판단력이 흐려져 제대로 된 자리에서 진입을 못하게 됩니다. 어느 정도의 훈련으로 이런 상황들을 고쳐나갈 수는 있겠지만, 그 과정이 심적으로 너무 힘이 드는 것은 사실입니다. 그런 것에 대한 해결 방법으로 필자가 쓰는 방법은 '**내가 감당할 수 있는**' 적은 물량을 진입하는 것입니다.

NTS기법 자체가 적은 물량을 진입해서 하루하루 수익을 쌓아나가려는 의도에서 개발된 기법인 만큼 적은 물량은 심적, 물리적인 부담을 덜어주게 됩니다. 물론 내가 감당할 수 있는 물량을 진입하였다 하더라도, 시장의 흔들림에 완전히 자유로울 수는 없습니다. 자신의 계좌가 손실이 나고 있으면, 그 누구라도 마음이 복잡하게 됩니다. 하지만 내계좌 전부의 자금이 투입되었을 때의 부담감과 1~2계약 정도의 물량이 진입되어 있을 때의 부담감은 확연히 다릅니다.

하루하루 수익을 내는 트레이더들은 손실의 범위도 하루하루 감당할 만한 수준이어야 합니다. 간혹 그렇게 되면 진입하는 물량이 적어서 수익 또한 적지 않냐고 물어보는 분들이 있습니다. 필자가 본 교육생들이나 다른 사람들 중에서, 물량이 많이 있는데 오래 버텨서 수익을 내는 사람은 많이 보지 못했습니다. NTS기법 자체가 물량을 적게 사서 오래 들고 있어서 수익을 내려고 하는 기법이기 때문에 그렇습니다.

옵션 승수제의 상향조정(5배)이후, 수익도 5배가 되었기 때문에 하루 1~2계약 진입으로 1~2포인트 수익이 되면 선물 1포인트 이상의 이익을 얻을 수 있습니다. 하루에 선물 1포인트를 안정적으로 취하자라는 생각으로 매매를 하는 개인들이 있다면, 이런 방식으로 옵션 1~2계약으로 부담되는 리스크는 제한되면서 수익을 낼 수 있습니다.

그런 의미에서 이 척후병전략은 필자가 선호하는 진입법 중 하나입니다. 제시 리버모어는 처음 진입물량이 손실이 날 경우에는 추가 진입을 하지 않아서, 더 이상의 손실을 보지 않는 전략을 사용하였습니다. 그리고 처음 진입물량이 수익중일 경우에는 자신의 생각이나 전략이 시장과 맞아 떨어졌다고 생각을 하고 추가진입을 해서 수익을 냈습니다. NTS기법에서는 이런 전략을 일명 '불타기' 전략이라고 부릅니다. 이 '불타기' 전략은 바로 뒤에 다시 설명을 하겠습니다. 시장에 진입할 때 이 '척후병' 전략을 적극 사용하십시오. 내 계좌를 지키고 수익을 낼 수 있는 방법 중 가장 확실한 하나입니다.

5) 몰아가기 전략

진입법중에서 몰아가기라고 표현하는 전략이 있습니다. 이것은 말 그대로 콜이나 풋종목으로 양떼를 몰아가듯, 수익을 몰아가는 방법입니다. 필자도 몰아가기를 이해하기까지는 오랜 시간이 걸렸고, 실전 매매에서 적용하기에도 쉽지는 않았습니다. 당시 교육을 받던 교육생이 다른 질문을 하는 동안 순간적으로 "아! 이것이 몰아가기인가!!" 하면서 번뜩했던 기억이 있습니다.

그만큼 일반적인 매수법은 아니어서 잘 이해를 해야 합니다. 머리로 이해하는 것이 우선되고 난 다음에, 여러 번의 연습으로 이 몰아가기법을 자기 것으로 만든다면, 수익을 너무 일찍 청산하고 발만 동동 구르며 '아까 청산하지 말고 계속 보유하고 있을걸' 하는 후회는 적어도 하지 않게 될 것입니다. 그리고 뒤에 배우는 다른 진입법들을 이해하기 위해서 이 몰아가기를 이해해야 합니다. 그래야 마음이 힘들지 않고 다른 진입법들도 배워나갈 수 있습니다.

몰아가기를 하기 위해서는 내가 청산한 물량을 더 불리한 가격에 진입할 수 있어야 합니다. 선물이나 옵션을 매수하는 경우에는 청산한 후 더 비싼 가격에 매수하는 것입니다. 이것이 쉽지는 않습니다. 내가 수익이 나서 판 물량을 다시 비싸게 주고 산다는 것이 상식적으로 잘 납득이 되지 않을 것입니다. 일반적인 개인들이 큰 추세에서 조금의 수익만을 청산하고 다시 무서워서 물량을 진입하지 못합니다. 신고가 갱신 종목을 일찍 팔고, 멍하니 쳐다만 보게 되는 것과 같은 심리입니다. 하지만 신고가 갱신 종목이 지속적으로 기록을 갈아치우며 상승하던 것을 목격한 적이 있을 것입니다.

이론적으로는 이해하지만 실전 매매에 들어가서는 실천하기 쉽지 않은 전략입니다. 우선은 내가 들고 있는 물량을 계속적으로 유리한 가격(싸게)에 진입(매수)하고 있다는 것은, 그만큼 내가 돈을 잃고 있다는 것입니다. 3.00에 산 물량을 2.50에 매수하고, 또 다시 2.00에 매수하고, 1.50에 매수하고, 이런 식으로 매수를 계속 한다면 손실을 보고 있다는 것을 의미합니다.

반대로 내가 산 물량을 더 비싸게 주고 다시 산다면 그것은 수익을 보고 있다는 반증입니다. 3.00에 산 물량을 3.50에 다시 사고, 4.00에 다시 사고, 4.50에 계속 산다면, 이것은 내가 지금 돈을 벌고 있다는 것입니다.

> 매수단가가 계속 낮아진다면 → 돈을 잃고 있는 것이다.
> 매수단가가 계속 높아진다면 → 돈을 벌고 있는 것이다.

몰아가기는 일반적으로 장중에 긴 장대양봉이나 장대음봉이 출현할 때에 구사하는 진입방법입니다. 앞에서 언급했던 것처럼 콜옵션 1계약을 3.00에 매수를 해서 3.30에 청산을 하도록 예약해놨는데 청산이 바로 되었다면, 일반적인 진입법은 다음매수를 할 때 3.30보다는 낮게 매수를 걸어놓습니다. 3.00이라든지, 아니면 더 낮은 가격인 2.80이라든지, 이렇게 안전하게 매수를 하는 것입니다.

몰아가기 기법은 3.00에 매수한 물량을 3.30에 청산하였다면, 바로 시장가로 주문을 넣어서 최소 3.30 아니면 그 이상의 가격에 바로 매수하는 것입니다. 매수하자마자 또 3.50 ~ 3.80대에 청산주문을 예약해놓고, 청산되면 또 팔린자리에서 다시 사고, 그리고 3.80 ~ 4.10대 청산주문을 걸어놓고, 이것을 반복하는 것입니다. 그러다가 양봉의 끝무렵에, 마지막 진입물량이 청산이 되지 않고 지수가 내려온다면, 4포인트 기법대로 1포인트씩 진입을 하여서 진입물량을 청산하고, 몰아가기를 종료하게 됩니다. 물론 중간에 어느 정도 수익을 청산했다면 계속 몰아가기를 하지 않고 거래를 종료해도 상관은 없습니다. 몰아가기에서 중요한 것은 판가격에서 다시 바로 사야 한다는 것입니다.

몰아가기 기법보다는 진입한 물량을 고점까지 보유했다가 청산하는 것이 당연히 더 수익이 많이 날 것입니다. 그렇지만 매매를 하는 당시에는 고점이 어디인지 실시간으로 알 수 있는 방법은 없습니다. 그렇기 때문에 실제 매매를 할 경우 대부분 청산주문을 걸어놓게 되는데, 청산을 하고 나서 진입방향으로 시장이 더 움직여서 물량을 일찍 청산한 것을 안타까워했던 적이 많이 있을 것입니다. 이 몰아가기 기법은 그럴 경우, 확보한 수익을 담보로 바로 재진입을 해서 수익을 더 극대화하기 위한 진입법입니다.

교육생들에게 이 몰아가기를 설명을 하면 어떻게 그렇게 할 수 있느냐는 질문을 받게 되는데, 이미 수익이 확보된 시점에서 계속 수익을 내고 있으니까 진입할 수 있는 것입니다. 그리고 시장가로 바로 주문을 넣는 것도 실천하기 힘듭니다. 한두 호가 싸게 사려다가 1~2포인트 이상의 큰 흐름을 놓치게 되니, 싸게 살 생각을 하지 말고 바로 살 생각을 해야 합니다.

대부분의 개인들은 일찍 수익청산을 하고 큰 추세가 나오게 되면 계속 참고 기다리다가, 늘 극단에서 진입을 해 손실을 입는 경우가 많습니다. 몰아가기는 계속적으로 장대 양봉이나 음봉을 다 수익화할 수 있기 때문에 마지막 변곡에 물려서 손절을 한다고 해도, 이미 수익을 확보한 상태이므로 심리적인 부담이 없습니다.

일반적으로는 장대음봉일 경우 보다는 장대 양봉구간에서 몰아가기를 하는 것이 확률적으로 유리하고, 시세의 끝에서 물리는 경우가 적습니다. 프로와 아마추어의 차이는 더 비싼가격에 살(더 불리한 가격에 진입할) 수 있느냐, 없느냐의 차이입니다. 자신의 계좌를 손실이 아닌 수익으로 몰아가십시오!!!

> 손실이 아닌 수익으로 몰아가기!!!

6) 불타기 전략

① 물타기와 비교하면 쉽게 이해되는 전략

척후병전략을 좀 더 발전시켜서 적용한 전략이 일명 '불타기' 전략입니다. 불타기의 용어는 물타기의 반대개념이라고 생각을 하면 됩니다. 일반적으로 개인들은 현재 진입한 물량이 손실이 날 경우 단가를 낮추어 빠져나오기 위해서, 일명 '물타기'로 계속 진입하게 됩니다. 사람은 본능적으로 손해를 보려고 하지 않기 때문에, 어떻게든 손해를 보지 않고 청산을 하기 위해서 물량을 계속 투입하게 됩니다. 이럴 경우 자신의 자금이 다 소진되면 그때는 큰 손실을 입고 손절을 하거나, 너무 손실이 커지게 되면 그냥 나몰라라 자포자기를 하게 됩니다.

필자도 예전에 매매를 하면서 제 잘못으로 계좌가 큰 손실일 때, 어찌할 지 몰라서 멍하게 모니터만 쳐다보았던 적이 있었습니다. 요즘 이야기하는 '멘붕' 상태가 되는 것입니다. 필자는 이걸 '정신이 혼미한' 상태라고 부릅니다. 일반적으로 (아래로) 물타기는 성공한 예가 흔치 않습니다. 한두 번 성공을 했다고 해도, (아래로) 물타기는 결국 손실을 보게 됩니다.

사람의 본성이 마지막까지 물타기를 하게 되기 때문입니다. 결국에는 한두 틱 차이로 자신의 본절단가가 오지 않으니, 자금이 적어서 손실이 난다고 생각을 하게 되고, 투자원금을 더 늘려서 매매를 하게 되고, 또 손실을 보게 되고, 다시 물타기를 하게 되고,… 이런 식으로 반복되어 수익이 아닌 손실이 눈덩이처럼 불어나게 됩니다. 바로 이것이 개인들의 '손실굴리기' 입니다.

반대로 (위로)불타기를 하는 형식으로 진입을 하면 계속적으로 수익을 확보한 상태에서 더 수익이 나게 되니까, 이익을 극대화할 수 있는 전략이 됩니다. 미국의 전설적인 트레이더 제시리버모어는 수익난 주식의 포지션을 계속적으로 늘려가는 이 전략으로 엄청난 수익을 이루어 낼 수 있었습니다. 이러한 투자기법을 피라미딩(pyramiding strategy, 포지션 얹기) 기법이라 합니다.

피라미딩은 처음의 시장 예측이 맞아 떨어져 거래에서 이익이 날 뿐만 아니라, 현재의 추세 또한 앞으로 지속될 가능성이 높다는 관점에서 포지션을 더 늘려가는 전략입니다. 이와 반대되는 개념으로 애버리징(averaging) 기법이 있습니다. 애버리징 기법에 대해서는 〈위대한투자자, 제시리버모어〉를 참고하기 바랍니다.

그래서 (위로) 불타기를, 필자는 큰 추세를 취하는 진입 방법으로 추천합니다. 하지만 불타기 전략을 구사하기 위해서는 많은 매매 경험과 불타기 전략에 대한 충분한 이해가 있어야 합니다. 수익이 나고 있는 포지션에서 내가 진입한 가격보다 더 불리한(비싼) 가격에 물량을 진입한다는 것은, 일반적인 상식으로는 쉽게 이해하지 못하는 진입 방법이기 때문입니다. 특히 손실을 평균하려는 초보자들의 경우는 더욱 그렇습니다. 필자 또한 처음 매매를 할 때, 한번 진입한 물량이 수익이면 수익을 어떻게 청산할까만 초점을 맞추어 매매를 했었지, 더 진입해서 수익을 극대화해야겠다라는 생각을 하지는 못했습니다.

진입한 물량이 손실일 경우는 "내가 무언가 잘못하고 있다."는 신호라고 했습니다. 그렇다면 반대로 진입한 물량이 수익일 경우는 어떨까요? 진입한 물량이 수익이라는 말은 내가 판단한 시장의 방향이나 지금의 추세가 맞았다는 것을 의미합니다. 잘못은 깔끔하게 끊어야 하겠지만, 잘한 부분은 계속적으로 발전시키고 그 잘한 것을 더 잘할 수 있도록 해야, 좋은 방향으로 발전해 나가겠지요. 그렇기 때문에 수익이 난 포지션에 더 물량을 투입해서 수익이 눈덩이처럼 굴러나가도록 해야 하는 것입니다. 말 그대로 불이 활활 타도록 불타기를 해야 합니다. 자신의 계좌에 활활 불을 지피십시오. 여러분의 계좌가, 여러분의 삶이 따뜻해집니다.

그렇다면 실제로 불타기 전략을 어떻게 활용하는지 알아보도록 하겠습니다. 간단하게 이야기 하면 불타기 전략은 처음 진입한 물량에서 수익이 나고 있을 시에 물량을 진입하는 것입니다. 이 불타기 전략에서 가장 중요한 포인트는 두가지입니다. 첫번째는 어느 포인트에서 물량을 더 진입할 것인가, 두번째는 물량을 진입하였을 시에 계속적으로 진입을 하다가 언제 청산을 하는가입니다.

② 언제 추가로 진입할 것인가?

첫번째, 어느 포인트에서 진입할 것인가입니다.

필자는 우선, 고점전략이나 저점전략을 구사하게 되는 시장 상황을 진입포인트로 잡습니다. 고점전략이나 저점전략을 구사할 경우, 앞에서 언급했듯이 고점대비 1포인트 매수자리나 저점대비 1포인트 매도자리가 잘 오지 않고 계속적으로 횡보만 하여, 장대양봉이나 장대음봉이 나왔을 때처럼 진입포인트가 오지 않아서 수익으로 연결하지 못하는 경우가 종종 있습니다.

확실한 고점·저점전략을 구사할 수 있는 상황이라면 지금 그자리에서 1계약을 진입하고 선물지수가 0.5~1포인트정도 변동을 할 경우, 계속 1계약씩 물량을 추가 진입하게 됩니다. 아니면 장중 고점이 뚫리는 시점에 바로 진입을 지속적으로 해서, 지수가 올라가면 올라갈수록 자신이 보유하고 있는 물량도 저절로 늘어나게끔 불타기를 해서 수익을 극대화하도록 합니다.

실제로 교육생 중에서 이 불타기 전략을 주로 사용하여 수익이 날 때 한번에 크게 수익을 내는 사람이 있습니다. 이익이 날 때 크게 수익을 내니까, 손실이 날 경우만 잘 조절을 해주면, 계좌가 금방 (+)가 되고 자신도 수익나는 것을 보면서 매우 만족해 하는 모습을 보이곤 합니다.

③ 불타기 후 언제 청산을 할 것인가?

두번째, 계속적으로 고점이 돌파되거나 0.5~1포인트 상승시마다 물량을 진입한다면, 과연 언제 진입을 그만두고 청산을 해야 하는 것인가입니다. 사람마다 청산하는 시점이 다르긴 하겠지만 필자 같은 경우는 제시리버모어가 이야기 했던 것처럼, 마지막 진입한 물량이 손실이 나는 시점입니다. 구체적으로는 마지막 물량이 0.5~1포인트 정도 손실이 나는 시점에, 그동안 진입했던 물량을 한꺼번에 전부 청산을 하게 되고 불타기 전략을 끝냅니다.

불타기 전략은 진입을 하는 시작시점도 중요하지만 수익을 확보하는 청산시점이 중요하기 때문에 청산포인트를 정확하게 정해서 실천에 옮기는 것이 중요합니다. 간혹 물량이 늘어난 상태에서 더 지수가 눌려 매수 포인트라고 생각해서, 청산을 하지 않고 추가 진입을 하게 된다면 물량 부담이 생기고, 갑자기 반대로 추세가 변화되었을 때에 지금까지의 수익분을 한번에 모두 내주게 될 수 있습니다. 그렇기 때문에 한번 정한 청산포인트가 오게 되면 뒤도 돌아보지 말고 깔끔하게 청산을 해야 합니다. 사례를 통해 좀 더 구체적으로 설명하겠습니다.

④ 사례1 : 4P 수익을 10P 수익으로 전환가능

만약, 처음 진입 후 1포인트 단위로 1계약씩 진입을 해서 마지막 물량이 0.5포인트 손실일 때, 청산을 하게 되면 다음과 같이 수익이 계산됩니다.

진입포인트	보유수량	수익구간
261	1계약	261 (0P)
262	2계약	261 (1P), 262(0P) 총 1P 수익
263	3계약	261 (2P), 262 (1P), 263(0P) 총 3P 수익
264	4계약	261 3P, 262 2P, 263 1P, 264 0P 총 6P 수익
265	5계약	261(4P), 262(3P), 263(2P), 264(1P), 265(0P) 총 10P 수익

261에서 1계약을 진입하고 265에 청산을 하게 된다면 4포인트 수익이지만, 불타기 전략으로 매수를 했을 경우에는 10포인트 수익을 낼 수 있습니다. 이렇게 수익이 날 경우에 수익을 극대화할 수 있고, 추세가 크게 형성되는 일봉차트상 장대양봉이나 장대음봉 구간에 매우 강력한 진입 전략이 됩니다.

⑤ **사례2 : 불타기와 1-2-3-4진입법 혼용으로 수익 극대화**

진입포인트	보유수량	수익구간
261	1계약	261 (0P) 총 0P
262	3계약	261(1P), 262 0(P) 총 1P수익
263	6계약	261(2P), 262(1P)×2계약, 263(0P) 총 4P 수익
264	10계약	261(3P), 262(2P)×2계약, 263(1P)×3계약, 264(0P)×4계약 총 10P수익
265	15계약	261(4P), 262(3P)×2계약, 263(2P)×3계약, 264(1P)×4계약, 265(0P)×5계약 총 20P 수익

불타기 전략을 1-2-3-4 진입기법과 혼용해서 물량을 진입하게 되면, 수익은 더욱 극대화 됩니다. 지수가 수익이 나는 방향으로 갈수록 보유물량도 기하급수적으로

늘어나게 되니까, 수익은 정말 엄청나게 불어날 수 밖에 없습니다. 위의 표에서 확인을 할 수 있듯이 수익이 0포인트에서 1포인트, 4포인트, 10포인트, 20포인트,… 이런식으로 기하급수적으로 늘어나게 됩니다.

불타기 전략을 구사하면서 가장 중요한 것은 진입기준을 정확히 지켜야 한다는 것입니다. 처음 진입한 물량이 손실이 났을 경우에 추가 진입을 하게 되는 것은 불타기를 하는 것이 아닌 물타기를 하게 되는 것이니, 첫 진입물량에서 수익이 나느냐, 손실이 나느냐가 가장 중요한 진입기준입니다. 필자의 불타기 기준은 첫 진입물량에 손실이 나게 되면 진입을 하지 않는다는 것입니다. 첫 진입물량 만큼의 리스크를 감당하고, 그 이상의 리스크를 감당하지 않으려고 하는 성향 때문에 더 보수적으로 매매를 하게 됩니다.

그리고 한번 진입해서 불타기를 하게 된다면, 과감하게 정해진 기준에 따라서 진입을 해야 합니다. 불타기 전략은 1~2포인트의 작은 변동성을 취하려고 하는 것이 아니라 5~7포인트 이상의 큰 추세를 이용해서 수익을 극대화하려고 하는 전략이기 때문에, 수익중일 때는 확실하게 큰 수익을 확보해야 불타기를 하는 의미가 있습니다.

그리고 청산을 확실히 해야 합니다. 청산을 해야 될 시점에 기준을 어기고 청산을 하지 않게 되면, 마지막 진입 포인트에서의 물량 손실이 커지게 되어서, 2~3포인트만 밀려도 그동안의 수익분을 다 내주게 됩니다. 그렇게 된다면 불타기 전략을 하지 않은 것보다 못한 결과를 초래하게 됩니다. 1-2-3-4 전략으로 진입을 하게 되었을 때에는 물량이 더 많아졌기 때문에, 더욱 조심하고 주의를 기울여야 합니다.

정말로 마지막 진입물량이 손실이 낮을 경우, 뒤도 돌아보지 않고 청산을 해서 그동안의 수익을 확보해야 합니다. 이 원칙을 생명과 같이 지켜야 합니다. 이렇게 여러 번 강조를 하는 이유는 불타기 전략이 실전에서는 원칙대로 매매를 하기가 쉽지 않기 때문입니다. 주식의 경우는 하루하루 데이트레이딩으로 이런 기법을 통해 여유있게 매매를 할 수도 있겠지만(실제로 주식에서는 많이 활용이 됩니다.), 선물·옵션의 경우 주식과 달리 움직임이 빠르고 다음날 보합일 경우, 장중에 붙었던 프리미엄이 한번에 빠져서 손실을 보는 경우가 많이 발생합니다.

이 불타기 전략을 너무 무분별하게 사용하기 보다는 추세가 확실한 장세에서만 사용하는 것을 추천합니다. 물량을 진입하는 능력이 미숙한 경우에는 이 전략을 정확히 이해하고 익숙해질 때까지, 가급적이면 사용하지 않을 것을 권합니다. 물량조절을 제대로 할 수 없으면 수익이 난 상태에서 물량을 진입하는 것 자체가 우선은 쉽지 않고, 청산시점을 제대로 잡고 물량을 한번에 청산하기도 만만치 않기 때문입니다. 그럴 때에는 차라리 소량의 물량을 오래 버티면서 수익을 내는 것이 훨씬 쉽고 안전한 전략입니다.

> 자신의 계좌를 손실을 더해서 물을 타지 마시고, 수익을 더해서 불을 지르십시오.
> 물타기가 아닌 불타기로!!!! 계좌를 활활 불태우십시오!!!
> 기억하자!!! 매매의 핵심은 물량조절과 자금관리.

> "매매결정에서 가장 중요한 점은 시장의 조건이 아니라 자신의 포지션 조건이다. 비법은 개별 매매와 전반적인 시장 내에서 모두 강력한 포지션을 향해 끊임없이 움직이는 것이다. 점수가 아니라 포지션을 위해서, 플레이를 시작할 때 집중을 요하는 야구, 체스 또는 다른 활동처럼 자신이 매매 '영역'에 있다는 것을 알게된다."
>
> 조나단 호닉 -

7. 진입보다 더 중요한 청산 전략

진입한 물량을 어떻게 청산하느냐는 수익을 확정짓는 가장 중요한 행위입니다. 안전한 자리에서 매수를 하는 것도 중요하지만 결국에는 수익을 결정하는 것은, 진입물량을 청산할 때 결정이 나기 때문입니다.

> 일반적으로는 포인트별로 분할 매수한 물량을 0.5P ~ 1P 정도 수익권에서 청산.
> 시장의 추세가 변동이 없을 경우, 같은 지수대에서 사고 팔고를 반복.
> 추세가 강한 날은 종가까지 홀딩(예 : 고점전략, 저점전략).
> 반대방향의 힘이 강하면, 청산 후 진입포인트를 0.5P씩 후퇴해서 진입.

매매를 할 때 '언제 어떻게 진입하느냐' 보다 더 중요한 것은, 수익을 확정짓는 '언제 어떻게 파느냐' 입니다. 대부분의 개인투자자들이 수익이 나는 포지션에서 늦은 대응으로 손실을 다 토해냈던 경험이 있기 때문에, 충분히 수익을 확보하지 못하고 일찍 청산하는 경우가 많습니다. 일찍 청산하고 후회를 많이 하죠. 필자가 생각하는 기준으로 봤을 때도 손실을 버티는 것보다 수익을 버티는 것이 훨씬 힘듭니다. 정말로 수익을 버티는 것은 고수의 영역입니다.

개인적인 생각으로는 수익을 버티는 행위가 인간의 본성을 거스르는 행위가 아닐까 하는 생각이 들 정도로 힘듭니다. 그렇지만 투자에 성공을 하기 위해서는 꼭 넘어야 하는 관문이기 때문에 청산을 하는 기준을 명확히 세운다면 충분히 수익을 얻어낼 수 있습니다.

> 청산의 핵심!!! 수익을 버텨라!!!

1) 옵션 1계약 종가홀딩전략

고점전략이나 저점전략을 구사할 경우, 옵션은 부담없는 물량내에서 (필자의 생각으론 1~2계약 정도나, 비율로는 1~3% 정도)는 종가까지 홀딩을 하고 청산을 하게 되는데, NTS기법상으로는 0.5~1포인트 수익권내에서 진입물량들을 청산하지만 일부물량을 종가까지 홀딩하게 되면, 본래 물량의 수익보다 홀딩한 물량의 수익이 더 많이나는 경우가 흔합니다.

일반적으로 매매를 하게 될 때, 물량부담이 많게 되면 수익을 충분히 확보하지 못하고, 일찍 청산하게 됩니다. 그렇기 때문에 필자는 감당할 수 있는 물량을 홀딩하여 종가까지 버티는 것을 선호합니다. 그렇게 되면 아쉬움도 남지않고 1~2계약의 물량으로도 그날 일당 이상의 수익을 확보할 수 있습니다. 본래 물량은 기본대로 0.5~1포인트 수익권에서 안정적으로 청산하면서, 어차피 잃어도 상관없다는 심정으로 1~2계약(아니면 1~3% 비율 정도)은 종가홀딩을 해서 청산하는 것도 수익을 극대화할 수 있는 좋은 전략입니다.

다음의 매매일지는 2012년 1월 3일, 옵션 1계약을 홀딩한 수익을 나타내는 것입니다. 3.30짜리 옵션이 5.20 가격이 되었으니 실제로 1계약당 57%, +19만원의 수익을 확보할 수 있었습니다.

[자료5.6] 종가홀딩전략의 예

1월 3일 옵션매매 전략
(1-1-1-1)

시간	전략	선물지수	포지션	매수/매도	수익
09:06	매수 243~242				
09:23	고점대비 0.5P 부터 매수				
09:28		243.70	245 콜 3.30 1계약	매수 콜 3.30 1계약	
13:56		247.10		청산 콜 5.20 1계약	+190,000
합계					+190,000

원금 1천만원 기준 매매시(1 포인트당 약 5%~7% 진입) : 자금대비 약 1.90% 수익률

> "투자에서 얻은 돈은 고통의 대가로 받은 돈, 즉 고통의 결과이다."
> － 앙드레 코스톨라니

매매를 하면서 가장 어려운 점은 수익을 버텨내는 것입니다. 유럽의 전설적인 투자자인 앙드레 코스톨라니 조차도 자신의 저서에서 투자수익은 고통의 결과라

고 언급했을 정도로, 투자로 수익을 내는 것은 고통을 인내한 결과라는 것에 이견이 없을 것입니다. 조금이라도 투자를 해 본 사람이면 공감할 것입니다.

매매를 하면서 뒤돌아 보면 손실로 인한 심적인 부담감을 견디기 힘들 때가 많습니다. 또한 수익이 나더라도 조금만 장이 흔들리게 되면, 수익이 다시 손실로 전환되지 않을까 조마조마했던 적도 많습니다. 하지만 돌이켜보면 보유하고 있는 물량을 늦게 청산해서 후회했던 적보다는, 일찍 청산해서 후회를 했던 경험이 더 많았습니다. 일반적으로 손실은 다들 버텨낼 수 있는데, 수익을 버티기는 정말 쉽지 않은 듯합니다. 수익이 날 때 적게 벌고, 잃을 때 크게 잃고, 이게 일반적인 개미들의 습성입니다.

교육생들에게 필자는 이것을 개미들의 습성이라고 표현하기보다는 '인간의 본성'이라고 표현을 합니다. 그만큼 수익을 극대화하면서 버텨내기는 고통이 수반될 만큼 힘이 듭니다. 그것도 진입한 물량이 물려서 손실이 되었다가 수익이 나는 순간에는 더욱더 그렇습니다. 지금까지의 마음고생이 너무나 심했기 때문에 일찍 그 고통으로부터 해방되기 위해서, 평균단가 근처에서 너무나 일찍 청산해버립니다.

필자가 그렇게 해봤기 때문에 누구보다도 그 마음을 잘 압니다. 그래서 수익을 버티는 것은 인간의 본성을 거스르는 일이라고 교육생들에게 이야기를 합니다. 그럼 결국에 '어떻게 청산하느냐'가 수익을 결정짓고 삶을 따뜻하게 만드는 방법인데…, 그래서 '어떻게 하면 수익을 극대화할 수 있을까?' 고민을 하면서 생각해왔던 것이 바로 종가홀딩전략입니다. "종가까지 버텨서 수익을 내자! 일찍 팔아서 후회하기보다는 차라리 늦게 팔고 후회하자!' 이런 원칙을 가지고 매매를 하면서 수익을 극대화할 수 있었습니다.

필자가 종가 홀딩 전략을 구사해본 결과, 물량을 많이 진입하였을 경우에는 종가까지 버티기 쉽지 않습니다. 심장건강에 좋지 않습니다. 그렇기 때문에 물량을 적게 해서 맘 편히 수익을 내는 걸 더 선호합니다. 1~2계약만 들고 버텨도 당일 상승분을 다 수익으로 전환할 수 있고, 맘도 편하고, 일석이조의 전략이 아닐까 합니다. 매매에서 가장 기본이 되는 마인드는 늘 '쉽고, 편하게' 입니다. 쉽고 편하게 매매하십시오. 지나친 욕심은 여러분의 건강과 계좌를 해칩니다.

> 매매는 쉽게 편하게!!!
> 여러분의 심장을 지킵시다!!!

2) 평균단가로 청산?, 진입단가로 청산?

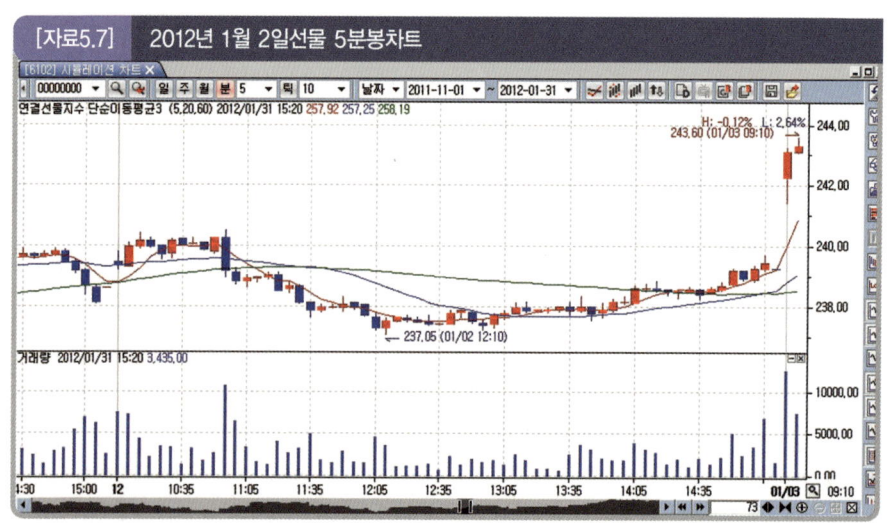

[자료5.7] 2012년 1월 2일선물 5분봉차트

【자료5.7】는 2012년 1월 2일 선물 5분봉차트입니다. 10시54분 239대부터 물량을 진입해서 지수가 0.5포인트 반등할 때마다 수익을 청산하면서, 그리고 237대까지 3포인트 물량을 모은 뒤, 다시 반등하는 자리마다 물량을 청산하여 수익을 낼 수 있었습니다.

NTS기법 중 청산 방법에서 가장 중요한 핵심은 바로 평균단가를 무시하고, 진입단가를 기준으로 청산을 한다는 것입니다. 많은 사람들이 매매를 할 때(물론 필자도 예외는 아니었지만) 자신의 평균단가까지만 가격대가 오지 않고 도망가는 경우를 너무나 많이 겪어 봤을 것입니다.

한두 틱만 더 다가오면 전부 청산하려고 했는데, 그 한두 틱이 안 다가오고, 그래서 가격이 도망갔을 때 추가 진입를 해서 단가를 낮추려고 물량을 더 진입하게 되고, 또 한두 틱이 모자라서 청산을 못하게 되고, 그러다 또 물량이 늘어나고, 결국에는 어떻게 할 수 없을 정도로 많은 물량이 진입하게 되어, 손실폭을 더 키우게 되거나 계좌자체가 손실로 없어지는 경험을 한두 번씩 해보았을 것입니다. 어쩌면 그렇게 신기하게도 세력들이 내 계좌를 보고 있는 것 같다는 생각이 들 정도로 말입니다. 내 평균단가의 한두 틱 못 미치는 가격까지만 왔다가 가는 것을 많이 경험해 봤을 것입니다.

이렇게 평균단가를 기준으로 청산을 하면 수익을 확실히 계산할 수 있는 장점이 있지만, 물량이 많이 물려있을 경우에는 청산을 하기가 어려울 때가 많습니다. 이런 경우를 없애고 매매로써 손실을 복구하기 위해서는, 평균단가가 아닌 진입단가를 기준으로 진입물량을 청산하면 훨씬 수월하게 물량을 청산할 수 있습니다.

[자료5.8] 2012년 1월 2일 매매일지

시간	전략	선물지수	포지션	매수/매도	수익
10:05	매수 238 중~235 중 매도 241 중~244 중				
10:33	매수 239~236				
10:54		239.20	240 콜 3.80 1계약	매수 콜 3.80 1계약	
10:56		238.80	240 콜 3.75 2계약	매수 콜 3.70 1계약	
11:29		238.20	240 콜 3.66 3계약	매수 콜 3.50 1계약	
11:30	산 자리에서 0.5	237.80	240 콜 3.57 4계약	매수 콜 3.30 1계약	
11:49	포인트 이상 정리 →	238.30	240 콜 3.57 3계약	청산 콜 3.50 1계약	-7,000
11:59		237.80	240 콜 3.50 4계약	매수 콜 3.30 1계약	
12:02	산 자리에서 0.5	237.20	240 콜 3.42 5계약	매수 콜 3.10 1계약	
12:36	포인트 이상 정리 →	237.80	240 콜 3.42 4계약	청산 콜 3.30 1계약	-12,000
12:54	산 자리에서 0.5	237.20	240 콜 3.35 5계약	매수 콜 3.10 1계약	
13:03	포인트 이상 정리 →	237.80	240 콜 3.35 4계약	청산 콜 3.30 1계약	-5,000
13:13	매도 239~242				
13:38		238.20	240 콜 3.35 3계약	청산 콜 3.45 1계약	+10,000
14:13	매도는 중지 매수한 것 청산만	238.80	240 콜 3.35 2계약	청산 콜 3.65 1계약	+30,000
14:48		239.20		청산 콜 3.75 2계약	+80,000
합계					+96,000

원금 1천만원 기준 매매시(1 포인트당 약 5%~7% 진입) : 자금대비 약 0.96% 수익률

239.20 진입물량 → 홀딩

238.80 진입물량 → 홀딩

238.20 진입물량 → 홀딩

237.80 진입물량 → 238.30 청산

237.80 재진입물량 → 홀딩

237.20 진입물량 → 237.80 청산

237.20 다시 진입물량 → 237.80 청산

237.80 재진입물량 → 238.30 청산

238.20 진입물량 → 238.80 청산

…

지수가 237.05 저점을 찍고 12시 30분경부터 바닥을 다지고 올라오고 있기 때문

에, 처음 239~238대 매수한 물량은 홀딩한 채로, 237대 매수한 물량만 청산하면서 지수가 올라오기를 기다리면서, 처음 진입포인트인 239~238대가 왔을 때 진입포인트에 맞춰, 0.5포인트 이상 수익권에서 청산하는 것을 반복하는 모습을 보여주는 자료입니다.

위 그림에서 보듯이 237.80에 매수한 물량은 정확히 0.5포인트 수익인 238.30에 청산을 하고, 237.20에 매수한 물량은 237.80에 청산을 하면, 높은 지수대에서 매수한 물량만 남게 되고, 바닥권에서 산 물량들은 청산이 된 상태에서, 같은 자리에서 또 2~3번 매매를 하게 되면, 첫 1포인트에 매수했던 물량 자체의 단가가 떨어지게 됩니다. 다시 원래 매수포인트로 왔을 때에 수익이 저절로 늘어나게 됩니다. 실현수익을 보면 처음에는 마이너스로 시작하다가 점차 진입·청산을 반복할수록, 플러스권으로 돌아서고 지수가 원래 포인트대로 올라왔을 때에는 수익이 더 많이 나는 것을 볼 수 있습니다.

이렇게 매매를 하게 되면 4포인트 진입 시에 물량이 물리더라도 첫 1~2포인트만 홀딩한 상태에서 뒤의 3~4포인트에서 진입한 물량은 청산이 되고, 다시 3~4포인트에서 진입을 2~3번 반복하게 되면, 첫 1~2포인트 물량까지 저절로 청산이 되는 신기한 경험을 하게 됩니다. 이 청산법을 위·아래로 반복하게 되면 처음에는 마이너스로 시작되다가 저절로 플러스권으로 바뀌게 되고, 보유하고 있는 물량 자체는 마이너스를 계속 기록하고 있는데 전체 잔고는 플러스가 되는 것입니다.

필자도 처음 이 청산법을 배울 때는 마이너스권에서 물량을 청산하는 것이라 쉽게 실행하지 못하고, 어떻게 해서든지 본전에라도 청산을 하려고 했었습니다. 그렇지만 4포인트 진입을 하게 되면 포인트마다 수익권에서 청산하게 되는 것이니,

기계적으로 진입·청산을 반복하다 보면 자기도 모르는 사이에 수익이 늘어나 평균단가가 언제 올지 불안해 하면서 맘 졸일 필요도 없고, 진입한 물량은 수익권에서 바로 바로 청산할 수 있으니, 보유하고 있는 물량이 줄어들어 손실이 줄어들게 됩니다. 소량의 손실로 물려 있다고 하더라도 손실을 버티면서 수익권이 오기를 더 여유 있게 기다릴 수 있게 됩니다.

청산을 하기 위해서는 정확한 포인트에서의 진입과 정확한 포인트에서의 청산이 가장 중요합니다. 진입·청산 포인트를 정확히 인지하고 신호대로, 기법대로 진입을 하는 것이 중요합니다. 그래야 청산하는 포지션에서 사고팔고를 반복할 수 있고 수익이 날 수 있습니다. 장중에 아무리 옵션의 프리미엄이 빠진다고 해도, 0.5~1포인트 변동폭을 갖게 되면 수익이 생기기 때문입니다. 물량이 물리지 않게 청산만 잘 한다면, 확실히 수익을 챙기고 물량을 줄일 수 있는 방법입니다.

> 평균단가는 무시, 매입단가만이 전부다!!!

3) 1:1 물량 줄이기 전략

> 1:1 물량조절의 단 한가지 목표!!!
> 어제보다 오늘 더, 계좌잔고는 늘리고 보유물량은 줄이고!!

1:1물량 조절법은 당일 진입을 했는데 종가까지 청산이 되지 않아 헤지를 하고 다음날로 포지션을 오버했는데, 그날 변동폭이 1~2포인트 안팎일 때 사용할 수 있

는 청산 방법입니다. 물량 줄이기의 기본인 '자리에서 사고 팔기'에 대해서 먼저 알아보기로 하겠습니다.

현재 콜 : 풋옵션을 3계약:3계약 보유하고 있다고 하겠습니다. 현지수가 250이라 하고 1포인트 위인 251은 매도자리, 1포인트 밑인 249는 매수자리라고 가정하겠습니다.

지수가 251으로 올라오면 풋옵션 1계약을 진입해서 콜:풋 포지션은 3:4 계약이 되고, 250으로 내려오면 진입한 풋옵션 1계약을 청산해서 다시 3:3 계약으로 만듭니다. 지수가 249대로 내려오게 되면 콜옵션 1계약을 추가해서 4:3 계약, 지수가 다시 250대로 올라오면 진입한 콜옵션 1계약을 청산해서 3:3 계약, 이런 식으로 매매하는 것이 기본적인 패턴입니다.

	251 3:4	지수가 250으로 내리면 풋옵션 1계약 청산
250 3:3		3:3
	249 4:3	지수가 250으로 오르면 콜옵션 1계약 청산

여기에서 변형된 물량 줄이기는 251로 올라가면 풋옵션 1계약을 진입하는 것이 아니라, 콜옵션 1계약 청산을 해서 2:3 계약을 만들어 풋옵션 우위 포지션으로 만듭니다. 250대로 지수가 내려오면, 그 자리는 원래의 1:1자리이기 때문에, 2:3 포지션에서 풋옵션 1계약을 청산해서 다시 2:2인 1대1 포지션을 만듭니다.

반대로 매수자리인 249대에서도 콜옵션 1계약을 진입하지 말고 풋옵션 1계약을 청산하여 3:2 계약으로 만듭니다. 250대로 지수가 올라오면 3:2 였던 물량에서 1대1

로 물량을 맞추기 위해서 2:2로 포지션으로 맞춥니다. 이렇게 매도를 2~3번만 반복하게 되면 3:3 계약이었던 물량이 2:2 계약, 1:1 계약, 이런 식으로 줄어들어 결국에는 포지션 자체가 다 청산이 되고, 계좌잔고는 어제보다 더 늘어나게 됩니다. 그리고 3:3 계약을 홀딩한 상태로 사고팔고 반복하는 것보다도 잔고가 늘어나게 됩니다.

	251 콜옵션 1계약 청산 2:3	250대에서 풋옵션 1계약 청산 2:2
250 3:3		
	249 풋옵션 1계약 청산 3:2	250대에서 콜옵션 1계약 청산 2:2

1대1 물량줄이기 전략을 예를 들어 설명해 보겠습니다.

【자료5.9】 2012년 9월3일~9월 7일 1:1 포지션 변화1

날짜	포지션
9/3	콜252 3.19 3계약(종가2.85), 풋247 2.84 4계약(종가2.03) (금액 – 콜 4,275,000 : 풋 4,060,000)
9/5	**콜252 3.19 3계약(종가0.86), 풋247 2.84 1계약(종가4.65)** **(금액 – 콜 1,290,000 : 풋2,325,000)**
9/7	콜252 3.19 3계약(종가3.05), 풋247 2.84 1계약(종가0.63) 종가수익 청산(무포)

위의 매매일지를 살펴보면 실제 매매에서 어떻게 1대1 물량줄이기가 활용되는지 알 수 있습니다. 9월 3일, 248중반부터 하락 방향으로 진입한 풋옵션 매수 물량이 종가까지 청산이 되지 않아, 콜옵션 3계약을 추가(헤지)하여 9월 4일로 넘어갑니다. 9월 4일 ~ 5일에는 추가 진입물량이 없었기 때문에 종가에만 1대1 물량을 맞추게 됩니다.

첫번째 예는 9월 5일 종가기준으로 지수가 하락하여 252 콜옵션 가격이 0.86이 되었습니다. 그리고 247 풋옵션 가격은 4.65가 되어, 9월 3일 포지션을 기준으로 콜 1,290,000(0.86 3계약) : 풋 9,300,000(4.65 4계약)이 되어 가격균형이 맞지 않게 됩니다. 이럴 경우에 수익이 난 풋옵션을 청산하고 1계약만 남겨서 콜:풋 비율을 1,290,000(0.86 3계약) : 2,325,000(4.65 1계약), 이런 식으로 종가에 맞추는 것입니다.

247풋을 다른 행사가로 바꾸지 않고 금액은 대충 1:2의 비율이 되게끔 조정을 하는 것입니다. 이럴 경우에 9월 7일 지수가 반등을 하여서 9월 5일 0.86이었던 252 콜옵션 가격이 3.05가 되고, 풋옵션 247 가격은 0.63이 되어서 콜:풋 금액비율이 4,575,000(3.05 3계약) : 315,000(0.63 1계약) 이 되어 종가에 포지션을 다 청산하게 되면 9월 3일에 콜(-510,000) : 풋(-1,620,000)이었던 포지션이 며칠 사이의 장중 변동성과 1:1 포지션 조절로 인해서 손실부분이 전부 복구가 되고 수익 청산이 됩니다.

9/3 콜옵션 투입금액 3.19×500,000×3계약 = 4,785,000
     콜옵션 종가상 평가금액 2.85×500,000×3계약 = 4,275,000(평가손510,000)
     풋옵션 투입금액 2.84×500,000×4계약 = 5,680,000
     풋옵션 종가상 평가금액 2.03×500,000×4계약 = 4,060,000(평가손 1,620,000)

9/5 풋옵션 수익 청산 4.65×500,000×3계약 = 6,975,000

9/7 콜옵션 청산금액 3.05×500,000×3계약 = 4,575,000
     풋옵션 청산금액 0.63×500,000×1계약 = 315,000

결과 총투입금액 4,785,000 + 5,680,000 = 10,465,000
      총청산금액 6,975,000 + 4,575,000 + 315,000 = 11,865,000
      순이익금액 11,865,000 - 10,465,000 = 1,400,000

[자료5.10] 2012년 9월3일 ~ 9월 7일 1:1 포지션 변화2

날짜	포지션
9/3	콜252 3.19 3계약(종가2.85), 풋247 2.84 4계약(종가2.03) (금액 콜 4,275,000 : 풋 4,060,000)
9/5	**콜252 3.19 3계약(종가0.86), 풋245 3.20 1계약** **(금액 콜 1,290,000: 풋1,600,000)**
9/7	콜252 3.19 3계약(종가3.05), 풋245 3.20 1계약 풋245 3.20 1계약(종가0.36)

두번째 예는 9월 5일에 포지션 조정을 할 때, 풋 247물량을 다 정리하고 풋 245 1계약을 진입하여 금액으로 1,290,000(콜0.86 3계약) : 1,600,000(풋3,20 1계약) 1대1을 맞추는 포지션입니다.

콜옵션 손실분에 맞춰서 풋옵션 수익분을 청산하고, 남아 있는 콜 물량에 맞추어 행사가 250 풋옵션 1계약을 매수합니다. 그래서 금액으로 콜 1,290,000원 : 풋 1,600,000원을 맞춥니다. 9월 7일 지수가 상승하여 9월 5일 종가에 0.86이었던 행사가 252 콜옵션 물량을 3.05에 청산을 하고, 보유하고 있던 행사가 245 풋옵션 1계약도 일괄 청산하게 되어 전체 잔고가 수익권이 됩니다. 이런 식으로 추가 물량 진입 없이 현재의 보유한 물량만으로도 진입물량을 다 수익 청산할 수 있게 됩니다.

이렇게 1대1 포지션을 맞출 경우에는 247풋옵션을 보유하고 있는 경우보다 수익이 +590,000 이 더 나게 됩니다. 9월 5일 4.65짜리 풋옵션을 1계약 더 청산을 하고 3.20짜리 풋옵션으로 1대1 포지션을 만들게 되고, 여기에서 1.45만큼의 가격차이가 있게 됩니다. 9월 7일에 4.65짜리 풋은 0.63이 되고, 3.20짜리 풋은 0.36이 되어서 1.45 - 0.27 = 1.18(1.18×500,000 = 590,000) 만큼의 수익차이가 나게 됩니다.

9/3　콜옵션 투입금액 3.19 × 500,000 × 3계약 = 4,785,000
　　　풋옵션 투입금액 2.84 × 500,000 × 4계약 = 5,680,000

9/5　풋옵션 수익 청산 4.65 × 500,000 × 4계약 = 9,300,000
　　　풋옵션 신규진입 3.20 × 500,000 × 1계약 = 1,600,000

9/7　콜옵션 청산금액 3.05 × 500,000 × 3계약 = 4,575,000
　　　풋옵션 청산금액 0.36 × 500,000 × 1계약 = 180,000

결과　총투입금액 4,785,000 + 5,680,000 + 1,600,000 = 12,065,000
　　　총청산금액 9,300,000 + 4,575,000 + 180,000 = 14,055,000
　　　순이익금액 14,055,000 - 12,065,000 = 1,990,000

【자료5.11】 2012년 9월 3일~ 9월 7일 1:1 포지션 변화3

날짜	포지션
9/3	콜252 3.19 3계약(종가2.85), 풋247 2.84 4계약(종가2.03) (금액 콜 4,275,000 : 풋4,060,000)
9/5	**콜252 2.02 6계약(종가0.86), 풋247 2.84 1계약(종가4.65)** **(금액 콜 2,580,000 : 풋2,325,000)**
9/7	콜252 3.05 6계약, 풋247 0.63 1계약 종가수익 청산(무포)

마지막 예는 9월 5일 종가 포지션에서 247 풋옵션을 그대로 1계약 홀딩한 상태에서 252 콜을 3계약 더 추가하여서 252 콜옵션 6계약과 247 풋옵션 1계약으로 금액상 콜 2,580,000 : 풋 2,325,000이 되게 맞춥니다. 이 경우에는 9월 7일 콜옵션 물량이 수익청산이 되어, 앞의 두 경우 보다 더 수익이 나게 됩니다.

1:1 물량 줄이기는 우선 보유한 포지션을 마이너스에서 팔 수 있어야 하고 지금

의 지수대가 콜옵션 우위의 지수대인지, 풋옵션 우위의 지수대인지, 중립 자리인지 정확하게 파악하는 것이 중요합니다. 물량을 채우는 것이 아니라 물량을 줄이면서 매매를 하게 되면 물량을 줄여 나갈 때마다 단가가 내려가기 때문에 더 효율적으로 잔고를 증가시킬 수 있습니다.

3계약에서 1계약을 추가하여 평균을 낮추는 것이 아닌, 2계약에 +1계약 +1계약과 같이 계약이 추가되어 평균 단가를 낮추는 개념이라고 보면 됩니다. 3계약 + 3계약을 보유하고 있는 상태에서 물량을 추가해서 매매를 하다 보면(251대의 콜옵션 3계약의 금액 〉 250대의 콜옵션 3계약의 금액), 1대1 물량을 유지하기 위해서 청산하지 않고 반대편 풋옵션 1계약을 추가하는 것이 일반적입니다.

콜옵션 3계약의 평균단가가 오지 않았더라도, 어차피 지수가 상승한 251대는 풋 우위 자리이니까 풋옵션 1계약을 추가하지 말고 콜옵션 1계약을 줄이게 되면, 다시 250으로 지수가 내려갔을 때 잔고도 늘고 물량도 줄여지는 1석2조의 효과를 얻게 됩니다. 지수가 횡보하는 구간에서는 옵션 매수물량을 많이 들고 있는 것은 세타리스크의 영향을 너무 많이 받기 때문에, 어떻게든 물량을 줄이면서 매매를 해야 합니다. 그러기 위해서는 기존의 물량을 보유하고 매매를 하기보다는 물량을 줄여나가면서 매매를 하는 것이 세타리스크의 영향을 덜 받게 되는 것이겠지요.

실제로 이런 식으로 매매를 하게 되면 훨씬 수월하게 물량도 줄어들게 되고 잔고도 늘어나게 됩니다. 단지 지수가 한 방향으로 크게 가는 장이라면 1:1 물량을 그냥 보유하고 버티는 것이 더 큰 수익을 얻을 수 있는 방법입니다. 그렇기 때문에 어느 자리에서나 물량 줄이기를 사용하는 것이 아니라, 시장의 방향을 보고 가두리 장일 경우에 사용을 하는 것이 중요합니다. 아무리 기법이 좋더라도 시장의 상황에 맞게 적절히 사용해야 합니다. 이것이 무엇보다도 중요합니다.

    범위를 정해서 진입를 하고 물량이 부담스럽지 않게 매매를 하더라도, 세상에 완벽한 전략은 없기 때문에 시장을 모두 이길 수는 없습니다. 특히 옵션을 매매하기 위해서는 장중의 변동성이 있어야 매매를 할 수 있습니다. 변동성이 없는 상태에서는 억지로 진입을 할 수도 없고, 물량을 보유하고 있으면 시간가치의 감소로 인해서 손해가 누적되게 됩니다.

    NTS기법도 완벽한 기법만은 아닙니다. 우선 4포인트로 진입하는 것 자체가 쉽지는 않습니다. 특히 옵션의 경우, 승수가 50만원으로 올랐기 때문에 수익도 5배가 나지만 손실도 5배가 나게 됩니다. 그래서 아무리 1계약씩 진입을 한다고 해도 4포인트 4계약을 진입하게 되면 100만원 이상의 손실을 버텨야 합니다. 자금이 많은 투자자들은 100~200만원의 손실을 버티면서 수익을 내는 것이 그다지 어렵지는 않겠지만, 자금이 여유롭지 못한 투자자는 100~200만원의 손실이 자기자금의 10%~20%의 손실이라면 버텨기가 쉽지 않습니다.

    두 번째로 10% 포지션의 문제가 걸림돌입니다. 4포인트를 진입하는 물량이 10%가 안 넘어야 하는데 전문적인 트레이더가 아닌 개인들은 훈련을 체계적으로 받지 않아서 금방 물량이 부담스럽게 됩니다. 이 원칙을 지키지 못하면 물량 부담이 많아지게 되어, 물량이 청산이 안되었을 때의 헤지 포지션을 잡기가 힘들게 됩니다. 4포인트를 진입하게 될 때에 추세가 반대 방향으로 바뀌게 된다면 1:1 포지션을 잡아서 다시 2:1 포지션이나 1:2 포지션을 만들어서, 사고 팔기를 반복하며 물량을 청산해 나가야 합니다.

그리고 장중에 변동성이 없을 경우는 옵션매수로 오버나이트를 하면 손실을 피하기 힘듭니다. 아무리 0.5포인트 단위로 청산을 하거나 지금 자리에서 1포인트 위·아래로 물량을 청산하는 물량줄이기를 한다고 하더라도, 장중의 변동성이 0.5~1포인트 미만으로 움직이는 장에서는, 이런 청산기법 자체가 힘들기 때문에 손실이 더 커지게 됩니다.

이런 경우에는 옵션매수가 아닌 옵션매도로 진입을 하거나, 선물을 진입하고 헤지포지션을 옵션으로 구축하는 방법 등이 있기는 합니다. 그렇더라도 장중 변동성이 없을 때 수익을 내는 것은 쉽지 않습니다. 차라리 매매를 하지 않고 쉬는 것이 더 나은 방법일 수 있습니다. 이상으로 NTS기법에 대한 설명을 마치고자 합니다. 처음 접하는 개념과 기법들이 생소할 수 있습니다. 생소한 개념이지 어렵고 복잡한 개념이 아니니까, 이해가 안 되는 분들은 처음으로 다시 돌아가서 반복하여 공부하길 바랍니다. 조금만 반복해도 이해가 될 것입니다.

제 VI 장

실전 매매 일지

1. 2012년 1월 12일 매매일지 · · · · · · · · · 269
2. 2012년 1월 13일 매매일지 · · · · · · · · · 275
3. 2012년 1월 16일 매매일지 · · · · · · · · · 280
4. 2012년 2월 1일 매매일지 · · · · · · · · · · 284
5. 2012년 2월 3일 매매일지 · · · · · · · · · · 289
6. 2012년 2월 6일 매매일지 · · · · · · · · · · 295
7. 2012년 9월 매매 복기일지(옵션기준, 종가 1:1) · · 299
8. 교육생 매매일지 소개 · · · · · · · · · · · · 306

제 VI 장

•••• 실전매매일지 ••••

"미래의 가격은 어느 누구도 예측할 수 없다. 특히 투자자는 지속적인 변화를 예측할 수 없다. 투자자가 아니라 가격이 미래를 예측한다.

그럼에도 불구하고 투자자는 자신이 미래를 예측하거나, 아니면 다른 누군가가 예측할 수 있다고 믿는다. 그들은 누군가가 다음 거시경제 사이클이 어떨 것인지 예측해주기를 기대하고 있다.

우리는 다른 투자자들이 미래를 예측할 수 있다고 확신하고 있다는 사실에 의존하고 있으며, 바로 거기에서 우리의 수익이 발생한다.

세상은 이처럼 단순한 것이다."

- 존 W. 헨리 -

1. 2012년 1월 12일 매매일지

[자료6.1] 2012년 1월 12일 선물 5분봉차트

2012년 1월 12일은 국내증시가 옵션 만기일에 상승으로 마무리한 날이었습니다. 선물 지수가 전일보다 소폭 오른 243.20포인트에 시작하였습니다. 장 초반부터 매물로 인하여 하락하던 지수는 240.65포인트까지 도달해서 하락을 멈추었습니다. 매수권역을 242로 정하여 241대까지 2포인트 구간을 매수하였습니다. 오후에 지수가 상승하면서 242 ~ 241에 모은 물량을 청산하고, 241후반대부터는 하방으로 진입하여 지수가 내려올 때 짧게 청산하고 매매를 종료하였습니다. 옵션매매 경우 1-1-1-1진입법으로 +51,000원, 1-2-3-4 진입법으로 +211,000원, 선물매매 경우 1-1-1-1진입법으로 +800,000원, 1-1-2-2 진입법으로 +200,000원 수익 실현했습니다.

아래 매매일지는 시간대별로 진입하고 청산한 내역이 자세히 기록되어 있습니다.

1) 옵션매매 전략 (1-2-3-4진입법)

【자료6.2】 2012년 1월 12일 매매일지①

시간	전 략	선물지수	포지션	매수 / 매도	수익
09:15	매수242~239				
09:18	매수242초~239초	242.50	247 콜 3.75 3계약	매수 콜 3.75 3계약	
09:50		242.00	247 콜 3.65 6계약	매수 콜 3.55 3계약	
10:09		241.50	247 콜 3.57 10계약	매수 콜 3.45 4계약	
10:13	매도241중후~244중후				
10:26		241.00	247 콜 3.47 14계약	매수 콜 3.25 4계약	
10:50		241.50	237 풋 4.65 3계약	매수 풋 4.65 3계약	
10:50		241.70	247 콜 3.47 10계약	청산 콜 3.45 4계약	−8,000
10:51		242.00	237 풋 4.57 6계약	매수 풋 4.50 3계약	
11:01		242.20	247 콜 3.47 6계약	청산 콜 3.55 4계약	+32,000
11:04		242.50	237 풋4.46 10계약	매수 풋 4.30 4계약	
11:04		242.70	247 콜 3.47 3계약	청산 콜 3.70 3계약	+69,000
11:17		243.00	237 풋 4.34 14계약	매수 풋 4.05 4계약	
11:17		243.20		청산 콜 3.85 3계약	+114,000
11:11	매도로 짧게 청산하고 대기				
11:44		242.20		청산 풋 4.35 14계약	+14,000
합계					+211,000

원금 3천만원 기준 매매 (첫 1포인트 약5%~7% 진입) : 자금대비 약 0.70% 수익률

당시는 옵션가격이 1단위당 10만원이었기 때문에 표기를 그대로 했습니다. 현재는 옵션 가격이 1단위당 50만원이기 때문에, 현재기준으로 수익을 환산한다면 +211,000원이 아니라 211,000×5 = 1,055,000원입니다.

1월 12일 옵션매매전략은 9시 18분에 선물지수 242에서 상방 진입신호가 나온 후에 242.50과 242.00에 행사가 247 콜옵션을 3계약씩 진입하여 평균단가를 242.25((242.50+242.00)/2)로 맞추었습니다. 그리고 10시 09분과 10시 26분에 지수가 241.00까지 하락하여 242대에 진입했던 것과 같이, 241.50과 241.00에 4계약씩 진입을 해서 평균단가를 241.25로 맞추었습니다.

이렇게 진입을 하게 되면 242초반에 6계약, 241초반에 8계약을 진입하는 것이 됩니다. 지수가 상승하면 진입물량을 차례대로 0,7포인트 수익청산 합니다. 241.00에 진입한 4계약은 241.70에 청산, 241.50에 진입한 4계약은 242.20에 청산, 242.00에 진입한 3계약은 242.70에 청산, 마지막으로 242.50에 진입한 물량은 243.20에 청산을 하게 되어 모두 청산하였습니다.

한편 10시 13분에 나온 선물지수 241대 중후반, 하방 진입신호에 맞추어서 241.50과 242.00에 행사가 237풋옵션 3계약씩을 진입하여 진입단가를 241.75로 맞춥니다. 지수가 상승하여서 242.50과 243.00에 4계약씩 추가 진입하여 콜옵션을 매수 진입한 것과 같은 방식으로 물량을 쌓아갑니다. 그리고 선물지수가 내려올 때마다 청산을 하다가 11시 11분에 하방 진입물량을 짧게 수익청산 하라는 신호와 함께 진입단가 근처에서 일괄청산하고 당일매매를 종료했습니다.

1월 12일 매매 같은 경우는 장 초반에 상방진입을 하였다가 지수가 더 하락하여서 하방 진입신호까지 나온 날이었습니다. 시가 위로 지수가 상승하면서 횡보하였을 때, 이미 상방 진입한 물량을 수익청산 하였기 때문에 하방 진입물량은 본절권에서 짧게 청산하고 매매를 종료하였습니다. 하방 진입한 물량을 짧게 수익청산 하지 않았다면, 장 후반에는 지수가 상승하여 물량을 청산하지 못하고 오버나이트나 손절을 할 수도 있는 날이었습니다. 1월 12일은 오전매매로 수익이 났기 때문에, 오후에는 수익을 지키면서 리스크관리를 잘 한 날이라고 볼 수 있습니다.

2) 옵션매매 전략(1-1-1-1진입법)

[자료6.3] 2012년 1월 12일 매매일지②

시간	전략	선물지수	포지션	매수 / 매도	수익
09:15	매수242~239				
09:18	매수242초~239초	242.50	247 콜 3.75 1계약	매수 콜 3.75 1계약	
09:50		242.00	247 콜 3.65 2계약	매수 콜 3.55 1계약	
10:09		241.50	247 콜 3.58 3계약	매수 콜 3.45 1계약	
10:13	매도241중후~244중후				
10:26		241.00	247 콜 3.49 4계약	매수 콜 3.25 1계약	
10:50		241.50	237 풋 4.65 1계약	매수 풋 4.65 1계약	
10:50		241.70	247 콜 3.49 3계약	청산 콜 3.45 1계약	-4,000
10:51		242.00	237 풋 4.57 2계약	매수 풋 4.50 1계약	
11:01		242.20	247 콜 3.49 2계약	청산 콜 3.55 1계약	+6,000
11:04		242.50	237 풋 4.48 3계약	매수 풋 4.30 1계약	

시간			선물지수	포지션	매수 / 매도	수익
11:04			242.70	247 콜 3.49 1계약	청산 콜 3.70 1계약	+21,000
11:17			243.00	237 풋 4.37 4계약	매수 풋 4.05 1계약	
11:17			243.20		청산 콜 3.85 1계약	+36,000
11:11	매도 짧게 청산하고 대기					
11:44			242.20	237 풋 4.37 4계약	청산 풋 4.35 4계약	−8,000
합계						+51,000

1-1-1-1전략은 진입자리마다 1계약씩 진입을 하여 청산하는 전략입니다. 물량부담이 적기 때문에 소액자금으로 매매를 하거나, 아직 물량조절을 잘하지 못하는 경우에 적절히 사용하면 도움이 될 것입니다. 진입자리는 1-2-3-4 전략과 같습니다. 현재는 옵션의 가격이 1단위당 50만원이기 때문에 자금규모가 크지 않을 경우에는, 진입자리를 나누어서 진입하기 (예: 242.50 + 242.00 = 242.25) 보다는 그냥 1포인트에 1계약(242.25) 진입하는 것이 좋습니다.

3) 선물매매 전략(1-1-2-2진입법)

【자료6.4】 2012년 1월 12일 매매일지③

시간	전 략	선물지수	포지션	매수 / 매도	수익
09:15	매수242~239				
09:35	매수242초~239초	242.20	매수 242.20 1계약	매수 242.20 1계약	
10:11		241.20	매수 241.70 2계약	매수 241.20 1계약	
10:13	매도241중후~244중후				
10:30		241.80	매도 241.80 1계약	청산 241.80 2계약	+100,000

시간	전략	선물지수	포지션	매수 / 매도	수익
11:04		242.80	매도 242.30 2계약	매도 241.80 1계약 매도 242.80 2계약	
11:11	매도 짧게 청산하고 대기				
11:44		242.20		청산 242.20 2계약	+100,000
합계					+200,000

원금 1억 6천만원 기준 매매 : 자금대비 약 1.05% 수익률

1포인트당 선물 1계약을 진입하여서 복기한 매매일지입니다. 9시18분에 242초부터 상방 진입신호가 나온 뒤 10시 13분에 241중후반부터 하방 진입신호가 나왔을 때에 상방 진입물량을 청산하고 바로 하방 진입을 했습니다. 선물의 경우는 하나의 계좌에서는 동시에 상방과 하방 진입을 할 수 없기 때문에 이렇게 복기를 했습니다. 다른 방법으로는 계좌를 여러 개를 두어 한 계좌는 상방 진입을 하는 계좌, 한 계좌는 하방 진입을 하는 계좌로 나누어서 운용을 하여도 좋습니다.

4) 선물매매 전략(1-1-1-1진입법)

[자료6.5] 2012년 1월 12일 매매일지④

시간	전략	선물지수	포지션	매수 / 매도	수익
09:15	매수242~239				
09:18	매수242초~239초				
09:50		242.20	매수 242.20 1계약	매수 242.20 1계약	
10:13	매도241중후~244중후				
10:26		241.20	매수 241.70 2계약	매수 241.20 1계약	
10:51		242.00	매도 242.00 1계약	청산 242.20 2계약	+500,000

시간					
				매도 242.00 1계약	
11:04		242.80	매도 242.50 2계약	매도 243.00 1계약	
11:11	매도 짧게 털고 대기				
11:44		242.20		청산 242.20 2계약	+300,000
합계					+800,000

원금 8천만원 기준 매매 : 자금대비 약 0.87% 수익률

선물을 기준으로 한 1-1-1-1 전략의 예입니다. 위의 예는 1포인트당 1계약만을 진입해서 청산한 결과입니다. 장중에 상방 진입신호가 하방 진입신호로 바뀔 때에는 앞의 1-1-2-2 전략과 같이 하방 진입자리에서 상방 진입물량을 청산하고, 하방 진입을 한 결과입니다.

2. 2012년 1월 13일 매매일지

[자료6.6] 2012년 1월 13일 선물 5분봉차트

국내증시가 유럽의 긍정적인 영향으로 상승한 날이었습니다. 미국증시는 신규 실업수당 청구건수가 부진하여 시장에 악영향을 주었지만, 유럽의 영향으로 소폭 상승 마감한 날이었습니다. 선물 지수는 전일보다 소폭 오른 244.45포인트에 시작하였습니다. 오전에 247.50포인트까지 상승한 선물지수는 이후 247~246대 등락을 반복 하였습니다.

오후에 245대까지 하락하였지만 장 막판에 다시 끌어 올려, 결국 246.70에 장을 마감하였습니다. 금일은 오전에 눌리면 매수하는 전략으로 수익을 냈고, 오후에는 30분봉차트상 20이평선의 매수전략으로도 수익을 청산하였습니다.

옵션매매 경우 1-1-1-1진입법 +81,000원, 1-2-3-4 진입법 +173,000원,
선물매매 경우 1-1-1-1진입법 +500,000원, 1-1-2-2 진입법 +1,050,000원 수익입니다.

1) 옵션매매 전략(1-2-3-4진입법)

【자료6.7】 2012년 1월 13일 매매일지①

시간	전 략	선물지수	포지션	매수 / 매도	수익
09:15	매수244~241				
09:20	매수245~242				
09:32	246입질				
10:16	매수246중~243중				
10:31		246.80	250 콜 3.85 3계약	매수 콜 3.85 3계약	
10:46		246.20	250 콜 3.75 6계약	매수 콜 3.60 3계약	
10:55		246.80	250 콜 3.75 3계약	청산 콜 3.85 3계약	+30,000
10:58	매수245후~242후				

시간	전략	선물지수	포지션	매수 / 매도	수익
12:11		247.10	250 콜 3.75 2계약	청산 콜 3.95 1계약	+20,000
12:15	매수246~243				
13:00		246.20	250 콜 3.70 3계약	매수 콜 3.60 1계약	
14:15		245.80	250 콜 3.57 6계약	매수 콜 3.45 3계약	
14:31		246.40	250 콜 3.57 3계약	청산 콜 3.70 3계약	+39,000
14:55		246.80		청산 콜 3.85 3계약	+84,000
합계					+173,000

원금 3천만원 기준 매매 (첫 1포인트 약5%~7% 진입) : 자금대비 약 0.58% 수익률

2) 옵션매매 전략(1-1-1-1진입법)

【자료6.8】 2012년 1월 13일 매매일지②

시간	전략	선물지수	포지션	매수 / 매도	수익
09:15	매수244~241				
09:20	매수245~242				
09:32	246입질				
10:16	매수246중~243중				
10:31		246.80	250 콜 3.85 1계약	매수 콜 3.85 1계약	
10:46		246.20	250 콜 3.75 2계약	매수 콜 3.60 1계약	
10:55		246.80	250 콜 3.75 1계약	청산 콜 3.85 1계약	+10,000
10:58	매수245후~242후				
12:11		247.10		청산 콜 3.95 1계약	+20,000
12:15	매수246~243				

시간		선물지수			수익
13:00		246.20	250 콜 3.60 1계약	매수 콜 3.60 1계약	
14:15		245.80	250 콜 3.52 2계약	매수 콜 3.45 1계약	
14:31		246.40	250 콜 3.52 1계약	청산 콜 3.70 1계약	+18,000
14:55		246.80		청산 콜 3.85 1계약	+33,000
합계					+81,000

원금 1천만원 기준 매매(1포인트당 약 5%~7% 진입) : 자금대비 약 0.81% 수익률

3) 선물매매 전략(1-1-2-2진입법)

【자료6.9】 2012년 1월 13일 매매일지③

시간	전 략	선물지수	포지션	매수 / 매도	수익
09:15	매수244~241				
09:20	매수245~242				
09:32	246입질				
10:16	매수246중~243중				
10:31		246.80	매수 246.80 1계약	매수 246.80 1계약	
10:46		246.20	매수 246.50 2계약	매수 246.20 1계약	
10:55		246.80	매수 246.50 1계약	청산 246.80 1계약	+150,000
10:58	매수245후~242후				
12:11		247.10		청산 247.10 1계약	+300,000
12:15	매수246~243				
13:00		246.20	매수 246.20 1계약	매수 246.20 1계약	
14:15		245.80	매수 246.00 2계약	매수 245.80 1계약	

시간			246.40	매수 246.00 1계약	청산 246.40 1계약	+200,000
14:31			246.40	매수 246.00 1계약	청산 246.40 1계약	+200,000
14:55			246.80		청산 246.80 1계약	+400,000
합계						+1,050,000

원금 1억 6천만원 기준 매매 : 자금대비 약 0.53% 수익률

4) 선물매매 전략(1-1-1-1진입법)

【자료6.10】 2012년 1월 13일 매매일지④

시간	전략	선물지수	포지션	매수 / 매도	수익
09:15	매수244~241				
09:20	매수245~242				
09:32	246입질				
10:16	매수246중~243중				
10:35		246.50	매수 246.50 1계약	매수 246.50 1계약	
11:01		247.00		청산 247.00 1계약	+250,000
10:58	매수245후~242후				
12:15	매수246~243				
13:10		246.00	매수 246.00 1계약	매수 246.00 1계약	
13:13		246.50		청산 245.50 1계약	+250,000
14:31		246.40			
14:55		246.80			
합계					+500,000

원금 8천만원 기준 매매시 : 자금대비 약 0.63% 수익률

3. 2012년 1월 16일 매매일지

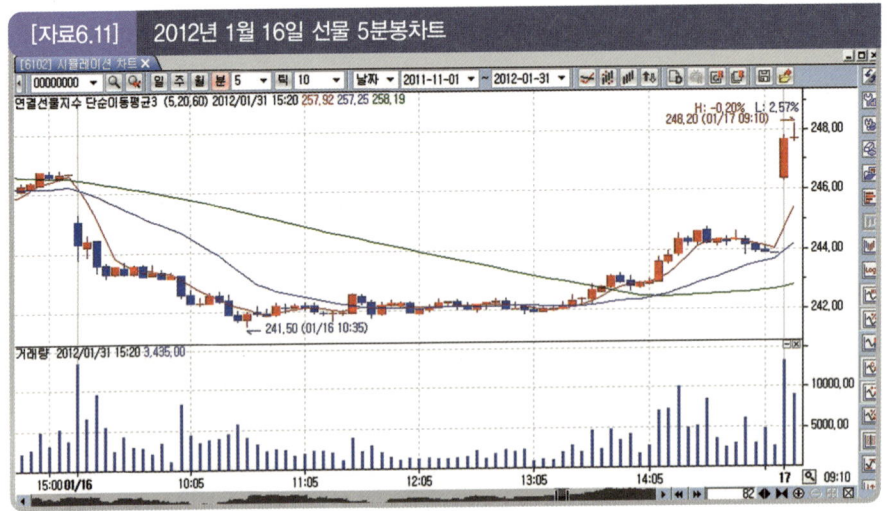

[자료6.11] 2012년 1월 16일 선물 5분봉차트

　국내증시가 유로존 신용등급 강등에 하락하여 출발한 날이었습니다. 선물 지수는 전일보다 내린 245.05포인트에 시작하였습니다. 오전에 외국인의 매도세로 인하여 지속적으로 하락하였습니다. 241.50포인트까지 하락한 선물지수는 이후 241~242대에서 등락을 반복하였습니다. 오후에 244.75까지 오르면서 하락폭을 줄인 지수는 결국 243.85에 마감하였습니다.

　금일은 오전에 하방 진입전략으로 수익을 냈고, 오후에는 상방 진입전략도 있었지만 자리가 마땅치 않아 하방 진입전략으로만 거래를 마감하였습니다. 옵션매매 경우 1-1-1-1진입법 +25,000원, 1-2-3-4 진입법 +65,000원, 선물매매 경우 1-1-1-1진입법 +325,000원, 1-1-2-2 진입법 +350,000원 수익입니다.

1) 옵션매매 전략(1-2-3-4진입법)

【자료6.12】 2012년 1월 16일 매매일지①

시간	전략	선물지수	포지션	매수 / 매도	수익
10:38	매도242후~245후				
11:23	매도242중~245중				
11:27		242.20	237 풋 4.10 3계약	매수 풋 4.10 3계약	
11:37		241.80	237 풋 4.10 1계약	청산 풋 4.25 2계약	+30,000
11:40	청산 하고 잠시 대기				
11:57		242.00		청산 풋 4.15 1계약	+5,000
12:34	매도244중~247중				
12:53	매수241~238 매도244~247				
14:13		243.80	237 풋 3.50 3계약	매수 풋 3.50 3계약	
14:19		244.20	237 풋 3.45 6계약	매수 풋 3.40 3계약	
14:50		243.85		청산 풋 3.50 6계약	+30,000
합계					+65,000

원금 3천만원 기준 매매 (첫 1포인트 약5%~7% 진입) : 자금대비 약 0.21% 수익률

2) 옵션매매 전략(1-1-1-1진입법)

【자료6.13】 2012년 1월 16일 매매일지②

시간	전략	선물지수	포지션	매수 / 매도	수익
10:38	매도242후~245후				
11:23	매도242중~245중				
11:27		242.20	237 풋 4.10 1계약	매수 풋 4.10 1계약	
11:37		241.80		청산 풋 4.25 1계약	+15,000
11:40	청산 하고 잠시 대기				
11:57		242.00			
12:34	매도244중~247중				
12:53	매수241~238 매도244~247				
14:13		243.80	237 풋 3.50 1계약	매수 풋 3.50 1계약	
14:19		244.20	237 풋 3.45 2계약	매수 풋 3.40 1계약	
14:50		243.85		청산 풋 3.50 2계약	+10,000
합계					+25,000

원금 1천만원 기준 매매(1포인트당 약 5%~7% 진입) : 자금대비 약 0.25% 수익률

3) 선물매매 전략(1-1-2-2진입법)

【자료6.14】 2012년 1월 16일 매매일지③

시간	전략	선물지수	포지션	매수 / 매도	수익
10:38	매도242후~245후				
11:23	매도242중~245중				

시간	전략	선물지수	포지션	매수 / 매도	수익
11:27		242.20	매도 242.20 1계약	매도 242.20 1계약	
11:37		241.80		청산 241.80 1계약	+200,000
11:40	청산 하고 잠시 대기				
12:34	매도244중~247중				
12:53	매수241~238 매도244~247				
14:13		243.80	매도 243.80 1계약	매도 243.80 1계약	
14:19		244.20	매도 244.00 2계약	매도 244.20 1계약	
14:50		243.85		청산 243.85 2계약	+150,000
합계					+350,000

원금 1억 6천만원 기준 매매 : 자금대비 약 0.21% 수익률

4) 선물매매 전략(1-1-1-1진입법)

【자료6.15】 2012년 1월 16일 매매일지④

시간	전략	선물지수	포지션	매수 / 매도	수익
10:38	매도242후~245후				
11:23	매도242중~245중				
11:27		242.50	매도 242.50 1계약	매도 242.50 1계약	
11:35		242.00		청산 242.00 1계약	+250,000
11:40	청산 하고 잠시 대기				
12:34	매도244중~247중				
12:53	매수241~238 매도244~247				
14:15		244.00	매도 244.00 1계약	매도 244.00 1계약	

종가		243.85		청산 243.85 1계약	+75,000
합계					+325,000

원금 8천만원 기준 매매 : 자금대비 약 0.40% 수익률

4. 2012년 2월 1일 매매일지

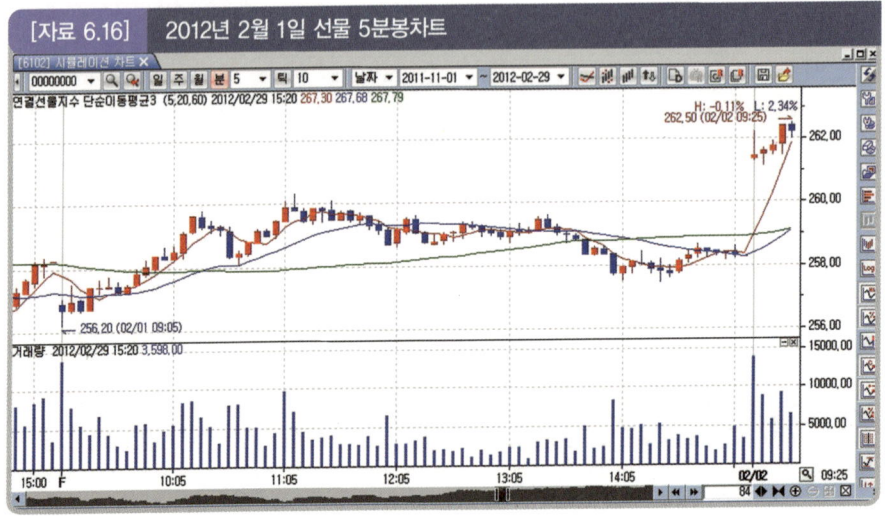

[자료 6.16] 2012년 2월 1일 선물 5분봉차트

 국내증시가 전일에 이어 보합으로 장을 마감하였습니다. 금일 선물 지수는 어제보다 0.25포인트 하락한 256.90포인트에 시작하였습니다. 장은 256.20포인트까지 하락하였지만, 이후에 지속적으로 상승하여 오전에 260.30포인트까지 상승하였습니다. 지수는 오후에 259~258대에서 등락을 반복하고, 오후 2시 이후에 257대까지 하락하였지만, 결국 장 막판에 상승하여 어제와 동일한 258.25에 장을 마감하였습니다.

금일은 오전에는 30분봉차트 5이평선이 상향이라서 상방 진입전략으로 수익을 청산하였고, 오후에는 관망하였습니다. 옵션매매 경우 1-1-1-1진입법 +167,000원, 1-2-3-4 진입법 +610,000원, 선물매매 경우 1-1-1-1진입법 +900,000원, 1-1-2-2 진입법 +900,000원 수익입니다. 선물은 진입이 조금 진행되어 결과가 같습니다.

1) 옵션매매 전략(1-2-3-4진입법)

[자료6.17] 2012년 2월 1일 매매일지①

시간	전략	선물지수	포지션	매수 / 매도	수익
09:58	매수 257초~254초				
10:04	매수 257중~254중				
10:11	고점에서 0.5P씩 아래로 매수				
10:22		259.30	257 콜 3.90 3계약	매수 콜 3.90 3계약	
10:33		258.80	257 콜 3.72 6계약	매수 콜 3.55 3계약	
10:34		258.30	257 콜 3.53 10계약	매수 콜 3.25 4계약	
10:44		258.80	257 콜 3.53 6계약	청산 콜 3.55 4계약	+8,000
10:59		259.30	257 콜 3.53 3계약	청산 콜 3.85 3계약	+96,000
11:01		259.80	257 콜 3.53 2계약	청산 콜 4.10 1계약	+57,000
11:06		260.30		청산 콜 4.50 2계약	+194,000
11:10	고점대비 1포인트 아래로 매수				
11:40		259.30	257 콜 3.85 3계약	매수 콜 3.85 3계약	
11:58		258.70	257 콜 3.70 6계약	매수 콜 3.55 3계약	

시간	전략	선물지수	포지션	매수 / 매도	수익
12:09		259.50	257 콜 3.70 3계약	청산 콜 3.95 3계약	+75,000
12:19		258.70	257 콜 3.60 6계약	매수 콜 3.50 3계약	
12:23	청산만 하고 매수는 대기				
12:39		259.20	257 콜 3.60 3계약	청산 콜 3.80 3계약	+60,000
13:18		259.50		청산 콜 4.00 3계약	+120,000
합계					+610,000

원금 3천만원 기준 매매 (첫 1포인트 약 5%~7% 진입) : 자금대비 약 1.75% 수익률

2) 옵션매매 전략(1-1-1-1진입법)

【자료6.18】 2012년 2월 1일 매매일지②

시간	전략	선물지수	포지션	매수 / 매도	수익
09:58	매수 257초~254초				
10:04	매수 257중~254중				
10:11	고점에서 0.5P씩 아래로 매수				
10:22		259.30	257 콜 3.90 1계약	매수 콜 3.90 1계약	
10:33		258.80	257 콜 3.72 2계약	매수 콜 3.55 1계약	
10:34		258.30	257 콜 3.56 3계약	매수 콜 3.25 1계약	
10:44		258.80	257 콜 3.56 2계약	청산 콜 3.55 1계약	−1,000
10:59		259.30	257 콜 3.56 1계약	청산 콜 3.85 1계약	+29,000
11:01		259.80		청산 콜 4.10 1계약	+54,000
11:10	고점대비 1포인트 아래로 매수				

시간	전략	선물지수	포지션	매수 / 매도	수익
11:40		259.30	257 콜 3.85 1계약	매수 콜 3.85 1계약	
11:58		258.70	257 콜 3.70 2계약	매수 콜 3.55 1계약	
12:09		259.50	257 콜 3.70 1계약	청산 콜 3.95 1계약	+25,000
12:19		258.70	257 콜 3.60 2계약	매수 콜 3.50 1계약	
12:23	청산만 하고 매수는 대기				
12:39		259.20	257 콜 3.60 1계약	청산 콜 3.80 1계약	+20,000
13:18		259.50		청산 콜4.00 1계약	+40,000
합계					+167,000

원금 1천만원 기준 매매(1포인트당 약 5%~7% 진입) : 자금대비 약 1.38% 수익률

3) 선물매매 전략(1-1-2-2진입법)

【자료6.19】 2012년 2월 1일 매매일지③

시간	전략	선물지수	포지션	매수 / 매도	수익
09:58	매수 257초~254초				
10:04	매수 257중~254중				
10:11	고점에서 0.5P씩 아래로 매수				
10:22		259.30	매수 259.30 1계약	매수 259.30 1계약	
10:33		258.80	매수 259.05 2계약	매수 258.80 1계약	
10:34		258.30	매수 258.80 3계약	매수 258.30 1계약	
10:44		258.80	매수 258.80 2계약	청산 258.80 1계약	0

시간	전략	선물지수	포지션	매수/매도	수익
10:59		259.30	매수 258.80 1계약	청산 259.30 1계약	+250,000
11:01		259.80		청산 259.80 1계약	+500,000
11:10	고점대비 1포인트 아래로 매수				
11:40		259.30	매수 259.30 1계약	매수 259.30 1계약	
12:23	청산만 하고 매수는 대기				
13:18		259.60		청산 259.60 1계약	+150,000
합계					+900,000

원금 1억 6천만원 기준 매매 : 자금대비 약 0.94% 수익률

4) 선물매매 전략(1-1-1-1진입법)

【자료6.20】 2012년 2월 1일 매매일지④

시간	전략	선물지수	포지션	매수/매도	수익
09:58	매수 257초~254초				
10:04	매수 257중~254중				
10:11	고점에서 0.5P씩 아래로 매수				
10:22		259.30	매수 259.30 1계약	매수 259.30 1계약	
10:34		258.30	매수 258.80 2계약	매수 258.30 1계약	
10:59		259.30	매수 258.80 1계약	청산 259.30 1계약	+250,000
11:01		259.80		청산 259.80 1계약	+500,000
11:10	고점대비 1포인트 아래로 매수				
11:40		259.30	매수 259.30 1계약	매수 259.30 1계약	
12:23	청산만 하고 매수는 대기				

13:20		259.60	청산 259.60 1계약	+150,000
합계				+900,000

원금 8천만원 기준 매매 : 자금대비 약 1.12% 수익률

5. 2012년 2월 3일 매매일지

[자료 6.21] 2012년 2월 3일 선물 5분봉차트

국내증시가 2,000포인트에서 매도세로 인해 소폭 하락한 날입니다. 금일 선물 지수는 어제보다 0.45포인트 하락한 261.55포인트에 시작하였습니다. 장은 초반부터 매도세로 인하여 하락하는 모습을 보였습니다. 오전에 259.40포인트까지 하락한 지수는 이후에 259~260대에서 등락을 반복하였습니다. 오후에 258.95포인트까지 하락한 지수는 장 막판에 매도세가 줄면서 소폭 상승하여, 결국 260.45에 장을 마감하였습니다.

금일 오전에는 30분봉차트 5이평선이 하락 방향이라서 하방 진입전략으로 수익을 청산하였고, 이후 상승세를 확인하고 259대에서는 상방 진입전략으로 수익을 청산하였습니다. 옵션매매 경우 1-1-1-1진입법 +126,000원, 1-2-3-4 진입법 +396,000원, 선물매매 경우 1-1-1-1진입법 +1,000,000원, 1-1-2-2 진입법 +1,400,000원 수익입니다.

1) 옵션매매 전략(1-2-3-4진입법)

【자료6.22】 2012년 2월 3일 매매일지①

시간	전 략	선물지수	포지션	매수 / 매도	수익
09:15	매도 261초~264초				
10:25	매도 261~264				
10:37	매수 259중~256중	259.50	257 콜 3.55 3계약	매수 콜 3.55 3계약	
10:47		259.90	257 콜 3.55 2계약	청산 콜 3.75 1계약	+20,000
10:50		260.20	257 콜 3.55 1계약	청산 콜 3.85 1계약	+30,000
10:54	매도 260중~263중		260 풋 3.20 3계약 257 콜 3.55 1계약	매수 풋 3.20 3계약	
11:15		260.40	260 풋 3.20 3계약	청산 콜 3.95 1계약	+40,000
11:44		259.80	260 풋 3.20 2계약 257 콜 3.60 3계약	매수 콜 3.60 3계약 청산 풋 3.35 1계약	+15,000
11:48		259.65	260 풋 3.20 1계약 257 콜 3.60 3계약	청산 풋 3.45 1계약	+25,000

시간		지수	매매내역	청산/매수	손익
12:18		260.20	260 풋 3.13 3계약	매수 풋 3.10 2계약	+15,000
			257 콜 3.60 2계약	청산 콜 3.75 1계약	
12:43		260.30	260 풋 3.13 3계약	청산 콜 3.80 1계약	+20,000
			257 콜 3.60 1계약		
12:52		259.80	260 풋 3.13 2계약	매수 콜 3.55 2계약	+17,000
			257 콜 3.56 3계약	청산 풋 3.30 1계약	
13:00		259.50	260 풋 3.13 1계약	청산 풋 3.50 1계약	+37,000
			257 콜 3.56 3계약		
13:15		259.30	257 콜 3.56 3계약	청산 풋 3.60 1계약	+47,000
13:30		259.20	257 콜 3.40 6계약	매수 콜 3.25 3계약	
13:39		259.60	257 콜 3.40 4계약	청산 콜 3.45 2계약	+10,000
13:50		259.20	257 콜 3.35 6계약	매수 콜 3.25 2계약	
14:15		259.60	257 콜 3.35 4계약	청산 콜 3.45 2계약	+20,000
14:30		259.90	257 콜 3.35 2계약	청산 콜 3.50 2계약	+30,000
15:02		260.20		청산 콜 3.70 2계약	+70,000
합계					+396,000

원금 3천만원 기준 매매 (첫 1포인트 약 5%~7% 진입) : 자금대비 약 1.35% 수익률

2) 옵션매매 전략(1-1-1-1진입법)

【자료6.23】 2012년 2월 3일 매매일지②

시간	전략	선물지수	포지션	매수 / 매도	수익
09:15	매도 261초~264초				
10:25	매도 261~264				
10:37	매수 259중~256중	259.50	257 콜 3.55 1계약	매수 콜 3.55 1계약	
10:47		259.90		청산 콜 3.75 1계약	+20,000
10:54	매도 260중~263중		260 풋 3.20 1계약	매수 풋 3.20 1계약	
11:44		259.80	257 콜 3.60 1계약	매수 콜 3.60 1계약 청산 풋 3.35 1계약	+15,000
12:18		260.20	260 풋 3.10 1계약	매수 풋 3.10 1계약 청산 콜 3.75 1계약	+15,000
12:52		259.80	257 콜 3.55 1계약	매수 콜 3.55 1계약 청산 풋 3.30 1계약	+20,000
13:30		259.20	257 콜 3.40 2계약	매수 콜 3.25 1계약	
13:39		259.60	257 콜 3.40 1계약	청산 콜 3.45 1계약	+5,000
13:50		259.20	257 콜 3.32 2계약	매수 콜 3.25 1계약	
14:15		259.60	257 콜 3.32 1계약	청산 콜 3.45 1계약	+13,000
15:02		260.20		청산 콜 3.70 1계약	+38,000
합계					+126,000

원금 1천만원 기준 매매(1포인트당 약 5%~7% 진입) : 자금대비 약 1.26% 수익률

3) 선물매매 전략(1-1-2-2진입법)

【자료6.24】 2012년 2월 3일 매매일지③

시간	전략	선물지수	포지션	매수 / 매도	수익
09:15	매도 261초~264초				
10:25	매도 261~264				
10:37	매수 259중~256중	259.50	매수 259.50 1계약	매수 259.50 1계약	
10:47		259.90		청산 259.90 1계약	+200,000
10:54	매도 260중~263중	260.20	매도 260.20 1계약	매도 260.20 1계약	
11:44		259.80	매수 259.80 1계약	매수 259.80 1계약 청산 259.80 1계약	+200,000
12:18		260.20	매도 260.20 1계약	매도 260.20 1계약 청산 260.20 1계약	+200,000
12:52		259.80	매수 259.80 1계약	매수 259.80 1계약 청산 259.80 1계약	+200,000
13:30		259.20	매수 259.50 2계약	매수 259.20 1계약	
13:39		259.60	매수 259.50 1계약	청산 259.60 1계약	+50,000
13:50		259.20	매수 259.35 2계약	매수 259.20 1계약	
14:15		259.60	매수 259.35 1계약	청산 259.60 1계약	+125,000
15:02		260.20		청산 260.20 1계약	+425,000
합계					+1,400,000

원금 1억 6천만원 기준 매매 : 자금대비 약 0.87% 수익률

4) 선물매매 전략 (1-1-1-1진입법)

【자료6.25】 2012년 2월 3일 매매일지④

시간	전 략	선물지수	포지션	매수 / 매도	수익
09:15	매도 261초~264초				
10:25	매도 261~264				
10:37	매수 259중~256중	259.50	매수 259.50 1계약	매수 259.50 1계약	
10:54	매도 260중~263중				
11:31		260.50	매도 260.50 1계약	청산 260.50 1계약 매도 260.50 1계약	+500,000
13:02		259.50		청산 259.50 1계약	+500,000
합계					+1,000,000

원금 8천만원 기준 매매 : 자금대비 약 1.25% 수익률

6. 2012년 2월 6일 매매일지

[자료6.26] 2012년 2월 6일 선물 5분봉차트

국내증시가 또다시 2,000포인트선에서, 외국인의 선물 매도세로 인해 보합으로 마감하였습니다. 금일 선물 지수는 지난주보다 2.90포인트 상승한 263.35포인트에 시작하였습니다. 장은 초반에 263.40포인트까지 상승했지만 이후 매도세로 인하여 하락하는 모습을 보였습니다. 오전부터 지속적으로 하락한 지수는 오후에도 지속적으로 하락하면서 259.40포인트까지 하락하였습니다. 장 막판에 소폭 오른 선물 지수는 260.35에 장을 마감하였습니다.

금일 오전에는 30분봉차트 5이평선이 상향이라서 상방 진입전략으로 수익을 청산하였고, 이후에도 상방 진입전략으로 상승할 때마다 청산하는 전략으로 수익을 실현하였습니다. 옵션매매 경우 1-1-1-1진입법 +116,000원, 1-2-3-4 진입법 +283,000원, 선물매매 경우 1-1-1-1진입법 +75,000원, 1-1-2-2 진입법 +75,000원 수익입니다.

1) 옵션매매 전략(1-2-3-4진입법)

【자료6.27】 2012년 2월 6일 매매일지①

시간	전 략	선물지수	포지션	매수 / 매도	수익
09:49	매수261초중~258초중				
09:50		261.60	260 콜 2.80 4계약	매수 콜 2.80 4계약	
09:51		262.00	260 콜 2.80 2계약	청산 콜 3.00 2계약	+40,000
09:51		262.40		청산 콜 3.40 2계약	+120,000
10:31		261.60	260 콜 2.80 4계약	매수 콜 2.80 4계약	
11:04		261.00	260 콜 2.63 8계약	매수 콜 2.47 4계약	
11:13		260.60	260 콜 2.51 13계약	매수 콜 2.33 5계약	
12:05	매도262~265				
12:07		261.20	260 콜 2.51 8계약	청산 콜 2.54 5계약	+15,000
12:21		261.35	260 콜 2.51 6계약	청산 콜 2.57 2계약	+12,000
12:51		261.45	260 콜 2.51 4계약	청산 콜 2.63 2계약	+24,000
12:54		261.55		청산 콜 2.69 4계약	+72,000
13:00	정리 후 신규매수는 대기				
합계					+283,000

원금 3천만원 기준 매매 (첫 1포인트 약 5%~7% 진입) : 자금대비 약 0.85% 수익률

2) 옵션매매 전략(1-1-1-1진입법)

【자료6.28】 2012년 2월 6일 매매일지②

시간	전 략	선물지수	포지션	매수 / 매도	수익
09:49	매수261초중~258초중				
09:50		261.60	260 콜 2.80 2계약	매수 콜 2.80 2계약	
09:51		262.00	260 콜 2.80 2계약	청산 콜 3.00 1계약	+20,000
09:51		262.40		청산 콜 3.40 1계약	+60,000
10:31		261.60	260 콜 2.80 2계약	매수 콜 2.80 2계약	
11:04		261.00	260 콜 2.63 4계약	매수 콜 2.47 2계약	
11:13		260.60	260 콜 2.53 6계약	매수 콜 2.33 2계약	
12:05	매도262~265				
12:07		261.20	260 콜 2.53 4계약	청산 콜 2.54 2계약	+2,000
12:21		261.35	260 콜 2.53 2계약	청산 콜 2.57 2계약	+8,000
12:51		261.45	260 콜 2.53 1계약	청산 콜 2.63 1계약	+10,000
12:54		261.55		청산 콜 2.69 1계약	+16,000
13:00	정리 후 신규매수는 대기				
합계					+116,000

원금 1천만원 기준 매매(1포인트당 약 5%~7% 진입) : 자금대비 약 1.16% 수익률

3) 선물매매 전략(1-1-2-2진입법)

【자료6.29】 2012년 2월 6일 매매일지③

시간	전략	선물지수	포지션	매수 / 매도	수익
09:49	매수261초중~258초중				
10:35		261.40	매수 261.40 1계약	매수 261.40 1계약	
12:05	매도262~265				
12:54		261.55		청산 261.55 1계약	+75,000
13:00	정리 후 신규매수는 대기				
합계					+75,000

원금 1억 6천만원 기준 매매 : 자금대비 약 0.55% 수익률

4) 선물매매 전략(1-1-1-1진입법)

【자료6.30】 2012년 2월 6일 매매일지④

시간	전략	선물지수	포지션	매수 / 매도	수익
09:49	매수261초중~258초중				
10:35		261.40	매수 261.40 1계약	매수 261.40 1계약	
12:05	매도262~265				
12:54		261.55		청산 261.55 1계약	+75,000
13:00	정리 후 신규매수는 대기				
합계					+75,000

원금 8천만원 기준 매매 : 자금대비 약 0.16% 수익률

7. 2012년 9월 매매 복기일지(옵션기준, 종가 1:1)

　　1:1 물량 줄이기의 예로 제시했던 2012년 9월 매매일지를 첨부합니다. 실제 매매를 할 경우에 일간, 주간, 월간으로 매매일지를 작성해서 복기를 하면 실력향상에 분명히 도움이 됩니다. 자신이 어디에서 진입을 했고 청산을 했으며, 수익이 난 자리에서는 어떻게 했으면 더 수익이 나는지, 손실이 나는 자리에서는 어떻게 해야 손실을 줄이거나 제거할 수 있는지를 고민해 보면서 자신의 매매방식과 원칙들을 점검해 나갈 수 있을 것입니다.

【자료6.31】 2012년 9월 매매일지

날짜	시간	신호	매매시간	매매내역	포지션	손익	소계
9/3	09:35	저점전략(저점247.30)	10:00~10:30	매수 풋247 3.40(248.30)	풋247 3.40 1계약		+75,000
			11:30~12:00	매수 풋247 3.05(249.30)	풋247 3.23 2계약		
				매수 풋247 2.64(250.30)	풋247 3.03 3계약		
	12:37	고점전략 (고점253.10)			콜252 3.10 3계약, 풋247 2.84 4계약	+75,000	
					(금액 콜 4,650,000: 풋 4,540,000)		
			14:05~14:10	매수 풋247 2.27(251.30)	콜252 3.19 4계약, 풋247 2.84 4계약		
				매수 콜252 3.10(251.30)			
				매수 콜252 3.45(252.10)	콜252 3.19 3계약, 풋247 2.84 4계약		
				청산 콜252			

날짜	시간	내용	시간	거래	포지션	손익	누적손익
	15:15	252물량252 중반청산 종가 1:1		3.60(252.50)	콜252 3.19 3계약(종가2.85), 풋247 2.84 4계약(종가2.03) (금액 콜 4,275,000 : 풋 4,060,000)		
9/4		진입물량 없음			콜252 3.19 3계약(종가2.45), 풋247 2.84 4계약(종가2.07) (금액 콜 3,675,000: 풋 4,140,000)		
9/5	15:15	종가 1:1	15:15	청산 풋247 4.65(245.35) 4계약 매수 풋245 3.20	콜252 3.19 3계약(종가0.86) 콜252 3.19 3계약(종가0.86), 풋245 3.20 1계약 (금액 콜 1,290,000: 풋1,600,000)	+3,620,000	+3,620,000
9/6	10:04	246후매도	10:30~11:00	매수 풋247 3.60(246.80)	콜252 3.19 3계약, 풋245 3.20 1계약, 풋247 3.60 1계약		+120,000
			11:00~11:30	매수 풋247 3.05(247.80)	콜252 3.19 3계약, 풋245 3.20 1계약, 풋247 3.3. 2계약	+120,000	
			12:00~12:30	청산 풋247 3.45(247.00) 2계약	콜252 3.19 3계약, 풋245 3.20 1계약		
	15:15	종가 1:1			콜252 3.19 3계약(종가1.00), 풋245 3.20 1계약 (종가2.65) (금액 콜 1,500,000: 풋1,325,000)		

날짜	시각	내용	시간	매매	포지션	손익1	손익2
9/7	09:12	고점전략(장중고점 253.10)	09:30~10:00	매수 콜252 2.50(252.10)	콜252 3.05 4계약, 풋245 3.20 1계약	−25,000 +525,000	−920,000
			11:30~12:00	청산 콜252 3.00(253.10)	콜252 3.05 3계약, 풋245 3.20 1계약	−1,420,000	
	15:15	종가 1:1		청산 콜252 3.40 3계약 청산 풋247 0.63 1계약	풋247 3.20 1계약(종가0.36) 콜청산 종가수익 무포 청산 풋청산		
9/10	10:20	254매수	12:30~13:00	매수 콜252 3.05(254.00)	콜252 3.05 1계약		
	15:15	종가 1:1 (종가253.65)			콜252 3.05 1계약(종가2.76) 풋255 3.00 1계약(3.00) (금액 콜 1,380,000: 풋 1,500,000)		
9/11	09:46	252후매도	09:30~10:00	매수 풋255 3.35(252.80)	콜252 3.05 1계약, 풋255 3.17 2계약	−75,000	−75,000
	15:15	종가 1:1	15:15	청산 풋255 3.20(252.80)	콜252 3.05(종가2.10) 1계약, 풋255 3.17(종가3.20) 1계약 (금액 콜 1,050,000: 풋 1,600,000)		
9/12		진입물량 없음. 종가 1:1				+925,000 −1,065,000	−140,000
	15:15		15:15		콜252 3.05 1계약(종가4.90), 풋255 3.17		

					1계약(종가1.04) (금액 콜 2,450,000: 풋520,000) 종가청산		
9/13	09:13	255후 매수	09:00~09:30	매수 콜252 3.20(255.80) 청산 콜252 4.10(256.80)	콜252 3.20 1계약 무포	+450,000	+900,000
	10:03	255후 매수	10:00~10:30	매수 콜252 3.20(255.80) 청산 콜252 4.10(256.80)	콜252 3.20 1계약 무포	+450,000	
9/14		진입물량 없음					
9/17	09:20	266 매수	09:00~10:00	매수 콜267 3.50 (266.00)	콜267 3.50 1계약,		
	15:15	종가 1:1(265.95)	15:15	매수 풋262 3.55(265.95)	콜267 3.50 1계약(종가3.30), 풋262 3.55(종가3.55) (금액 콜 1,400,000: 풋 1,525,000)		
9/18		진입물량 없음			콜267 3.50 1계약(종가3.35), 풋262 3.55(종가3.40) (금액 콜 1,425,000: 풋1,450,000)		
9/19	09:35	264매수, 266 매도	10:00~10:30	매수 풋267 3.50 (266.00) 청산 풋267 3.80 (265.00)	콜267 3.50 1계약, 풋 262 3.53 2계약 콜267 3.50 1계약, 풋 262 3.53 1계약	+150,000	+150,000

날짜	시간		시간				
	15:15	종가 1:1(267)			콜267 3.50 1계약(종가3.65), 풋262 3.53 1계약(종가3.15)		
					(금액 콜 1,825,000: 풋 1,575,000)		
9/20	09:04	266초 매도	09:20~09:40	매수 풋262 3.40 (266.20)	콜267 3.50 1계약, 풋262 3.47 2계약		+370,000
			10:00~10:20	청산 풋262 3.80(265.20)	콜267 3.50 1계약, 풋262 3.47 1계약	+165,000	
	13:02	265매도	13:00~13:20	매수 풋262 4.00 (265.00)	콜267 3.50 1계약, 풋262 3.74 2계약		
	15:15	종가 1:1(264.35)	15:15	청산 풋262 4.15 (264.35)	콜267 3.50 1계약(종가2.54), 풋262 3.74 1 계약(종가4.15)	+205,000	
					(금액 콜 1,270,000: 풋2,075,000)		
9/21	09:14	265매수, 257매도	10:00~10:20	매수 콜267 2.80 (265.00)	콜267 3.15 2계약, 풋262 3.74 1 계약		−75,000
			11:00~11:20	청산 콜267 3.00(266.00)	콜267 3.15 1계약, 풋262 3.74 1계약	−75,000	
	15:15	종가 1대1	15:15		콜267 3.15 1계약(종가2.50), 풋262 3.74 1계약(종가3.60)		
					(금액 콜 1,250,000: 풋 1,800,000)		
9/24	09:44	263중매수, 265매도	10:00~10:40	매수 콜267 1.97(263.50)	콜267 2.56 2계약, 풋262 3.74 1계약		+365,000

날짜	시간		시간	거래	포지션	손익
			11:00~11:20	매수 콜267 1.71(262.50)	콜267 2.28 3계약, 풋262 3.74 1계약	
		매수물량청산 263중매도	11:40~12:00	청산 콜267 2.40(263.50)	콜267 2.28 2계약, 풋262 3.74 1계약	+60,000
				청산 콜267 2.40(263.50)	콜267 2.28 1계약, 풋262 3.74 1계약	+60,000
				매수 풋262 4.00 (263.50)	콜267 2.28 1계약, 풋262 3.87 2계약	
		263대청산				+65,000
		저점에 1대1 수익청산		청산 263.20 4.00	콜267 2.28 1계약, 풋262 3.87 1계약 (저점에 청산가능)	
				청산 콜267 1.55(저점1.51)	풋262 3.87 1계약 (저점에 청산가능)	−385,000
				청산 풋262 5.00(고점5.15)		+565,000
	15:15	종가 1:1(265.40)	15:15		무포	
9/25	09:11	265매도,	09:20~09:40	매수 풋262 3.35(265.00)	풋262 3.35 1계약	+100,000
		청산 264중		청산 풋 262 3.55 (264.50)	무포	+100,000
	15:15	종가 1:1(264.55)	15:15		무포	
9/26	10:02	263매도	10:20~10:40	매수 풋262 3.95(263.00)	풋262 3.95 1계약	+225,000

				청산 풋262 4.40. (262.00)	무포	+225,000	
	15:15	종가 1:1(264.25)	15:15		무포		
9/27	09:56	262중매도	10:45~11:00	매수 풋262 4.15 (262.50)	풋262.4.15 1계약		
			11:00~11:15	매수 풋262 3.60 (263.50)	풋262.3.88 2계약		
	15:15	종가 1:1(264.25)	15:15	매수 콜262 3.65 2계약	콜262 3.65 2계약(종가3.65), 풋262.3.88 2계약(종가3.05) (금액 콜 3,650,000: 풋3,050,000)		
9/28		진입물량 없음			콜262 3.65 2계약(종가3.35), 풋262.3.88 2계약(종가2.95) (금액 콜 5,025,000: 풋4,425,000) 콜손실: −300,000 풋손실: −930,000	−1,230,000	
9월					월손익합계	+3,485,000	

8. 교육생 매매일지 소개

　현재 NTS academy에서 교육을 받고 있는 K씨와 J씨의 매매일지를 첨부합니다. NTS Academy에서는 NTS기법에 대한 교육을 실시하고 있습니다. 교육생들은 이론 공부와 실전매매를 병행하고 있으며 매일 복기를 통해서 매매에 대한 잘못된 습관을 없애고, 안정적으로 수익이 나는 기법을 익힐 수 있도록 훈련하고 있습니다. 실제 교육생들의 매매일지를 그대로 보여드리기 위해서 문장의 수정은 가급적 하지 않았습니다.

1) 2012년 6월 1일 매매일지

▶ 시황 : 장 초반 약세로 시작한 코스피는 장중에 급락과 급등을 반복하며 1,834pt로 장을 마감했다.

국내시장 동향		해외시장 동향	
코스피	1,834.51 (▼8.96) (-0.49%)	다우산업	12,393.45 (▼26.41) (-0.21%)
코스닥	472.13 (▲0.19) (+0.04%)	나스닥	2,827.34 (▼10.02) (-0.35%)
선물지수	242.95 (▼0.05) (-0.02%)	S&P 500	1,310.33 (▼2.99) (-0.23%)

[2012년 6월 1일] 선물 5분봉 차트

고점 : 243.45   저점 : 240.15   변동폭 : 3.30pt

시간	전 략	선물지수	포지션	매수 / 매도	수익
09:13	241초 4pt 매수 243중 4pt 매도	242.10			
10:11	진입자리 놓침 수량대로 진입	240.70	242 콜 3.25 3계약	매수 242 콜 3.25 3계약	
10:13		240.20	242 콜 3.17 5계약	매수 242 콜 3.05 2계약	
10:15	짧게 정리하고 대기				
10:16		240.70	242 콜 3.17 3계약	청산 242 콜 3.25 2계약	+16,000
10:20		241.00	무포	청산 242 콜 3.35 3계약	+54,000
10:22	242 매도/매수 없음				
10:27	241중 매도				

시간	비고	지수	매도	매수	손익
10:36		241.50	240 풋 3.50 1계약	매수 240 풋 3.50 1계약	
10:54		241.00	무포	청산 240 풋 3.65 1계약	+15,000
11:00		241.50	240 풋 3.45 1계약	매수 240 풋 3.45 1계약	
11:23		242.00	240 풋 3.22 3계약	매수 240 풋 3.15 2계약	
11:35		242.50	240 풋 3.12 5계약	매수 240 풋 2.98 2계약	
11:41		243.00	240 풋 3.04 7계약	매수 240 풋 2.82 2계약	
12:48		242.50	240 풋 3.04 5계약	청산 240 풋 3.05 2계약	+2,000
12:59		243.00	240 풋 2.99 7계약	매수 240 풋 2.85 2계약	
13:04		242.50	240 풋 2.99 5계약	청산 240 풋 3.00 2계약	+2,000
13:13		243.00	240 풋 2.96 7계약	매수 240 풋 2.88 2계약	
13:15		242.50	240 풋 2.96 5계약	청산 240 풋 3.00 2계약	+8,000
13:31		243.00	240 풋 2.92 7계약	매수 240 풋 2.83 2계약	
13:34		242.50	240 풋 2.92 5계약	청산 240 풋 3.00 2계약	+16,000
14:30		243.00	240 풋 2.90 7계약	매수 240 풋 2.84 2계약	
14:35		242.50	240 풋 2.90 5계약	청산 240 풋 3.05 2계약	+30,000
14:50	동시호가 전 무포마감	242.50	무포	청산 240 풋 3.00 5계약	+50,000

총수익 (193,000원, 원금대비 0.64% 이익)

▶ 1:1 오버물량 시가전략

• 선물지수 1% 이상 갭상승일 경우

1. 3분봉 기준 양봉 - 홀딩한 후 5분봉 기준으로 음봉 나올 때 일괄 청산
2. 3분봉 기준 음봉 - (1) 콜물량 정리해서 1:1 맞춘다
   (2) 진입신호를 기준으로 4번 나누어서 보유물량의 1/4만큼 콜은 진입하고 풋물량은 정리한다.
   (3) 종가에 다시 1:1 헷징

• 선물지수 1% 이상 갭하락일 경우

1. 3분봉 기준 음봉 - 홀딩한 후 5분봉 기준으로 양봉 나올 때 일괄 청산
2. 3분봉 기준 양봉 - (1) 풋물량 정리해서 1:1 맞춘다
   (2) 진입신호를 기준으로 4번 나누어서 보유물량의 1/4만큼 풋은 진입하고 콜물량은 정리한다.
   (3) 종가에 다시 1:1 헷징

• 보합일 경우

1. 홀딩
2. 진입신호에서 보유물량의 1/4만큼 진입하고, 반대방향의 보유물량은 정리한다.
3. 종가에 다시 1:1 헷징

필자의 보충설명 : 교육과정 중에는 1:1로 물량을 오버할 경우, 다음날 물량 청산을 어떻게 할 것인지에 대한 계획을 전일 장마감 후 세우고, 그 계획을 바탕으로 물량을 수익청산 해나갑니다. 실제 매매에서 진입 시 자신의 예측과 시장상황이 달랐을 경우에 어떻게 청산을 할지에 대한 계획들을 늘 가지고 진입을 하여야 하며, 그렇게 계획을 갖고 매매를 하는 것이 중요하기 때문에 매매일지에 작성하는 것입니다.

▶ 자금관리

1. 전체 자금의 15% ~ 20%

   (1) 거래 옵션가격 : 1주차 (4~5%)
                     2주차 (3.5~4.5%)
                     3주차 (3~4%)
                     만기주 (2~3.5%)

   (2) 전략 1번 (15% 진입)

   ① 4pt 진입
      1주차~2주차 (2-2-4-4) 0.5pt 단위 (1-1-1-1-2-2-2-2)
      3주차~만기 (3-4-5-6) 0.5pt 단위 (1-2-2-2-2-3-3-3)

   ② 3pt 진입
      1주차~2주차 (2-4-6) 0.5pt 단위 (1-1-2-2-3-3)
      3주차~만기 (3-5-7) 0.5pt 단위 (1-2-2-3-3-4)

   ③ 진입시기
      선물진입 포인트부터 0.5pt 단위로 진입.

   (3) 전략 2번 (20% 진입)
   (시가 3분봉, 일봉이평선 배열, 30분차트상 5이평선의 방향이 모두 일치 할 때의 베팅)

   ① 4pt 진입
      1주차~2주차 (3-4-5-6) 0.5pt 단위 (1-2-2-2-2-3-3-4)
      3주차~만기 (4-4-6-6) 0.5pt 단위 (2-2-2-2-3-3-3-3)

   ② 3pt 진입
      1주차~2주차 (3-5-7) 0.5pt 단위 (1-2-2-3-3-4)
      3주차~만기 (4-6-8) 0.5pt 단위 (2-2-3-3-4-4)

2. 당일 수익은 인출하여 따로 관리한다.

3. 당일 손실은 따로 관리하던 계좌에서 인출하여 원래 자금규모로 맞춘다.
4. 수익이 전체자금의 1.5배가 되면 계좌로 투입하여 베팅을 1.5배 늘인다.
5. 당일매매 수익이 오버할 물량의 손실을 커버할 수 있으면 청산하고 무포로 넘어간다.

필자의 보충설명 : 실전 매매에서 가장 중요한 부분은 자금관리와 위험관리입니다. 현재 자신의 매매가 어느 정도의 위험을 감수하고 어느 정도의 수익을 내려고 하는 매매인지, 정확히 인지하고 매매를 하여야 합니다. 무턱대고 기분에 따라 매매를 하는 것이 아닌 철저한 관리하에 매매를 해야지 안정적으로 자금규모를 늘리면서 매매를 할 수가 있습니다. 앞에서 언급했듯이 매매를 잘하는 사람은 수익률이 높은 사람이 아니라, 얼마나 큰 자금을 안정적으로 운용할 수 있는지로 평가되기 때문입니다.

2) 2012년 6월 4일 매매일지

▶ 시황 : 미국의 고용지표가 예상치를 크게 밑돌고, 스페인의 구제금융 신청 임박 소식으로 인해 지난 주 금요일 미국과 유럽시장이 크게 폭락하였고, 그로 인해 코스피 역시 1800pt가 무너지고 새로운 저점을 만들었고, 선물지수는 장 초반에 234.90pt까지 내려갔다가 236.75pt에 장을 마감하였다.

	국내시장 동향		해외시장 동향
코스피	1,783.13 (▼51.38) (-2.80%)	다우산업	12,118.57 (▼274.88) (-2.22%)
코스닥	450.84 (▼21.29) (-4.51%)	나스닥	2,747.48 (▼79.86) (-2.82%)
선물지수	236.75 (▼6.20) (-2.55%)	S&P 500	1,278.04 (▼32.29) (-2.46%)

고점 : 237.40   저점 : 234.90   변동폭 : 2.50pt

시간	전략	선물지수	포지션	매수 / 매도	수익
09:04	237초 4pt 매도	235.40			
09:36		237.20	**235 풋 3.65** **1계약**	매수 235 풋 3.65 1계약	
09:42		236.70	무포	청산 235 풋 3.85	+20,000
09:47	237중 4pt 매도	236.70			
12:03	237후 4pt 매도	236.70			
01:52	237 4pt 매도	235.95			

총수익 (19,350원(수수료 제외), 원금대비 0.06% 이익)

▶ 오늘의 매매 :
실계좌를 처음 운영한 날인데, 오전 중에 한번 진입하여 적지만 수익을 내고 마무리 하였습니다. 수익의 크기와 상관없이 정해진 물량대로, 원칙대로 매매하는 것을 목표로 운영하겠습니다.

▶ 오늘의 공부내용 :
1. 갭이 크거나 추세가 큰 날은 한쪽에 프리미엄이 많이 붙기 때문에 당일 물량을 오버해야 될 경우에는 양매수보다는 스프레드를 이용하는 것이 더 효과적일 수 있으며, 양매수를 할 경우에는 프리가 많이 붙은 쪽의 옵션은 등가격이나 내가격으로 하고, 헤징하는 물량은 외가격으로 하는 것이 더 좋을 듯 합니다.(점검 필요)

2. 자동주문 시스템을 이용하여 자리에서 사고파는 것이 좀 더 정확하게 이루어 질 수 있도록 하면 좋을 것 같아서 한국투자증권에서 제공하는 시세감시 프로그램을 공부해 봤는데, 지수가 순간적으로 급등락 할 때는 모니터를 보고 직접 매매하는 것이 좀 더 싸게 사고 비싸게 팔 수 있어서, 자리를 비울 때만 자동주문 시스템을 이용해 자리에 없을 때도 정확한 자리에서 사고 팔 수 있도록 하겠습니다.

3) 2012년 6월 7일 매매일지

▶ 시황 : 미 연방준비제도이사회와 유럽중앙은행의 경기부양 기대감이 고조되며 급등세를 보인 미국장에 이어진 국내증시는 갭상승으로 출발해 외국인의 현·선물 동시 매수세와 프로그램 매수세 유입으로 인하여 1,847pt로 장을 마감했다.

국내시장 동향		해외시장 동향	
코스피	1,847.95 (▲46.10) (+2.56%)	다우산업	12,414.79 (▲286.84) (+2.37%)
코스닥	466.18 (▲9.50) (+2.08%)	나스닥	2,844.72 (▲66.61) (+2.40%)
선물지수	239.50 (▲2.75) (+1.16%)	S&P 500	1,315.13 (▲29.63) (+2.30%)

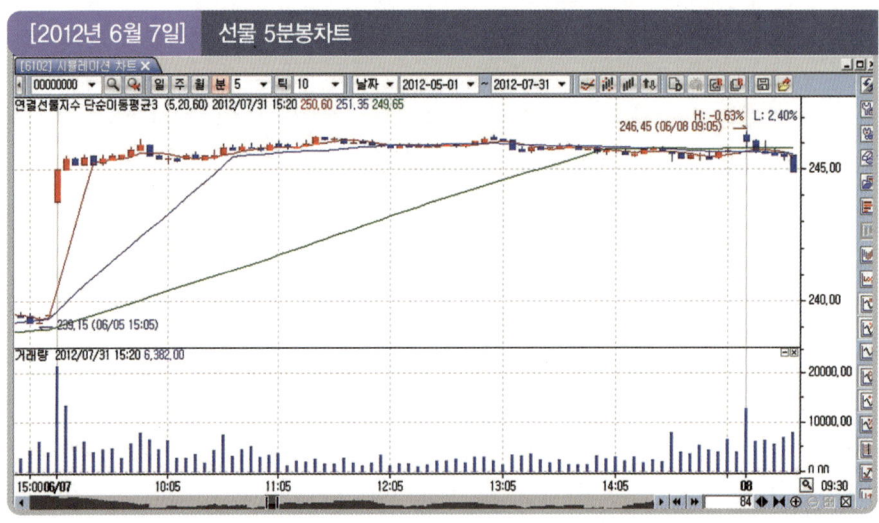

고점 : 246.30   저점 : 243.70   변동폭 : 2.60pt

시간	전 략	선물지수	포지션	매수 / 매도	수익
09:15	244중 4pt 매수	245.35			
10:04	244후 4pt 매수	245.40			
12:26	245초 4pt 매수	245.90			

총수익 (0원, 원금대비 0% 이익)

▶ 오늘의 매매 : 오늘은 매매가 없었습니다

▶ 오늘의 공부내용 :
1. 화요일에 공부한 컨버전이나 리버스 컨버전은 단순히 콜과 풋의 저평가나 고평가로 인해 수익이 나는 것이 아니라, 컨버전같은 경우 선물매수와 합성선물 매도로 이루어지는데, 현시점에서의 선물가격이 합성선물 가격보다 낮을 때 진입을 하여야 수익이 나는 것 같다.
컨버전의 경우 현재 선물가격이 245pt라고 가정 했을 때, 합성선물의 가격(행사가+콜가격-풋가격)이 245pt보다 비싼 시점에 진입을 하면 수익을 확정시킬 수 있다.
리버스 컨버전은 그와 반대로 진입하면 된다. (단, 두 경우 모두 매매수수료를 초과할 수 있어야 이익이 난다.)

2. 콜옵션과 풋옵션의 가격차이는 거의 항상 일정하다. 합성선물을 공부해보면 어느 행사가에서나 그 차이가 일정하게 유지가 됨을 알 수 있는데, 컨버전은 그 가격차이의 왜곡이 일어날 때 차익거래를 가능하게 만든다. 1:1 양매수가 수익이 나는 이유 역시 그런 일정한 가격차 때문에 가능한 일인데, 현시점에서의 콜과 풋 가격의 차이는 선물가격의 변동만큼 거의 정확하게 벌어지거나 좁혀지기 때문이다. (가격차이는 일정해야 되는데 한쪽방향의 옵션 가격이 낮아지는 것에는 한계가 있기 때문에 반대쪽방향의 옵션가격이 더 높아질 수 밖에 없는 것이다.) 이런 현상은 델타값과 감마값의 변화를 잘 설명해 줄 수 있는 것 같다.

4) 2012년 6월 8일 매매일지

▶시황 : 장초반 1,850선을 회복하며 출발한 코스피는 외국인의 매도세와 프로그램 매물 출회, 일본증시의 급락 및 중국 경제지표에 대한 우려 속에 하락반전하며 1,835pt로 장을 마감했다.

국내시장 동향		해외시장 동향	
코스피	1,835.64 (▼12.31) (-0.67%)	다우산업	12,460.96 (▲46.17) (+0.37%)
코스닥	461.99 (▼4.19) (-0.90%)	나스닥	2,831.02 (▼13.70) (-0.48%)
선물지수	243.95 (▼1.65) (-0.67%)	S&P 500	1,314.99 (▼0.14) (-0.01%)

고점 : 246.45   저점 : 243.90   변동폭 : 2.55pt

시간	전 략	선물지수	포지션	매수 / 매도	수익
09:22	246 4pt 매도				
09:33	245중 4pt 매도				
10:16		245.20	**245 풋 2.60** 2계약	매수 245 풋 2.60 2계약	
10:36		244.80	**245 풋 2.60** 1계약	청산 245 풋 2.78 1계약	+18,000
1044		244.70	무포	청산 245 풋 2.78 1계약	+18,000

총수익 (36,000원, 원금대비 0% 이익)

▶ 오늘의 매매 : 오전에 한번 진입하고, 적은 수익이지만 수익을 지켜내는 매매를 했습니다.

▶ 오늘의 공부내용 : 콘돌전략 - 기본적으로 콜외가 5% : 풋외가 7%로 매도 포지션을 잡으며, 지수가 포지션 양 끝에 왔을 때 포지션을 청산하거나, 포지션을 한쪽으로 더 넓히는 방법이 있다. 일반적으로 시간가치가 많이 남아있는 차월물로 포지션을 구축한다. 포지션을 넓히는 방법은 단순히 또 하나의 콘돌 포지션을 추가로 구축하거나 포지션의 한쪽 끝을 청산하고 더 넓게 잡는 단순한 방법으로는 한달넘는 기간의 콘돌 포지션을 견뎌내는 것은 쉽지 않은 일이다. 다음주부터는 콘돌전략의 손절타이밍이 왔을 때 포지션을 손절 하지 않고 견딜 수 있는 포지션 구축방법에 대해 공부할 예정이다.

5) 2012년 6월11일 매매일지

> ▶ 시황 : 주말 사이 스페인이 유럽재정안정기금에 구제금융을 신청할 것이라는 기대감에 상승 마감한 미국시장에 힘입어, 갭상승으로 출발한 코스피는 장중 외국인의 천억원이 넘는 매수세로 인하여 1,867pt에 장을 마감하였다.

	국내시장 동향		해외시장 동향
코스피	1,867.04 (▲31.40) (+1.71%)	다우산업	12,554.20 (▲93.24) (+0.75%)
코스닥	469.59 (▲7.60) (+1.65%)	나스닥	2,858.42 (▲27.40) (+0.97%)
선물지수	248.50 (▲4.55) (+1.87%)	S&P 500	1,325.66 (▲10.67) (+0.81%)

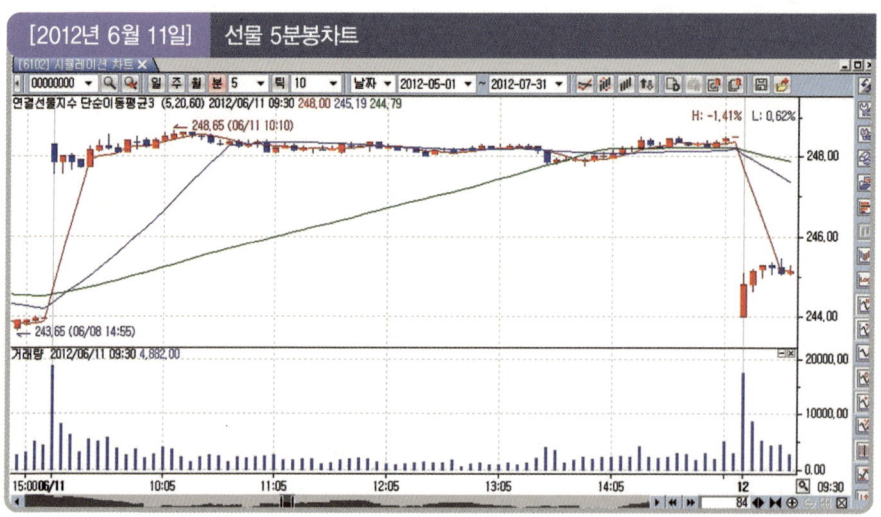

고점 : 248.65   저점 : 247.55   변동폭 : 1.10pt

시간	전 략	선물지수	포지션	매수 / 매도	수익
09:00	오버나잇 물량		245 콜 2.02 2계약	242 풋 2.11 2계약	
09:00	1:1물량 청산	247.80	무포	청산 245 콜 4.00 2계약 청산 242 풋 0.64 2계약	+396,000 −294,000
09:10	247중 4pt 매수				
09:11		247.75	247 콜 2.26 2계약	매수 247 콜 2.26 2계약	
09:23		248.15	무포	청산 247 콜 2.39 2계약	+26,000
09:35	248 4pt 매수	248.20			
09:37		248.20	247 콜 2.45 2계약	매수 247 콜 2.45 2계약	
09:59		248.45	247 콜 2.45 1계약	청산 247 콜 2.53 1계약	+8,000
10:45		248.20	247 콜 2.44 2계약	매수 247 콜 2.43 1계약	
11:44	247중 4pt 매수				
13:48		247.80	247 콜 2.29 4계약	매수 247 콜 2.13 2계약	
14:08		248.20	247 콜 2.29 1계약	청산 247 콜 2.33 3계약	+12,000
14:17		248.30	무포	청산 247 콜 2.40 1계약	+11,000

총수익 (159,000원, 원금대비 0.53% 이익)

▶ 오늘의 매매 : 오전 시가에 1:1물량 일괄청산 하고, 장이 기어다녀서(횡보) 수익은 짧게 청산하면서 매매하였습니다.

▶ 만기주 전략 : 만기주에는 2.0짜리 옵션의 델타값이 0.5가 넘기 때문에 0.5pt 단위가 아닌 0.25pt 단위로 매매를 하면 수익을 극대화 시킬 수 있을 듯 합니다.
내일은 0.25pt 단위로 진입·청산을 해보겠습니다.

▶ 4pt 매매전략 : 진입시점부터 16번 진입 (1-1-1-1-1-1-2-2-2-2-2-2-2-2-3-3)

▶ 오늘의 공부내용 :
1. 콘돌전략은 약세 콜 스프레드와 강세 풋 스프레드의 합성으로 만들어지는 전략인데, 한 방향의 스프레드가 다른 방향 스프레드의 수익은 높이고 손실은 줄이는 역할을 한다. 따라서 콘돌전략에서 수익이 나는 것은 양쪽 스프레드의 수익구간이 합쳐질 때와 한쪽 스프레드의 수익이 다른 쪽 스프레드의 손실을 커버할 때이다. 만기에는 콜이든 풋이든 진입시의 매도한 옵션 가격이 매수한 옵션 가격보다는 높기 때문에 콘돌 범위 안에 들어왔을 때에는 매도물량과 매수물량의 가격차이만큼, 곧 프리미엄의 차이만큼 수익을 가져가게 된다. 콜 스프레드는 외가에 가까워질수록 수익은 적어지고 손실은 커지며, 풋 스프레드 역시 외가에 가까워질수록 수익은 적어지고 손실은 커지게 된다. 따라서 콘돌전략은 보수적으로 포지션을 잡을수록 (수익이 나는 범위를 넓힐수록) 수익은 적고, 손실은 높은 구조가 된다.

2. 지수가 콘돌의 끝부분에 다가왔을 때 대응방법

 (1) 한쪽 스프레드를 손절하고 더 외가로 스프레드를 구성한다.
  (이전 포지션보다 더욱 보수적이게 되나, 수익은 적어지고 손절한 금액만큼 손실을 가지고 간다.)

(2) 한쪽 스프레드를 손절하면서 반대쪽 매도물량을 청산하고, 다시 포지션을 구축하되, 반대쪽 매수 포지션은 잡지 않는다. (반대쪽 방향 손실이 매우 커지지만, 포지션은 더욱 보수적이게 되고, 손절분과 매도물량 청산분의 차익만큼 수익을 가지고 간다.)

6) 2012년 6월 21일 매매일지

▶ 시황 : 당일 하락 출발한 코스피는 오전에 1,900pt를 회복하기도 하였으나 장중에 낙폭을 확대하며 1,900pt선을 지켜내지 못한 1,889pt에 장을 마감했다.

	국내시장 동향		해외시장 동향
코스피	1,889.15 (▼14.97) (−0.79%)	다우산업	12,824.39 (▼12.94) (−0.10%)
코스닥	485.18 (▲0.63) (+0.13%)	나스닥	2,930.45 (▲0.69) (+0.02%)
선물지수	252.70 (▼1.85) (−0.73%)	S&P 500	1,355.69 (▼2.29) (−0.17%)

[2012년 6월 21일] 선물 5분봉차트

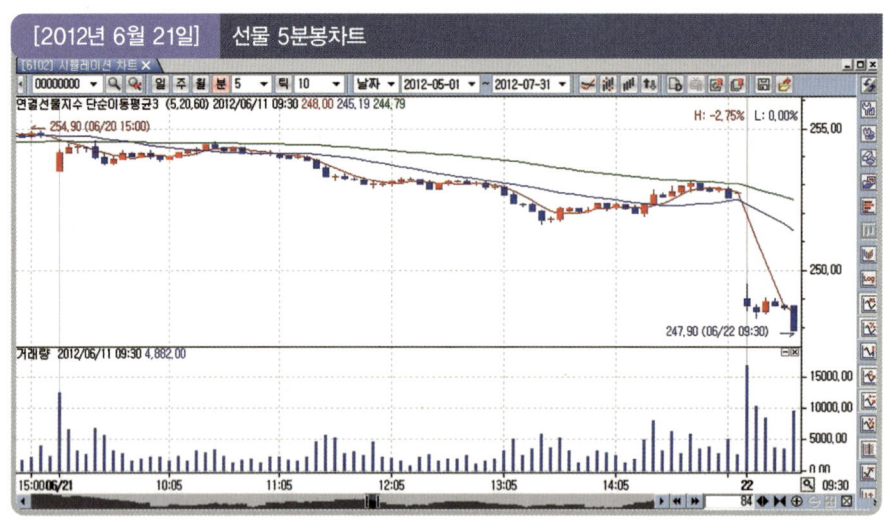

고점 : 254.55   저점 : 251.60   변동폭 : 2.95pt

시간	전략	선물지수	포지션	매수 / 매도	수익
09:20	253 4pt 매수				
09:28	255 4pt 매도				
11:43	254중 pt 매도				
11:48		253.05	252 콜 4.05 1계약	매수 252 콜 4.05 1계약	
12:25	254 4pt 매도				
13:18	253 4pt 매도				
13:20		252.05	252 콜 3.83 2계약	매수 252 콜 3.60 1계약	
14:31		252.80	252 콜 3.83 1계약	청산 252 콜 3.90 1계약	+37,500
14:49		252.90	무포	청산 252 콜 3.90 1계약	+37,500

*승수제 상향조치로 옵션의 단위가격이 50만원으로 조정되어 계산된 손익치임

총손익 (+68,050원〈수수료제외〉, 원금대비 0.22%수익)

▶공부내용 : 개인신호를 바탕으로 한 매매

8:53 - 동시호가 움직임이 일봉차트상 5이평선에 닿으면서 시작할 듯 보인다. 1.5pt 가량 하락 출발할 경우에 30분봉차트상 100이평선과 600이평선에 끼여서 시작하게 되는데, 그렇게 되면 5이평선 방향이 아래를 향하게 된다. 일단 장 초반 하방 마인드. 254 중반쯤에 매물대가 있어서 254 위로 매도할 수 있으며, 음봉이 크지 않을 경우 252에서 매수도 가능해 보인다.

09:17 - 254 중반 매도, 253 매수 (254~255 매물대와 30분봉차트상 5이평선의 터치지점, 밑에서는 매수세가 강해서 시가에 양봉을 만들어 내는데, 시가보다 0.5pt 아래에서 매수한다.)

09:24 - 매도 잠깐 대기 (한번 터치하고 내려왔으니 두번째는 지켜본다.)

11:26 - 시가 부근에서 개인들 풋 대량 매도.

11:34 - 254 4pt 매도 (시가 뚫렸으니까 5이평선에서 한번 더 매도.)

14:25 - 개인들 대량으로 콜 매도하고 풋 매수 (홀딩하고 255pt쯤에 청산.)

시간	전략	선물지수	포지션	매수 / 매도	수익
09:21		254.50	252 풋 4.25 1계약	매수 252 풋 4.25 1계약	
09:24		254.10	무포	청산 252 풋 4.40 1계약	+75,000
11:48		254.05	252 콜 4.00 1계약	매수 252 풋 4.00 1계약	
13:20		254.05	252 콜 3.80 2계약	매수 252 콜 3.60 1계약	
14:50		255.00	무포	청산 252 콜 3.90 2계약	+100,000

▶ **7월물 옵션전략 :**

1. 거래 옵션가격
    1~2주차 : 3.5~5.5
    3~4주차 : 3~4.5
    4주차~만기주 : 2.5~3.5

2. 진입물량 (전체 자금의 15%~20%)
    옵션가격 3.5 이상 : 1-1-1-1진입법
    옵션가격 3~3.5 (만기 전주 후반) : 1-1-2-2진입법
    옵션가격 3 이하 (만기주) : 1-2-3-4진입법

3. 30분봉차트상-5이평선과 일봉차트의 이평선 배열과 시가의 방향이 모두 일치하지 않을 때는 오후 1시 이후에 진입하지 않는다.

4. 당일 매매 수익이 오버나이트 물량의 손실을 커버하거나 손실규모가 적을 때는 손절하고 무포로 넘어간다.

5. 진입물량 보유하고 있을 때는, 1시가 되면 오버나이트 전략을 짠다.

7) 2012년 10월 9일 매매일지

또 다른 교육생의 매매일지입니다. 기술하는 방식이나 내용이 다른 것을 확인할 수 있습니다.

어제 예상

금일 내내 풋옵션 매수 우위(+ 콜옵션 매도)에서, 장 막판 외국인의 콜옵션 매수 우위(19억, 풋)는 명일 장 초반 갭상승 후 하락 혹은 횡보하는 현상이 예상됨. → 시가가 양봉이면 콜옵션 매수로 따라가고, 30분봉차트상 5이평선이 부딪치는 시점에서 청산 후, 상황을 지켜본 후 매매시점을 고려할 것임.

30분봉차트상 5이평선 뚫고 상승할 수도 있음.

261~264 / 위아래로 뚫리면 돌파 가능할 수도 있음(Nobody knows).

금일장 예상

주봉 상항. → 중장기적 상승방향.

일봉차트상 5일선 반등 기대 but 실패 시 하락 가능.

그렇지만 반등 시 주봉차트와 일봉차트가 상항이므로 이천선 돌파 가능!

현재는 5일선 하락추세이고(언제든 상항가능), 30분봉차트상 5이평선이 하락에서 반등 중이지만 200이평선 저항이 있으면 다시 하락추세 예상.

→ 시가 하락 후 상승이면 262.5까지는 상승 예상, 그리고 돌파하면 600이평선까지 쭉 올라갈 듯. 263중반. 일봉차트상 5일선 부근.

KOSPI종합 1,979.04 ▼2.85 -0.14%
KOSPI200 259.66 ▼0.45 -0.17%
선물최근월 262.00 ▼0.15 -0.06%

손절기준 : 선물가격 (-)200,000 (O)

매매시간 : 14 : 00 이전 (O)

5일선 약하락

시가 ▲

30분봉차트상 5이평선 하락 후 반등 중.

5분봉과 1분봉은 상승초기!

30분봉 추세 확인 전에는 매매 홀드!

09:00   시가 양봉에 C260 매수 희망(손절을 각오한 잽 날리기). 지수 261.80 손절은 (-)이십만

09:40   예상대로 30분봉차트상 20이평선 저항 후 돌파, 만약 하락 시 바로 청산.

262.50에 추가 매수 희망 but NTS는 매도 신호 263초반이여서 홀드!

외국인도 선물 및 콜옵션 매수세, 상승 추세(풋 매도).

09:50   현지수 262.80 (최고점 262.85)

10:00   고점 263.00, 손절은 1분봉차트상 5이평선이 20이평선 갭으로 돌파 or 두 번 이상 때리기 전엔 안 함.

10:05   1분봉차트상 5이평선이 20이평선에서 횡보하기 시작, 아직 상황 봄.

10:06   262.70 청산(음봉3개).

시가매수 261.80 → 262.70 청산.

262.50 → 262.70 청산.

손절은 없었음.

손절범위내 라면 하나만 청산하고 하나는 들고 있어보자.

10:13   30분봉차트상 20이평선과 5이평선이 거의 만남,

이제는 30분봉차트의 추세 확인 후 진입시도(1분봉차트는 5이평선과 20이평선이 혼전 중).

NTS신호에 따라 매수 안하고(결론은 262.5 → ?) 매도 타이밍 중.

10:28   고점 263.45

10: 29   263.3 매도 1.96

오늘 상승 보합장이면 콜옵션만 노려야 되는 거 아닌가???

· 결국 소폭 상승 보합일텐데..

확률상으로도 콜옵션만 노리는 게 맞는 거 같다.

30분봉차트/5분봉차트/1분봉차트 모두 다 상승 중.

매도는 262.8은 와야 0.5p

10:35   장초반 예상대로 263.5 찍음. 계속 상승 중(최고가 263.55).

외국인 역시 선물 3,685 매수 및 콜 9억 매수 (풋옵션 매도는 44억).

10: 50   263 초에서 횡보하고 있어서 만약 상승추세면 손절.

11:03   고가 263.65 / 30분봉-60 돌파하면 손절(추세 손절) → 5일선 반등일 수

있음!

11:06 고가 263.70 찍고 다시 횡보하기 시작.

11:41 P262.5 청산 1.96 → 1.76 / -102,790

오후장

추세 하락으로 바뀜 but 30분봉차트상 5이평선이 10이평선을 돌파하였지만 20이평선 저항이 있어 추세라 할 수는 없음.

오전 상승에서 보유하고 와서 하락추세 확인 후(음봉으로1분봉차트상 이평선 다 뚫음), 추세가 끝나기 전까지 계속 보유하는 전략.

263.4 → ?

13:18 최저 262.5

13:23 1분봉차트상 20이평선 저항 (강하게 뚫으면 청산) 262.7
손절범위 내이면 60이평선까지 관망! 262후까지

13:29 최저 262.45

13:51 최저 261.95

매매종료!

시간	전략	지수	포지션	매매내역	수익
10:29	263초 매도	263.3		P262.5 / 1.96	
11:41	청산 / -0.2청산주문			P262.5 / 1.76	-102,790 추정자산 29,897,210
				추정자산 29,897,210	

금일평가

매매손익은 마이너스지만, 시가공략 전략과 장 분석 및 예상은 적중!

명일예상

5일선은 여전히 약 하락이지만, 언제든 20일선에서 반등이 있을 수 있다.
이럴 때는 시가가 음봉인지, 양봉인지 중요!!!
하락 시 지지선이 없기 때문에(20일선이 깨진다 본다.)
첫 1~5분봉이 음봉이면 따라 풋매수.
손절타이밍이 중요하다. 외국인 손익이 안 맞아서 글쎄...
양봉이면 바로 콜옵션 매수로 상승추세를 따라간다.
이 때 저항선은 30분봉차트상 60이평선으로 본다.
물론 손절은(-)200,000만원(-0.4p).
장 막판 외국인은 현물 매수세는 없지만, 선물(2,699억) 및 콜(8억) 매수세 + 풋(14억) 매도세로, 명일 상승 쪽에 무게를 둔다.
합성과 달리 현물 매도세는 선물 만기는 12월이라 아직 여유가 있고, 옵션 만기 내에 지수 상승 억제???
그래도 명일은 상승으로 보고, 시가에 양봉이면 바로 진입! 음봉이면 관망!

8) 2012년 10월 10일 매매일지

KOSPI종합 1,948.22 ▼30.82 -1.56%
KOSPI200 255.15 ▼4.51 -1.74%
선물최근월 256.70 ▼5.30 -2.02%

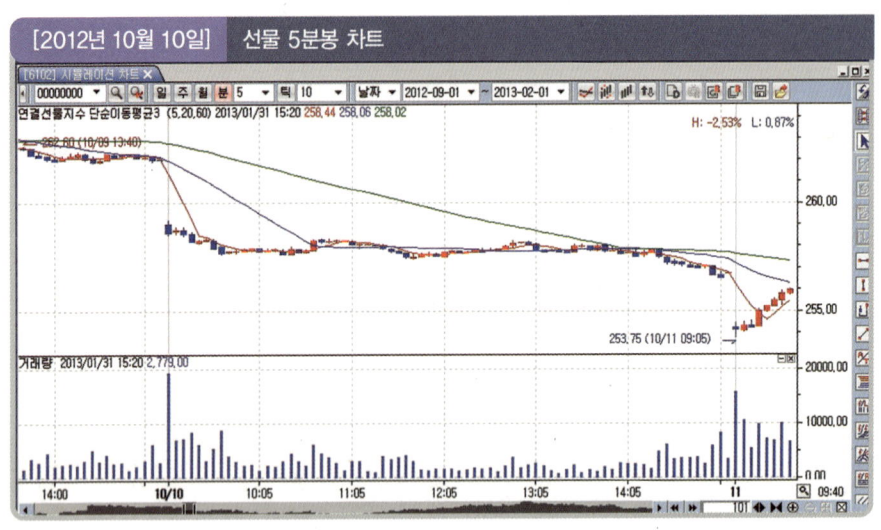

손절기준 : 선물가격 (-)200,000 (O)

매매시간 : 14:00 이전 (O)

5일선 하락

시가 ▼

30분봉차트상 5이평선 하락추세

08:5   코스피200은 약 2.5p 하락 → 장 막판 하락으로 흔들고, 오후나 명일 상승으로 외국인 차익실현 의심!

09:01   지수258.7 풋260 매수 3.15

09:40   지수257.7 풋260 청산 3.95 +359,230

09:41   지수257.7 풋260 재매수3.85

09:50   30분봉차트상 20이평선에서 계속 횡보하고 있음 → 추세 미정!
But 외국인 현물(244억)/선물(3,299억) 동반 매도 및 풋옵션 매수(67억)/콜옵션 매도(9억) So 여전히 하락장으로 예상

10:01   1분봉차트상 60이평선 저항 & 5분봉차트상 10이평선 저항 중

→ 5-10 갭상승 돌파하면 청산 후 20이평선까지 기다린다.
But 10이평선에 저항 맞고 하락세이면 추가 매수 고려!
대전제는 언제든 상승할 수 있으니 외국인 매수세를 항상 관찰하자!

10:20 지수 257.7 풋260 3.95 매수
→ 실수다. 횡보하는 구간에서는 추세가 확실해 질 때까지는 매수 보류다. 이미 보유하고 있는 포지션이면 모르겠지만, 횡보할 거라고 예상해서 수익 내고 청산했는데, 추세도 모르고 성급히 들어갔다.

11:00 만약 상승 추세로 돌아서면 바로 콜옵션 매수 단타로 손해 보상하며 버틴다. 아직은 하락추세이므로 상승으로 포지션을 갖지 않는다. 어차피 수익권이고, 추세가 정해진것이 아니므로 버티는 중

11:10 횡보하기 시작하면 수익권이면 일단 청산 후 다음 추세를 기다린다. 다신 실수하지 말자!
어설픈 봉 몇 개에 들어가지 말고 확실히 많이 먹을 수 있는 진입시점을 노리자!

11:20 잘못 진입한 풋260 심지어 단기고점에 물려 3.95 손익 -10만원 근처로 떨어지면 바로 청산

11:30 아직 -155,700, but -10만원 밑으로 떨어져도 추세가 형성되어 가고 있음. 본전도 노려보자.
추세가 아직 확실치 않아서 -10만원 안쪽으로 손절 -105,770
지수 257.70 풋260 청산 3.75

12:55 C255 매수 지수 258 / 2.53
30분봉차트상 10이평선까지 지켜본다 -10만원 손절!

13:04 C255 -10만원 손절 / 2.34
금일 손익 +154,810

상승할 것이라는 예상으로 진입하지 말자! 여전히 추세는 하방이었고,
최소 30분봉차트상 5이평선이 10이평선을 뚫는 것 확인해라!
제발 짧게 짧게 먹으려고 하지 말고, 추세에 따라 크게 먹자!
매매종료!

시간	전략	지수	포지션	매매내역	수익
09:01	시가음봉에 하방	258.7		P260 / 3.15	
09:40	횡보하면 청산	257.7		청산 3.95	+359,230
10:20	재진입	257.7		P260 / 3.95	
11:30	횡보하면 청산	257.7		청산 3.75	−105,770
12:55	상승 잽	258		C255 / 2.53	
13:04	잽 안통하면 청산			청산 2.34	−98,650
				금일손익	+154,810
				총자산	+30,052,020

금일 평가 및 명일 예상

하락추세에서 콜옵션으로 잽을 날린 것은 약간의 모험이었지만 손절 범위를 지킴.
만기에 시간 손해가 만만치 않음. 맘 고생하느니 일단 청산 후 재진입을 노리되,
재진입도 어설프게 하지 말고 확실히 저항선 확인 후 들어가자.
결국 금일 2번의 손절! 각각 -10만원

*금일 재진입 시점

지수 257.4

시간 14:25

장 막판까지 1포인트 하락(저가 256.50) / 14:00 이후라 진입 포기.
결국 외국인의 의도대로 현물(1,050억원)/선물(1조원 이상) 동반 매도.
또한 풋 매수세에서(약70억원) → 풋 매도 전환(13억원) / 콜 매도(46억원).
명일도 하락추세로 보고 풋옵션 진입 노림. 장초반 반등이 있을 수도 있지만 시가 양봉
진입은 지양, 반등 후 음봉 시 바로 풋옵션 추격 매수 고려!
253~255 - 260 ~ 262

제 VII 장
가장 많이 받은 질문과 대답(Q & A)

제 VII 장

•••• **가장 많이 받은 질문과 대답(Q&A)** ••••

Q 헤지펀드란 무엇인가요?

A 헤지펀드의 사전적 의미는 헤지전략을 사용하는 펀드입니다. 최근들어 헤지펀드의 개념은 기관과 소수의 고액자산가들만을 위해 운영이 되는, 저위험 고수익 추구의 다양한 전략들을 사용하는 투자상품들을 의미합니다.

Q 헤지전략은 어떤 전략입니까?

A 헤지라는 단어를 쉽게 설명하자면 '고정하다, 제한하다.' 라는 뜻입니다. 미래의 불확실성에 대한 위험을 현재의 수준으로 고정하는 것입니다. 그러므로 헤지전략은 위험을 헤지(고정, 제한)하는 전략입니다. 현재 광범위한 의미의 헤지전략은 위험을 제한하면서 안정적인 수익을 내는 모든 전략을 의미합니다.

Q 헤지펀드와 일반 뮤추얼펀드와의 차이는 무엇인가요?

A 헤지펀드와 뮤추얼펀드와의 가장 큰 차이점은 수익을 창출하기 위해서 다양한 전략을 사용할 수 있느냐 없느냐는 것입니다. 주식시장이 상승해야 수익이 나는 일반적인 뮤추얼 펀드와 달리, 헤지펀드의 경우에는 시장 방향성과 상관없이 투자 전략에 따라, 다양한 전략을 사용하여 안정적인 수익을 달성하도록 운용이 되고 있습니다.

Q 헤지펀드 매니저들은 주로 어느 나라에 분포해 있나요?

A 가장 많은 헤지펀드 매니저들이 활동을 하고 있는 나라는 단연 미국입니다. 그 이유는 미국이 세계에서 가장 금융이 발달한 나라이기 때문입니다. 일반적으로 헤지펀드 매니저들은 유명MBA나 학교에서 경영이나 금융관련 교육을 받고 투자은행이나 다른 금융기관들을 거쳐서 독립을 하는 경우가 많습니다. 그런 금융관련 교육이나 기관들이 전세계적으로 가장 많은 곳이 바로 미국이기 때문에 많은 헤지펀드 매니저들이 미국에서 활동을 하고 있습니다. 미국 이외에는 유럽지역이고 아시아지역에서는 홍콩과 싱가폴 지역에서 주로 활동을 하고 있습니다.

Q 헤지펀드는 누구나 투자할 수 있나요?

A 헤지펀드는 소수의 고액자산가들과 기관이 투자하는 상품입니다. 일반적으로 고액자산가들과 기관이 백만불 단위로 투자를 할 수 있도록 되어 있습니다. 한국의 자·통·법 상으로도 개인의 간접 투자는 10억원 기준으로 논의가 되다가, 5억원 정도로 정해지도록 준비가 되고 있습니다.

Q 헤지펀드 투자의 장점은 무엇인가요?

A 헤지펀드 투자의 가장 큰 장점은 성과의 지속성입니다. 헤지펀드는 시장상황에 상관하지 않고 절대수익을 추구하는 경우가 많기 때문에, 안정적인 수익을 꾸준히 얻을 수 있다는 장점이 있습니다. 지속적으로 안정적인 수익을 얻을 수 있다면 자산자체는 복리의 힘으로 저절로 커지게 됩니다.

Q 한국 헤지펀드의 현황은 어떠한가요?

A 현재 한국에는 10개 이상의 헤지펀드가 등록되어 있습니다. 한국에서의 헤지펀드는 시작단계에 있기 때문에 다른 금융선진국에 비해서 많이 발전되어 있는 것은 아닙니다. 그리고 투자자들의 헤지펀드에 대한 인식 또한 그러한 점이 있습니다. 일반적으로 헤지펀드라고 하면 고위험·고수익의 투자수단이라고 생각을 하거나, 전세계적인 금융

위기의 주범이라는 부정적인 인식들이 많은 것이 사실입니다. 그렇지만 실제 헤지펀드는 훨씬 더 안정성을 중요시 합니다. 그렇기 때문에 금융선진국의 고액자산가들이 많이 투자를 하고 있는 것입니다.

Q 파생상품이란 무엇인가요?

A 파생상품은 기초자산의 가치변동에 따라서 가격이 결정되는 금융상품입니다. 기초자산의 종류에 따라서 여러가지 파생상품이 있을 수 있으며, 이 책에서는 KOSPI200 지수를 기초자산으로 하는 KOSPI지수 선물·옵션에 대해서 다루고 있습니다.

Q 파생상품의 기능에는 어떤 것들이 있나요?

A 파생상품은 위험회피 기능, 가격발견 기능, 투자수익성의 증대 기능, 시장효율성 증대 기능이 있습니다. 이중 가장 중요한 기능은 기초자산의 투자에 대한 위험회피 기능입니다.

Q 파생상품의 종류에는 어떤 것들이 있나요?

A 파생상품의 종류는 기초자산에 따라서 상품 파생상품과 금융 파생상품으로 나눌 수 있습니다. 상품 파생상품은 원유, 밀, 금, 돈육 등 상품을 기초자산으로 하는 파생상품이고, 금융 파생상품은 주식, 주가지수, 금리, 채권, 외환 등을 기초자산으로 하는 파생상품입니다.

Q 선물거래와 선도거래의 차이점은 무엇인가요?

A 선도거래는 미래의 가격을 현시점에 거래하는 것입니다. 선도거래 중에서 거래소에서 표준화된 방법으로 이루어지는 거래를 선물거래라고 합니다.

Q 선물을 통한 현물 헤징은 어떻게 하나요?

A 현물을 매수하여 보유한 경우 가격하락의 위험이 있습니다. 이 경우에는 KOSPI200지수 선물이나 개별주식 선물을 매도하여서 가격하락 위험을 헤지 할 수 있습니다. 이것을 '매도헤지'라고 합니다. 반대로 지금 현물을 매수하는 것이 아니라 차후에 현물을 매수할 계획이 있을 때에는 가격상승 위험이 있습니다. 이 경우에는 KOSPI200지수 선물이나 주식 선물을 매수하여 가격상승 위험을 헤지 할 수 있습니다. 이것을 '매수헤지'라고 합니다.

Q 옵션이란 무엇인가요?

A 옵션은 쉽게 이야기하면 무언가를 사고 팔 수 있는 '권리' 입니다.
이 책에서는 KOSPI200지수를 사고 팔 수 있는 권리인 KOSPI200지수 옵션을 다루고 있습니다.

Q 콜옵션과 풋옵션의 차이는 무엇인가요?

A 콜옵션은 기초자산을 살 수 있는 권리이고, 풋옵션은 기초자산을 팔 수 있는 권리입니다. 일반적으로 기초자산의 가격이 상승할 것으로 예상할 경우 콜옵션 매수를, 기초자산의 가격이 하락할 것을 예상할 경우는 풋옵션 매수를 합니다.

Q 옵션의 가격은 무엇으로 결정되나요?

A 옵션의 가격은 내재가치와 시간가치로 구성됩니다. 내재가치는 기초자산의 가격과 옵션의 행사가격의 차이를 말합니다. 현재 KOSPI200지수가 260.0일 경우, 행사가 255 콜옵션의 내재가치는 260.00 - 255.00 = 5.00인 것입니다.

Q 옵션의 등가격, 내가격, 외가격은 무엇인가요?

A 옵션은 기초자산의 가격에 따라서 만기 결제 여부가 결정되는 행사가격이라는 것이 있습니다. 예를 들어, 현재 KOSPI200지수 선물의 가격이 260.0일 경우 260.0을 기

준으로, 콜옵션의 경우는 260.00과 가장 가까운 행사가의 옵션이 등가격옵션, 260.00 이하의 행사가 옵션이 내가격옵션, 260.00 이상의 행사가 옵션이 외가격옵션입니다. 풋옵션의 경우는 260.00과 가장 가까운 행사가의 옵션이 등가격옵션, 260.00 이상의 행사가 옵션이 내가격옵션, 260.00 이하 행사가 옵션이 외가격옵션입니다.

Q 옵션의 가격에 영향을 주는 민감도지표에는 어떤 것들이 있나요?

A 옵션의 가격에 영향을 주는 지표들에는 델타, 감마, 세타, 베가, 로가 있습니다. 델타는 기초자산의 가격변화에 따른 옵션가격의 변화율이며, 감마는 기초자산의 가격변화에 따른 델타의 변화율입니다. 세타는 시간의 경과에 따른 옵션가격의 변화율이며, 베가는 기초자산의 변동성 변화에 따른 옵션가격의 변화율, 로는 이자율의 변화에 따른 옵션가격의 변화율입니다.

Q 선물과 옵션의 만기일은 어떻게 되나요?

A 선물은 3,6,9,12월 두 번째 목요일, 옵션은 매월 두 번째 목요일이 만기입니다. 선물의 경우는 3개월 단위로, 옵션은 1개월 단위로 만기가 정해집니다.

Q 선물과 옵션거래의 차이는 무엇인가요?

A 선물과 옵션의 가장 큰 차이점은 시간가치일 것입니다. 선물인 경우에는 내재가치만 있기 때문에 시간이 지나도 기존의 가치가 변함이 없지만, 옵션의 경우는 내재가치와 시간가치를 동시에 가지고 있기 때문에 시간이 변함에 따라 옵션자체의 가치 또한 변하게 됩니다. 그렇기 때문에 **옵션거래는 궁극적으로는 시간가치와의 싸움**이라고도 합니다.

Q 선물·옵션매매는 어렵고 위험한 투자인가요?

A 아닙니다. 일반적으로 현물보다 선물·옵션 매매가 어렵고 위험하다가 느껴지는 이유

는, 대부분의 개인들이 투기적으로 거래를 하기 때문입니다. 파생상품(선물·옵션)이 만들어지게 된 목적 자체가 위험을 헤징하고자 했기 때문에 안전하게 보수적으로 매매를 한다면, 어렵고 위험한 매매라고 볼 수 없습니다. 파생상품으로는, 현물과는 다르게, 시장상황이나 각자의 포지션에 맞는 다양한 전략들을 세울 수가 있습니다. 거래를 하는 상품자체가 위험한 것이 아니라, 그 상품을 매매하는 사람이 위험을 잘 통제하며 수익을 낼 수 있는 실력이 있는가가 더 중요합니다.

Q 선물·옵션 매매전략 중 스프레드 매매전략은 무엇인가요?

A 스프레드는 2개의 선물이나 옵션간의 가격차이를 말합니다. 이 가격차이를 이용한 거래를 스프레드 매매라고 합니다. 선물을 이용한 스프레드 매매는 원물을 기준으로 용어가 만들어졌습니다. 원원물을 매수하고 근원물을 매도하면 스프레드 매수전략, 원원물을 매도하고 근원물을 매수하면 스프레드 매도전략이라고 합니다.

Q 시장의 방향에 따른 스프레드 매매에는 어떤 것들이 있나요?

A 시장이 상승할 것을 예상할 경우에는 강세 스프레드 매매전략을, 시장이 하락할 것을 예상할 경우에는 약세 스프레드 매매전략을 사용합니다.

Q 델타헤지는 무슨뜻인가요?

A 델타헤지는 현재 보유한 포지션의 델타 총합을 0으로 맞추는 것을 말합니다. 현재 보유포지션의 델타가 0.7일 경우에는 델타값(-) 0.7인 기초자산을 보유하여, 0.7 + (-0.7) = 0 과 같이 헤지하는 것을 말합니다.

Q 스트래들과 스트랭글 매수전략에 대해서 비교해주세요

A 스트래들 매수전략은 행사가격과 만기일이 같은 콜옵션과 풋옵션을 동시에 매수하는 전략입니다. 스트랭글 매수전략은 만기일은 같지만 행사가격이 다른 콜옵션과 풋옵션을 매수하는 전략입니다. 두 전략 모두 시장의 변동성이 클 것을 예상할 때 사용하면

유리한 전략입니다.

Q 스트립과 스트랩 매수전략에 대해서도 설명해주세요.

A 스트립 매수전략은 행사가격과 만기가 같은 콜옵션을 1단위 매수하고 풋옵션을 2단위 매수하는 전략입니다. 스트립 매수전략은 시장이 하락할 것을 예상할 때 유리한 전략입니다. 스트랩 매수전략은 행사가격과 만기가 같은 콜옵션을 2단위 매수하고 풋옵션을 1단위 매수하는 전략입니다. 스트랩 매수전략은 시장이 상승할 것을 예상할 때 유리한 전략입니다.

Q 스트래들 매도전략에 대해서 설명해주세요.

A 스트래들과 스트랭글 매도전략은 만기와 행사가격이 같은 콜옵션과 풋옵션을 동시에 매도하는 전략입니다. 스트랭글 매도전략은 만기가 같고 행사가격은 다른 콜옵션과 풋옵션을 동시에 매도하는 전략입니다. 스트래들과 스트랭글 매도전략은 시장 변동성이 감소될 것이 예상되는 경우 사용하면 유리한 전략입니다.

Q 레이쇼 스프레드는 어떤 전략인가요?

A 레이쇼 스프레드는 기존 스프레드 전략에서 외가격옵션을 내가격옵션 매수물량보다 비율에 맞추어 더 매도하는 전략입니다. 시장이 횡보할 경우 사용하면 유리한 전략입니다. 단, 예상과 반대로 시장이 움직일 경우 무한대의 손실을 입을 수 있습니다.

Q 콘돌전략에 대해서 설명해주세요.

A 콘돌전략은 시장이 횡보할 것으로 예상될 때 이익과 손실을 제한할 수 있는 안정적인 전략입니다. 2가지 행사가의 콜옵션을 매수·매도하고, 2가지 행사가의 풋옵션을 매수·매도하여 포지션을 구축합니다. 안정적으로 큰 자금을 운용할 수 있다는 장점이 있습니다.

Q 당일매매에서 시가는 어떻게 활용이 되나요?

A 당일매매에서 시가는 가장 중요한 지표 중의 하나입니다. 시가는 미국시장의 영향을 받아 전일 종가에 오버되었던 물량이 청산되면서 만들어지는 가격이기 때문에, 시가가 어떻게 결정되는가 여부는 장 흐름에 많은 영향을 미칩니다. 일반적으로 시가가 전일 종가보다 상승일 경우는 상방진입을, 하락일 경우는 하방진입을 고려합니다. 시가만을 활용한 매매를 할 경우에도 안정적으로 수익을 낼 수 있습니다.

Q 기본전략을 구사할 때 가장 중요하게 생각되는 지표는 무엇인가요?

A NTS기법에서 가장 중요하게 활용하는 지표는 30분봉차트의 5이평선과 당일의 시가입니다. 두 가지 기준점만 가지고도 물량조절이나 리스크관리, 자금관리 등을 수행하면서 안정적인 수익을 낼 수 있습니다.

Q 30분봉차트상 5이평선과 20이평선은 매매에서 어떻게 활용이 되나요?

A NTS기법에서 당일 매매는 30분봉차트상 5이평선의 방향을 보고 매매의 기준을 잡습니다. 30분봉차트의 5이평선이 상향일 경우에는 상방진입을 고려하고 5이평선이 하향일 경우에는 하방진입을 고려합니다. 그리고 30분봉차트상 5이평선과 20이평선의 방향이 상향이고 5이평선 〉 20이평선인 경우에는 기존 베팅보다 더 적극적으로 베팅을 하면서 물량 조절을 할 수도 있고, 반대로 30분봉차트상 5이평선과 20이평선의 방향이 하향이고 30분봉 5이평선 〈 30분봉 20이평선인 경우에는 보다 강도높은 하방진입을 고려합니다. 그리고 추세가 확실하지 않고 이평선들이 정배열 구간이 아닌 경우에는 평소의 물량보다 작은 베팅으로 보수적으로 매매를 하면서 물량조절을 할 수 있습니다.

Q NTS기법은 무조건 수익이 나는 기법인가요?

A 세상에 어느 기법도 무조건적으로 수익이 나는 것은 존재하지 않습니다. 그것은 NTS기법 또한 마찬가지입니다. 시장상황은 실시간으로 변화하고, 이전의 데이터가 미래를

확정할 수 없기 때문입니다. NTS기법도 마찬가지로 모든 시장상황에 대해서 수익이 나는 것은 아닙니다. NTS기법은 통계와 수학적으로 매매 타이밍 조절과 자금 관리를 하면서, 최소한의 손실 위험을 유지하면서 장기적으로 복리로 수익을 쌓아가려는 기법입니다. NTS기법을 무조건 따라 해서 수익을 내는 것이 중요한 것이 아니라, NTS기법을 토대로 어떻게 실전 매매에 적용하여 안정적으로 수익을 낼 수 있느냐를 훈련하는 것이 중요합니다.

Q 1포인트당 진입물량은 얼마나 들어가나요?

A 일반적으로 NTS기법은 (현재 지수 기준) 옵션 매매 시에 4포인트 진입물량이 (등가 정도의 옵션 기준) 전체자금의 10% 진입하는 것을 기준으로 합니다. 4포인트당 10%의 물량이 진입된다면 1포인트에는 자금대비 2~2.5%의 물량이 진입된다고 보면 됩니다.

Q NTS기법에서 4포인트 진입 후 추세가 반전되었을 경우에는 어떻게 대응하나요?

A NTS기법을 교육하면서 가장 많이 듣는 질문이 이 질문입니다. 4포인트 물량 진입이 된 시점에서는 1:1로 헤징을 하는 것이 기본입니다. 4포인트 10%의 물량이 진입된 상태에서 반대방향으로 1:1 헤징을 해서, 현재의 손실분을 고정한 다음에 계속적으로 매매를 해서 손실을 복구해가며 수익을 내는 기법입니다.

Q 4포인트 진입을 한 후에, 바로 헤징을 하는 것과 손절을 하는 것과는 무슨 차이가 있나요?

A 네, 차이가 있습니다. 선물로 헤징을 해서 포지션을 중립을 만드는 것과 손절을 해서 포지션을 없애는 것에는 차이가 있습니다. 앞에서 설명했듯이 NTS기법은 헤징한 상태에서 포지션을 사고팔고 하면서 손실을 복구하고 수익을 내는 기법이기 때문에, 헤징 포지션을 구축하는 방법이 손절을 하고 매매하는 것 보다 수익을 더 많이 낼 수 있습니다. 예를 들어 선물로 1포인트당 1계약씩 포지션을 진입했을 경우 4포인트 진입을 하게 되면, 선물 4계약(매수)을 보유한 상태에서 반대포지션으로 선물 4계약(매도)을 취하게 됩니다. 그렇게 되면 4계약(매수) : 4계약(매도) 의 물량을 가지고 다음 포인트에서 선물 1계약(매수)을 더 진입하게 되었을 시에는 5계약(매수) : 4계약(매도) 상태로

만들면서 원래 네이키드 매매로 5계약을 보유하고 있던 자리였기 때문에 반대포지션 4계약(매도)은 추가로 1포인트당 4포인트의 수익을 얻게 되고 반등이 있을 경우에는 5계약(매수)의 포지션이 1포인트 반등 때마다 5포인트의 추가수익을 주기 때문에 한번에 잔고가 회복되고 수익을 얻을 수 있습니다. 반대로 5계약(매수) : 4계약(매도)에서 지수가 더 밑으로 하락하게 되면 풀었던 헤징포지션을 다시 취해서 5계약(매수) : 5계약(매도)을 만들고, 다시 헤징을 풀고 이런 방식으로 헤징포지션을 취하고 풀고를 반복하다 보면 손절을 한 매매보다 훨씬 많은 수익을 얻을 수 있습니다. 손절을 하고 다음 포지션에서 1계약을 진입하는 경우와 5계약을 들고 수익을 내는 경우와는 물량의 차이가 나기 때문에 1:1중립포지션을 잘 취하고 풀고를 반복하면서 유연하게 매매를 할 수 있다면, 시장이 예상과 다른 방향으로 움직이더라도 보유한 포지션을 수익으로 청산할 수 있습니다. 가장 중요한 것은 물량을 모은 시점과 언제 헤징을 했으며, 어느 구간에 들어가면 수익이 나는지를 정확히 파악하고 매매를 하는 것입니다.

Q 손절은 언제 하나요?

A NTS기법은 일반적인 기준의 손절을 하지 않는 기법입니다. 대신 손절을 보전해가면서 손절의 실현보다 조금 안전하게 차익 기회를 노리면서, 장기적으로 수익을 쌓아가는 기법입니다. 그렇다고 꼭 손절을 하지 말라는 법은 아닙니다. 손절하는 매매가 편한 경우에는 NTS기법을 손절하는 방식에 맞추어서 매매를 하면 됩니다. 예를 들어 4포인트 진입을 할 경우 손절을 적용하면 처음 1포인트 진입하고 진입 포인트에서 0.5포인트 하락이면 손절, 다시 다음 포인트에서 진입해서 0.5포인트 하락이면 손절… 이런 식으로 각자의 매매 스타일에 맞게 조절하여 적용하실 수 있습니다. 손절과 1:1중 어느 것을 선택하느냐의 고민보다는 리스크관리의 관점에서 일간 수익이나 주간 수익이 어느 정도 났을 경우 수익의 50%까지 손실을 감내한다든가, 전체 계좌 중 진입 비중이 얼마가 되어야 하는가 등의 고민을 더 하기를 조언합니다.

Q 손절을 하지 않는다면 종가에 포지션은 어떻게 구축하나요?

A 선물로 매매할 경우에는 반대포지션으로 같은 수량을 진입해서 종가포지션을 만들면 됩니다. 옵션의 경우는 종가포지션은 현재포지션의 금액으로 1대1로 잡는 것을 원칙으로 합니다. 간단하게 계산을 하면, 2포인트 진입이 되어서 300의 포지션을 들고 있는

데 종가에 손실이 나서 200이 되었다고 하면 반대방향 200의 포지션을 잡아서 1대1을 만들면 되지만, 궁극적으로는 옵션의 정확한 exposure를 계산하여 오버나이트 리스크에서 감당할 수 있는 리스크만으로 제한된, 중립화된 포지션을 잡을 수 있도록 공부를 해나가야 합니다.

Q NTS기법을 활용하여 옵션을 가지고 매매를 하는 경우, 세타리스크는 어떻게 감당하나요?

A 옵션 매수를 이용해서 당일매매를 할 경우나 포지션을 1:1로 보유하고 매매를 하는 경우, 청산 시에나 여러 번의 매매를 통해 세타값 이상의 수익을 만들려고 노력하는 전략이라고 생각을 하면 됩니다. 옵션의 세타값을 하루에 0.1~0.2 정도로 계산을 해도 장중에 델타 값의 변화량이 세타 값의 변화량보다 더 크기 때문에 매매로 인해서 충분히 세타리스크를 이겨낼 가능성이 있습니다.

Q 고점(저점)전략을 구사할 때 장중 고점(저점)이 실시간으로 계속 바뀌게 되는데 어떻게 기준을 잡고 적용을 하나요?

A 실시간으로 장중의 고점(저점)이 바뀌는 경우는 바뀐 고점(저점) 대비 1포인트로 진입하면 됩니다. 예를 들어, 장중 고점이 250이라서 249부터 진입을 기다리고 있다가 249가 오지 않고 고점이 250.45가 되었다면, 진입자리도 249가 아닌 249.45로 바뀌게 되는 것입니다.

Q 고점(저점)전략으로 매매하는 경우 눌림이 없이 지수가 지속적으로 한 방향으로 가게 되면 진입을 할 수 없는 게 아닌가요?

A 고점(저점)전략의 경우 눌림이 없을 때에는 진입을 못하는 경우가 종종 있을 수 있습니다. 이럴 경우에는 물량 조절을 활용을 해서 진입을 하면 됩니다. 자신의 물량 중 1~2%의 물량을 활용해서 현재시점에서 진입하면 됩니다. 그리고 정해진 매수포인트에서 3%, 5%, 10%의 물량이 되게끔 유연하게 조절하면 크게 추세가 가는 장에서도 수익을 낼 수 있습니다.

Q 장세전략에서 장세를 파악하는데 실시간으로 판단하기에는 어려움이 있지 않나요?

A 네, 맞습니다. 현 장세를 실시간으로 판단하는 것에는 어려움이 있습니다. 그렇지만 NTS기법이 최적의 변곡점을 정확히 찾아내서 매매를 하는 것이 아니기 때문에, 장세를 매우 정확하게 판단하지 않더라도 크게 상관이 없습니다. 다만, 현 장세의 흐름이 어떻게 흘러가고 있는지를 어느 정도 알고 있다면, 매매를 하는 데에 지장이 없습니다. 아니 수월하게 매매할 수 있습니다.

매매에서 추세를 파악하는 것은 수익을 내는 방법 중에서 가장 쉬우면서도 중요한 일입니다. 그리고 대부분의 기법들이 이러한 추세를 파악하기 위해서 연구와 노력을 해왔습니다. 하지만 더 중요한 것은 추세를 제대로 파악하지 않더라도 손실을 보지 않도록 하는 것입니다. 추세를 제대로 파악해서 수익을 많이 내면서도 자신의 판단이 틀렸을 경우에도 손실을 최소화할 수 있는 실력을 기르기를 부탁합니다.

Q 수익률이 크지 않더라도 복리로 수익을 낼 수 있으면, 궁극적으로 돈을 많이 벌 수 있나요?

A 네, 수익률이 적더라도 안정적으로 수익이 날 수 있다면 결국에는 돈을 벌 수 있습니다. 매매에서 가장 중요한 것은 얼마의 수익이 나느냐가 아니라 원금을 어떻게 지키느냐 입니다. 대부분의 개인들은 수익률에 집착을 하기 때문에 돈을 잃는 것입니다. 더 큰 돈을 벌기 위해서는 수익률이 아니라 안정적인 자금을 굴릴 수 있는 매매를 해야 합니다.

Q 물량조절을 하는 것이 쉽지 않습니다. 어떻게 하면 물량조절을 잘 할 수 있나요?

A 네, 물량조절을 처음부터 잘하기는 쉽지 않습니다. 그리고 이전에 물량조절을 하지 않고 매매를 한 경우에는 기존의 습관을 고치면서 매매를 하는 더 쉽지 않은 게 사실입니다. 하지만 처음부터 물량조절을 잘 하는 사람은 없습니다. 초보자는 모두 시행착오를 겪기 마련입니다. 중요한 것은 얼마의 비용을 들여서 시행착오를 겪느냐 하는 것입니다. 그렇기 때문에 필자는 처음에 물량조절을 연습할 경우에는 실계좌로 매매하는 것을 권하지 않습니다. 우선은 충분히 물량조절을 모의투자로 연습하면서 익숙해진 다

음에, 실계좌에 적용하는 것이 위험 없이 물량조절을 연습할 수 있는 방법입니다. 장 종료 후 매매일지 작성과 복기도 매우 중요합니다.

> **Q 지루하게 돈벌기란 어떤 의미인가요?**

A 지루하게 돈 벌기란 하루하루 복리로 수익을 쌓아가자는 의미입니다. 매매로 수익을 내고자 하는 사람들 대부분 한번에 확 버는 것을 꿈꾸곤 합니다. 그렇지만 그런 기회는 많지 않습니다. 그런 대박만을 노리게 되면 평상시에 좋은 기회들을 놓치게 됩니다. 만에 하나 큰 돈을 벌 수 있는 기회를 만나서 수익을 냈다고 하더라도 그 시점에서 바로 매매를 그만두는 것이 아니라면, 다시 평상시처럼 매매를 하게 될 것입니다. 그렇기 때문에 평상시 안정적으로 수익이 나는 매매를 해야 합니다. 그래야 큰 기회들도 만날 수 있는 것입니다.

지루하게 돈 벌기라는 것은 간단하게 말해서 평상시에도 늘 돈을 벌자는 의미입니다. 돈버는 것이 일상이 되어서 습관처럼 매매를 할 정도가 되면 이미 여러분은 부자가 되어 있을 것입니다.

> **Q 베팅법에서 1, 1, 1, 1, 1, 1, 2, 2, 2, 2, 3, 3,⋯ 이렇게 베팅 하는 것은 무슨 뜻인가요? 자세히 설명해 주세요.**

A 베팅법에 대해서는 표를 이용해서 자세히 설명해드리도록 하겠습니다.

베팅횟수	1	2	3	4	5	6	7	8	9	10	11	12	13	14	⋯
베팅액	1	1	1	1	1	1	1	1	2	2	2	2	3	3	⋯
보상액	8	8	8	8	8	8	8	8	16	16	16	16	24	24	⋯

8배의 보상률을 가지고 있는 게임에 베팅을 한다고 했을 때, 처음 8번째 베팅까지는 1단위로 베팅을 하게 되어도 투입액 이상을 보상받을 수 있게 됩니다. 100개를 가지고 베팅을 한다고 했을 때 8번째 베팅했을 때 잃은 금액이 총 7개(남은 갯수 93개)에서 8번째 베팅이 맞게 되어서 보상을 받게 된다면 93개 + 8개 = 101개가 되어서 처음 베

팅금액이었던 100개보다 1개가 더 많아지게 되는 식입니다. 이런 식으로 생각을 하게 되면 투입했던 베팅 금액을 1개라도 복구할 수 있는 베팅금액으로 베팅액을 조절해서 베팅을 하게 되면 100개 ~ 200개 정도로도 안정적으로 수익을 낼 수 있게 되는 것입니다.

Q 왜 옵션을 매매하면서도 선물을 가지고 기준을 잡아야 하나요?

A 옵션을 매매하는데도 선물로 기준을 잡는 것은 옵션의 가격은 여러 변수에 따라 변화하기 때문입니다. 그렇지만 선물의 내재가치는 변하지 않기 때문에 진입포인트를 정확하게 파악하고 매매를 하기 위해서는 선물을 기준으로 매매를 해야 합니다.

Q 척후병전략에 대해서 설명해 주세요.

A 척후병전략이란 흔히 말하는 입질매매입니다. 적은 물량을 진입을 해서 수익이 나는지 손실이 나는지 파악을 하는 것입니다. NTS기법은 4포인트 진입을 기본으로 하기 때문에 첫 입질 물량이 손실이 나더라도 다음 진입포인트에서 물량을 추가할 수 있습니다. 그리고 고점, 저점 전략인 경우, 마땅한 진입기회가 없는(눌림목이 거의 없는) 경우가 있는데 이 때 현재자리에서 바로 진입을 할 수도 있습니다. 이런 입질물량을 진입해서 실제 매매에 활용하는 것을 척후병전략이라 부릅니다.

Q 몰아가기 전략과 흔히 이야기하는 추격매수와 다른 점은 무엇인가요?

A NTS기법에서 말하는 몰아가기는 수익을 담보로 하는 추격매수라고 보면 됩니다. 일반적인 추격매수는 수익이 나지 않은 상태에서 버티고 있다가 고점에서 진입을 하여 손실을 보는 경우가 대부분입니다. 그러다 물량이 물리게 되면 이후의 대책도 없이 손실을 보고 마는 것입니다. NTS기법에서의 몰아가기는 이미 수익이 난 상태에서 청산한 물량을 다시금 사서 재차 수익을 내는 방법입니다. 진입 물량이 손실이 나게 되더라도 차례로 1포인트마다 진입을 해서 청산을 할 수 있습니다. 이렇게 하면 한번에 분출되는 추세에 대해서 멍하니 바라만 보고 되는 매매를 하지 않을 수 있습니다.

Q 불타기 전략은 수익이 난 상태에서 물량을 더 진입하는 전략인데 위험한 전략 아닌가요?

A 아닙니다. 불타기 전략도 수익을 담보로 물량을 진입하는 전략이기 때문에 불타기 전략을 제대로 이해하고 물량조절을 잘 활용하면 수익을 더 극대화할 수 있는 전략입니다. 불타기 전략보다 물량조절과 자금관리에 대한 계획이 없는 무분별한 물타기 전략이 더 위험합니다. 상식적으로 생각하더라도 수익이 난 상태에서 수익을 담보로 물량을 진입하는 것과, 손실이 난 상태에서 손실을 극복하기 위해서 물량을 진입하는 것과, 어느 것이 더 수익이 날 확률이 높을 것인지 생각해보면 쉽게 알 수 있을 겁니다. 자신의 계좌를 물로 흐려서 싱겁게 만들지 말고, 불을 태워서 뜨겁게 만들기 바랍니다.

Q 청산할 때 시점은 어떻게 정하나요?

A 청산할 때 시점은 각자의 성향에 맞게 정하면 됩니다. 보통 1~2포인트 정도로 정합니다. 수익을 극대화 하려면 좀 더 수익포인트를 늘려서 정하거나, 안전하고 보수적인 매매를 원하면 청산시점을 짧게 조절하면 됩니다. 청산시점은 자신의 매매스타일에 맞게 스스로 매매를 해보면서 정해나가는 것이 좋습니다. 무턱대고 수익을 많이 내려고 길게 보유를 하는 것도, 너무 빨리 팔아서 수익을 많이 내지 못하는 것도 좋지 않습니다. 그렇지만 일반적으로 개인들인 수익포인트를 너무 짧게 잡는 경향이 있으니, 좀 더 느긋하게 수익을 즐기면서 청산을 하는 것이 좋습니다.

Q 종가홀딩전략에 대해서 설명해주세요

A 종가홀딩전략은 스윙매매의 일종입니다. 일반적인 매매에서 당일 지수의 움직임을 모두 따라서 매매하기는 쉽지 않습니다. 특히 장중의 흔들림에 모두 대응하다 보면 수익보다는 손실이 나는 경우가 대부분입니다. 이런 흔들림에 넘어가지 않기 위해서 종가에만 포지션을 조정하면서 매매를 하는 것을 스윙매매라고 합니다. 2~3일에 1번을 매매하더라도 당일 매매를 자주 하는 것보다 더 수익이 많이 나는 경우도 있습니다.

당일매매는 실시간으로 움직이는 지수의 움직임을 보고 있기 때문에 수익을 빨리 확보하려고 일찍 청산하는 경향이 있기 때문입니다. 그렇지만 스윙매매의 경우에는 수익 구간에서 포지션을 계속적으로 유지하면서 수익을 낼 수 있습니다. 그러한 스윙매매의 기법으로써 1~2계약의 적은 물량으로 보유하는 매매를 종가홀딩전략이라고 합니다.

종가홀딩전략은 스윙매매 뿐만 아니라 당일매매에서도 응용할 수 있습니다. 진입물량 중 일부 물량을 청산하고 남은 마지막 물량만 종가에 청산하는 식으로 당일매매에 적용을 하여도, 수익을 극대화하는데 부족함이 없습니다. 청산되면 좋고, 청산 안되면 그만이라는 생각으로 내버려두면 때가 되어 저절로 정리가 됩니다. 언제 청산하는 게 나을까? 고민고민 하면서 호가창만 보고 있지 마세요. 아무리 호가창을 보고 있다고 하더라도 어차피 내 청산단가가 오지 않으면 물량은 처분되지 않습니다. 맘 졸이지 말고 천천히 청산하기 바랍니다. 청산될 물량은 조바심내지 않더라도 어차피 청산됩니다.

Q 1:1로 포지션을 잡은 뒤에 물량조절을 하는 방법에 대해서 설명해주세요.

A 1:1로 물량을 잡아서 매수, 매도권역을 정해서 매매를 하는 것은 NTS기법에서 가장 중요한 방법 중 하나입니다. 이 방법을 정확히 제대로 이해할 수 있다면 어느 시점에서 진입을 하더라도 수익을 내서 포지션을 청산할 수 있습니다. 그런데 이 1:1물량 조절부분을 이해하기 쉽게 설명을 하기에는 많은 어려움이 있습니다. 특히 지면상으로 설명하기에 한계를 느낍니다.(웃음) 또한 강의에서 설명을 한다고 하더라도 자신이 깨닫지 못하면 절대로 실전에서 써먹을 수 없습니다. 가장 확실한 방법은 직접 매매복기를 해보는 것입니다. 실제 교육생들도 복기를 해보고 나서 1:1 물량조절에 대해서 확실히 이해를 하게 되는 경우가 많았습니다. 선물의 경우 1:1 물량을 잡은 상태에서 밑으로는 매수우위 포지션을, 위로는 매도우위 포지션을 잡고 실제로 지수흐름에 맞추어서 복기를 해보시기 바랍니다. 아마 새로운 세계가 열릴 것입니다.

EPILOGUE1

대학생 시절, 멋모르고 뛰어들은 주식투자로부터 시작된 트레이딩의 출발이, 실제 직업으로써의 트레이더가 되어 활동하고, 퀀트 펀드 위주의 싱가포르 헤지펀드를 설립하고, 금융위기를 거쳐 지금까지 회사를 무사히 키워오기까지 우여곡절이 많았다.

특히 트레이딩에 관해서는 마땅한 제도권 교육이나 멘토 없이, 시행착오를 거쳐가며 많은 수업료를 내고 혼자서 공부를 하였다. 주위에 조언을 구할만한 스승이나, 제대로 된 파생상품 운용에 관한 자료나 서적 등을 구하기가 어려웠던 환경에 비해, 지금은 양질의 책들과 기타 자료들을 구하기가 쉬운 좋은 환경이 된 것 같다.

그간 100여명 이상의 프랍 트레이더들을 교육하고 키워내면서 다시 정립된 내용들을 기회가 생기면 잘 정리하여, 하나의 책으로 출판하여 트레이딩을 준비하고 실제로 매매하고 있는 사람들에게 조금이나마 도움이 되었으면 하는 생각을 늘 하고 있었다. 그리고 이렇게 기회가 닿았다.

원고를 준비해가는 과정에서 경험과 지식을 글로 정리해가는 것이 쉽지 않음을 새삼 느끼게 되었고, 생각보다는 많은 시간이 책을 만드는 작업에 들어갔다. 기존의 선물·옵션 관련 책들이 차트나 매매시점 등에 관한 타이밍 위주였다면, 이 책은 리스크관리와 시스템적인 매매기법을 정립하는데 도움이 되도록, 포커스를 맞추어 집필하려고 노력을 하였다.

더 많은 부분을 자세히 설명하지 못하는 아쉬움이 있지만, 나름대로 중요하다고 생각하고 필요하다고 생각되는 기본적인 부분들을 정리해보았다. 기본적인 아이디어와 구조만을 잡아두고, 실제 많은 부분의 집필을 도맡아서 한 공저자 마블스톤코리아의 이재목 실장에게 감사함을 표하고, 자료 정리와 집필에 도움을 준 조문현 실장, 윤대근 대리, 김홍석대리, 김민형, 전강현님에게도 감사함을 표한다.

파생상품 시장은 정말로 매력적인 시장이다. 안정적이고 경제적인 자유를 얻기에 많은 기회들이 제공되는 곳이고, 그와 반대로 많은 사람들이 그 기회들을 꿈꾸다 실패와 좌절을 맛보는 곳이기도 하다. 실제로 개인투자자들이 이러한 준비 없이 막연한 꿈만을 꾸고 실전에 뛰어드는 모습을 보면서 늘 안타까움을 느낀다. 그리고 대부분이 그렇게 준비 없이 뛰어든 만큼, 대책 없이 더 큰 실패들을 맛보게 된다.

돈을 벌 기회가 있다고 무리하게 뛰어들기 보다는, 먼저 자신이 돈을 벌 사람이 되는 것이 중요하다는 생각이 든다. 매매를 하고 투자를 하면서 손실은 누구나 볼 수 있는 것이고, 개인적인 생각으로도 손실을 보지 않고 매매를 배운다는 것은 힘들다고 생각한다. 그렇지만 내가 얼마만큼의 리스크를 감당하고 손실을 보는지, 왜 손실을 보는지를 알지 못하면 계속 같은 과정이 되풀이 될 뿐이다.

이런 과정들의 해결방안으로 매매복기를 꼭 해보기를 바란다. 특히 파생상품 매매는 매일매일 어떤 기준을 가지고 진입을 하고 청산을 했는지, 그리고 장중에 대응은 어떻게 했는지에 대해서 간단하게라도 정리를 해나간다면, 좀더 나은 매매를 할 수 있을 거라고 생각한다. 또한 이러한 복기가 지속적으로 쌓여간다면 여러분의 실력 또한 어제와 다르게, 나아질 것이라 믿는다.

마지막으로 이렇게 책을 출판할 수 있는 기회를 제공해주신 매경출판과 두드림 미디어 한성주대표님께 감사를 드린다. 원고를 수정하고 책을 출판하는 과정에서 이분의 도움이 없었으면 더 많은 시행착오를 겪었을 것이다. 그 외 원고 집필에 여러모로 도움을 주신 One Asia Investment Partners의 고현식 대표님, Leonie Hill Capital의 파트너인 Gina Heng 이사 및 LHC KOREA와 마블스톤코리아 직원 여러분께도 감사를 드린다.

여의도 사무실에서
조승현

• EPILOGUE2 •

처음 매매를 하게 된 것이 대학교 2~3학년 때였던 걸로 기억한다. 그때는 그냥 무턱대고 뉴스에 나오는 주식에만 관심을 가지고 기본적, 기술적 분석 등 기초적인 내용은 전혀 모른채 투자를 했었다. 그 후 매매에 대해서 더 관심을 갖게 되고, 동아리활동을 시작으로 나름대로 여러 서적들을 읽으면서 공부를 해왔다. 어느 정도 궤도에 오른지 NTS기법에 대해서 소개도 하고 나름대로의 정리도 할 겸 증권방송 전문가로 활동을 하고, 관심 있는 사람들을 위해서 교육과정도 진행을 하면서 원고를 집필하게 되었다. 원고집필을 하는 동안은 NTS기법에 대해서 다시금 정리를 할 수 있는 시간이었다. 여타 기법들과는 달리, 진입시점과 물량조절에 관한 내용들을 일반사람들에게 설명을 하기가 쉽지 않았다. 기존의 진입, 손절 방식에 익숙해져 있기 때문에 물량조절이나 헤징의 개념들을 이해시키고 실제로 적용시키는 것에 많은 시행착오를 겪었다. 그러한 시행착오들이 원고를 집필하는데 실질적인 도움이 되었다. 하지만 아직도 세세한 부분까지 다 설명하지 못한 것 같아서 아쉬움이 남는다.

이 책을 읽는 독자들에게 꼭 당부하고 싶은 것 한 가지는, 손실을 관리할 줄 알아야 한다는 것이다. 매매를 통해서 돈을 버는 것은 운으로도 가능하지만, 잃지 않는 것은 실력이기 때문이다. 손실을 관리하는 한가지 방법으로는 월 손실액을 정해놓고, 이를 초과하게 되었을 시에는 해당월에는 매매를 무조건 하지 않는 것이다.

예를 들어, 5천만원으로 매매를 할 경우 월 손실액한도를 100만원으로 정해 놓는다면, 투자금을 다 잃기까지 50개월이 걸린다. 정상적인 사람이라면 50개월 동안 수익과 손실을 반복하게 되고, 경험과 노하우는 저절로 쌓이게 될 것이다.

이 한가지 원칙만 지키더라도 흔히 이야기하는 '깡통계좌' 는 되지 않을 것이다. 대부분 매매에 실패하는 이유는 바로 욕심 때문이다. 더 많이, 더 빨리 벌고자 하는 욕심, 한번에 복구하겠다는 욕심 등등. 이런 욕심들 때문에 신중함을 잃고 조급하게 매매에 임하게 되는 것이다. 좀 더 편하고 여유 있는 마음가짐을 가져야 한다. 지나간 기회들을 아쉬워하기 보다는 새로운 기회들을 기다리며, 자신의 실력과 잔고를 천천히 늘려나가야 하는 것이다. 시장은 매일 열리기 때문에 새로운 기회들은 늘 찾아온다. 그리고 그 때는 생각했던 것보다 '꽤, 자주, 금방' 이다.

2013년에는 개인적으로도 새로운 기회들을 접하게 되는 해가 될 것 같다. 상반기에는 새로 신설되는 투자자문사와 부동산펀드에 대한 업무들을 준비해가는 과정에 있을 것 같다. 독자 여러분들에게도 이 책이 새로운 기회들을 접할 수 있는 기회가 됐으면 하는 바램이다.

책 후반에 매매일지를 공개할 수 있도록 도움을 주신 백명관, 황두선님과 본 책의 내용을 기반으로 기초교육과정을 따라주며 좋은 피드백을 준 김회은, 최원규, 한미영, 김지홍, 장영찬, 김경민, 박은재님과 번역작업에 도움을 주신 김민형님, 금융법에 대해서 도움을 주신 고려대학교 법무대학원 금융법 석사과정 곽상훈님, 트레뉴의 고종현대표님, 팍스넷 송창민 전문가님께도 따로 감사의 말씀을 전한다.

여의도에서

이 재 목

NTS시스템 교육과정

NTS기법에 대한 전반적인 이해와 실전에서의 적용에 도움이 되도록 NTS기법에 대한 교육과정을 열고 있습니다. 본 과정에서는 NTS기법에 대한 이해와 실전매매 적용까지 NTS기법의 전반적인 내용을 교육하고 있습니다. 교육과정에 대한 자세한 사항은 http://www.nts-academy.co.kr/ 에서 확인하실 수 있습니다. NTS기법에 대해서 관심 있으신 분들의 많은 참여 부탁 드립니다.

과정명	NTS시스템 교육과정
교육대상	시스템 포트폴리오, 시스템 매매 등 시스템 운영을 배우고자 하시는 분 시스템 트레이딩을 처음부터 체계적으로 익히고자 하시는 분 선물 및 옵션에 대한 전략을 배우고자 하시는 분 전업트레이더, 헤지펀드 운용자, 선물이나 옵션 유경험자
교육일정	교육일정 1주차 : 선물, 옵션 개요(선물, 옵션의 정의 및 특징) 2주차 : 선물, 옵션 매매전략(스프레드, 스트래들, 스트랭글, 스트립, 스트랩) 3주차 : 선물, 옵션 기본전략(시가, 30분봉, 고점, 저점, 장세 전략) 4주차 : NTS기법 (복리 수익법, 자금관리법, 베팅법, 운영원칙, 진입법, 청산법)
교 육 비	교육비 : 3,000,000원 (1개월 교육)
특별할인	책 구입시 20% 할인
상담/문의	연락처 : 070-4616-6584 이메일 : deagun.yoon@marvelstonegroup.com 홈페이지 : http://www.nts-academy.co.kr/

헤지펀드 매니저들의 선물·옵션
절대수익 기법

초 판 1쇄 2013년 3월 20일

지은이 조승현 · 이재목
펴낸이 성철환 **기획 · 제작** 두드림미디어 **펴낸곳** 매경출판(주)
등 록 2003년 4월 24일(No. 2-3759)
주 소 우)100-728 서울 중구 필동1가 30번지 매경미디어센터 9층
전 화 02)2000-2647(사업팀) 02)2000-2636(영업팀)
팩 스 02)2000-2609 **이메일** dodreamedia@naver.com
인쇄 · 제본 (주)M-print 031)8071-0961

ISBN 978-89-7442-954-6 (03320)
값 30,000원